Siegfried Schmidli

Die sieben Hügel

Wanderungen durch Rom
und seine Geschichte

Siegfried Schmidli

Die sieben Hügel

Wanderungen durch Rom und seine Geschichte

EOS-Verlag
Erzabtei St. Ottilien

Die Deutsche Bibliothek – CIP-Einheitsaufnahme

Schmidli, Siegfried:
Die sieben Hügel : Wanderungen durch Rom und seine Geschichte / Siegfried Schmidli. – St. Ottilien : EOS-Verl., 2001

ISBN 3-8306-7094-X

Gesamtherstellung: EOS Druckerei, D-86941 St. Ottilien

Inhalt

Vorwort

Rom ist eine faszinierende Stadt, die seit eh und je Menschen in der ganzen Welt anzieht, beschäftigt und auch zu leidenschaftlichen Urteilen herausfordert. Für Historiker, Schriftsteller und Dichter ist sie ein unerschöpfliches Thema, mit dem sie sich oft ein Leben lang befassen. Sie ist in gewisser Weise – mehr als jede andere Stadt – ein Spiegelbild der Menschheitsgeschichte. So ist auch nicht verwunderlich, dass die Zahl der Bücher, Darstellungen, Essays und Führer, die sich mit Rom in vielfältiger Weise beschäftigen, kaum mehr zu überblicken ist. Aber immer wieder gelingt es, neue Aspekte und Facetten dieser Stadt, die nicht zu Unrecht »Roma eterna« genannt wird, zu entdecken. Das gilt auch für das Buch von Siegfried Schmidli »Die sieben Hügel«. Man merkt, dass der Autor ein intimer Kenner der Stadt ist, aber auch dass er in sie »vernarrt« ist. Das heisst, dass er zu den vielen gehört, die von Rom nicht lassen können. Das Ergebnis ist ein neues, weiteres Buch über Rom, aber auch ein Buch, dass dem Leser wiederum neue Aspekte erschließt.

Rom ist jedenfalls eine außerordentliche Stadt. Sie ist immer jung geblieben und nie zu einem Museum erstarrt. Antike, Mittelalter, Renaissance, Barock und Moderne leben nebeneinander und miteinander. Manchmal gibt es keine Übergänge von den ineinander verschachtelten Zeugnissen verschiedener Epochen. Aber aus der Unbekümmertheit, mit der sich moderne Wohnviertel an das Alte reihen, spürt man, dass diese Stadt nicht nur aus der Vergangenheit lebt, sondern eine Zukunft hat. Mit dem Heiligen Jahr 2000, dem Jubiläum, hat Rom wiederum sein Gesicht verändert. Die Stadt ist schöner, glänzender geworden. Sie blickt in die Zukunft, wächst und ändert sich, ungeachtet aller Beständigkeit. Neue Museen, neue archäologische Entdeckungen eröffnen andere Perspektiven, ungeahnte Blicke in eine ruhmreiche Vergangenheit.

Rom als Stadt und die Römer kann man mit einem Wort charakterisieren: »L'avventura« - das Abenteuer. »Ventura« bedeutet Schicksal oder Glück. Und »L'avventuriero« ist derjenige der an Ventura, die Göttin des Glücks glaubt. Trotz seiner überschäumenden Vitalität ist der Römer von Natur aus kein unbeschwerter, kein fröhlicher Mensch. Dazu hat auch die Geschichte dieser Stadt beigetragen. Die harte Realität ist seinen Bewohnern nur allzusehr bewußt, und sie versuchen dieser Realität zu entfliehen, sie versuchen auf alle mögliche Weise das irdische Dasein abwechslungsreich und annehmbar zu gestalten. Auf der bunten Bühne des Lebens fesselt den Römer das Unerwartete, das Abenteuer, mehr als alles andere: In dem magischen Wort »avventura« bergen sich unbegrenzte Möglichkeiten. Es ist kennzeichnend für die Geschichte dieser Stadt, einer Geschichte, die uns Siegfried Schmidli wiederum in neuer Form nahebringt. »L'avventura« drückt einmal eine große Unabhängigkeit von jeder bürokratischen, gesellschaftlichen Ordnung aber auch Wagemut, Fantasie, Freiheit, unbändiger Lebensdurst, Unternehmensgeist, Verachtung für alles methodisch und gesetzlich Festgelegte, Hang zum neuen Unbekannten aus. Das Ergebnis all dieser Eigenschaften zusammen sind oft einzig dastehende, die Gesellschaft und Geschichte umwälzende Taten. Siegfried Schmidli schlägt mit seinen Wanderungen durch Rom und seine Geschichte, einen großen Bogen von den Ursprüngen dieser einzigartigen Stadt bis hin zu dem Bild Roms, wie es im Laufe der Jahrhunderte entstanden ist. Ein Panorama, das sich heute noch seinen Besuchern öffnet und begeistert.

Erich B. Kusch

Erich B. Kusch, der langjährige Präsident der Auslandspresse in Italien, ist in Triest geboren, aufgewachsen in Koblenz. Er studierte Germanistik, Kunstgeschichte und Wirtschaftspolitik an den Universitäten von Bonn und Florenz. Kusch ist Korrespondent verschiedener deutscher Zeitungen in Rom und im Vatikan. Er ist Leiter des ARD-Studios in Rom. Während des Heiligen Jahres 2000 war er Direktor des Pressezentrums.
Erich B. Kusch ist Inhaber des »Grossen Bundesverdienstkreuzes« und des »Grosskreuzes des italienischen Verdienstordens«. Er ist Präsident des deutsch-italienischen Kuturzentrums Villa Vigoni am Comer See.

Einführung

Noch ein Reiseführer über Rom?

Ist das nötig, bei der großen Zahl die es schon gibt? Nein, bestimmt nicht. Das vorliegende Buch ist aber auch kein Führer durch die Straßen und zu den Sehenswürdigkeiten der Ewigen Stadt.

Vor der Romreise will es gelesen werden.

Bekanntlich sieht man nur, was man kennt. Wenn Sie nach dem Studium dieses Vorbereiters einer Romreise dieser unterhaltenden Essay-Sammlung beispielsweise vor dem Vierströmebrunnen auf der Piazza Navona stehen, beginnen die Figuren und die plätschernden Wasser Ihnen zu erzählen von köstlichen Episoden, vom großen Bernini, von einem ehrsüchtigen Papst und seiner geizigen Schwägerin.
Auf der Spanischen Treppe und im nahen Caffè Greco begegen Ihnen Künstler und Dichter, weltberühmte und unbekannte.
Auf dem Corso sehen Sie – nur Sie natürlich, nicht die Menschenmenge um Sie herum – wie ein gewisser Joh. Wolfgang Goethe seine Wohnung verläßt. Er ist unterwegs zu seiner hochverehrten Freundin Angelica Kauffmann, ihr aus der »Iphigenie« vorzulesen, ihr Urteil einzuholen.
Für Sie werden sogar geschichtsträchtige Paläste und barocke Kirchen lebendig und gesprächig.

»Für seine unerschütterliche Verehrung für Rom verleihe man Siegfried Schmidli die unter den römischen Journalisten begehrte ‚Targa d'Oro'«, erklärte bei der Verleihung Roms Stadtpräsident Ugo Vetere. Anlaß dazu gab der Aufsatz über die Römischen Brunnen, dem in Zeitungen und Zeitschriften unzählige andere vorangegangen und nachgefolgt sind, zu den unterschiedlichsten Themen.
Eine Auswahl davon bringt der vorliegende Band. Selbstverständlich sind im Verlauf der Jahrzehnte auch Doppelspurigkeiten vorgekommen; sie sind bei der Vorbereitung zur Buchausgabe ausgemerzt worden. Sollte trotzdem ein Bonmot ein zweites Mal stehengelassen worden sein - es wird bestimmt nicht stören, sondern bei Ihrem Auf-

enthalt in der Ewigen Stadt sich im passenden Moment umso zuverlässiger in Erinnerung rufen.

Nach der Lektüre des Buches dirigieren Sie den Taxichauffeur zielbewußt durchs Trasteverequartier zur Farnesina - er kennt das entzückende Kleinod gemäß der Erfahrung des Autors nämlich nicht – weil fast kein Tourist nach ihr fragt. Sie aber betrachten entzückt Raffaels Fresken mit den Bildern lebensfroher Götter und fühlen neben sich die Fornarina, die Geliebte des begabten Künstlers. Später werden Sie die Bäckerei ihres Vaters aufsuchen, ein unscheinbares, kleines Haus, das jetzt ein Restaurant ist mit einem wunderhübschen kleinen Garten. Zur Erholung besuchen Sie anschließend den Park des Palazzo Corsini, Wohnsitz von Königin Christine von Schweden, heute ein herrlicher Botanischer Garten; wir kommen zum Abhang des Gianicolo, wo versteckte Gemäuer die Accademia Arcadia aufleben lassen, wo in auserlesenem Kreise Gespräche geführt und Musik aufgeführt wurde.

Nach der Romreise das Buch zu lesen ist ebenso wertvoll, um die tausend unbewältigten Eindrücke zu ordnen. Es ist eine Erinnerung an unvergessliche Tage – und ermuntert zu einer weiteren Romfahrt, diesmal für Fortgeschrittene mit umso größerem Gewinn.

Rom, im Frühjahr 2001

Die Stadt Rom

Der Mythos einer Stadtgründung

Als Troja nach zehnjähriger Belagerung durch die Griechen in Flammen aufging, gelang dem Königssohn Aeneas mit einigen Getreuen die Flucht. Vertrauend auf die Hilfe seiner göttlichen Mutter Venus, durchfuhr er kreuz und quer das Mittelmeer auf der Suche nach einer neuen Heimat. Eines Morgens fand er sich am Gestade eines lieblichen Landes. Eine weite Ebene breitete sich aus, unterbrochen durch kleinere und größere Hügel, und in der Ferne bildeten höhere Bergzüge den Horizont. Von dort strömte ein Fluß, nach dem latinischen König Tiberis genannt, zum Meer.

Hier zu bleiben beschlossen alsbald die Flüchtlinge, errichteten Altäre und dankten den Göttern für die Rettung. Unbewohnt war die Gegend jedoch nicht. König Latinus herrschte hier, nach ihm heißt das Land noch heute Latium. Mißtrauisch war der König anfänglich, als er aber die Kunde von der Herkunft der Fremden vernahm, hieß er sie willkommen in seinem Reich, versprach Aeneas gar seine Tochter Lavinia zur Frau. Dies erregte den Zorn des Turnus, des Königs der benachbarten Rutuler, denn ihm war schon seit langem Lavinia als Braut versprochen. Der Gekränkte verband sich mit den mächtigen Etruskern zum Krieg, mit den Etruskern, die sich für Jahrhunderte zum Erzfeind der Ankömmlinge entwickeln sollten. Die Entscheidungsschlacht gewannen zwar die Latiner, Turnus fiel von der Hand des Aeneas, doch auch der trojanische Held fand den Tod.

Der Sohn Aeneas Ascanius gründete in den Albaner Bergen eine Tochterstadt, um nicht länger abhängig zu sein von den Nachfolgern des Latinus, auch wenn ihn weiterhin freundschaftliche Beziehungen mit ihnen verbanden. Alba Longa nannte er seine Stadt, die über Generationen in Frieden und Wohlstand gedieh, bis ein König Procas zwei

Söhne hatte: Numitor, den Stammhalter und Amulius, seinen jüngeren Bruder. Doch Amulius vertrieb in Herrschsucht den rechtmäßigen Erben des Thrones, ermordete gar dessen Sohn und bestimmte die Tochter Rea Silvia zur Vestapriesterin. Als Vestalin musste sie unvermählt bleiben und konnte dem Thronräuber nicht gefährlich werden. Amulius rechnete nicht mit der rächenden Macht der Götter. Mars durchkreuzte seine Pläne; von ihm empfing die Königstochter zwei Söhne, die Zwillinge Romulus und Remus. Mars gilt uns zwar als der zerstörende, Leben vernichtende Kriegsgott, ursprünglich aber ist er eine Vegetationsgottheit, dem Gedeihen der Natur und den Menschen wohlgesinnt. Er ist ein gewaltiger Gott, gleich hinter Jupiter in der Hierarchie der Götterfamilie einzuordnen.

Der aufgeschreckte Usurpator ließ Rea Silvia in den Tiber werfen; damit vergrößerte er nur seine Schuld, denn die Totgeglaubte wurde zur Göttin. Auch die zwei Säuglinge sollten im Tiber ertränkt werden, doch selbst die harten Soldaten hatten Mitleid mit den unschuldigen Kleinen, übergaben sie zwar dem Fluß, aber in einer rettenden Wanne: Die beiden wurden heil ans Ufer geschwemmt, wo ihre schaukelnde Wiege an den Zweigen eines Feigenbaumes hängen blieb. Deswegen war den Römern dieser Baum heilig, und die Ficus Ruminalis auf dem Forum Romanum erinnerte an die wunderbare Rettung. Eine Wölfin fand die Kinder, schleppte sie in ihre Höhle, und weil sie gerade Junge geworfen hatte, übertrug sie ihre Muttergefühle auch auf die Menschenkinder, säugte sie mit den eigenen. Später entdeckte der Hirte Faustulus die Zwillinge, zog sie auf, unterstützt durch seine Frau Laurentia.

Herangewachsen wurden Romulus und Remus selber zu Hirten, und als solche gerieten sie in Streit mit den Viehhütern des Königs Amulius aus Alba Longa. Dadurch kamen sie an den Hof des Herrschers, erkannten dort ihren gedemütigten Großvater, überwanden den Usurpator und setzten Numitor wieder in seine Rechte ein. Sie beschlossen, eine eigene Stadt zu bauen auf einem Hügel in der Ebene, dort wo sie auf wunderbare Weise dem Tod entronnen waren, wo selbst ein Raubtier sich ihrer erbarmt hatte.

Die römische Wölfin, Symbol der Ewigen Stadt

Auf einem der Hügel sollte die Stadt entstehen, darüber waren sie sich einig. Romulus war für den Palatin, zu dessen Füßen die Höhle der Wölfin lag, die den Menschen Jahrhunderte lang als Heiligtum gelten sollte, Remus bevorzugte den Aventin, den ein wenig südlicher gelegenen Hügel. Als Zwillinge hatten die beiden gleiche Rechte, keiner konnte dem anderen seinen Willen aufzwingen. Also mussten die Götter befragt werden. Zuerst sah Remus sechs Geier über den Aventin fliegen, doch er jubilierte zu früh, denn gleich darauf zogen zwölf dieser Götterboten über den Palatin.

Sogleich bespannte der Sieger einen Pflug mit einem Stier und einer Kuh und bezeichnete mittels einer Furche die Ausdehnung seiner Stadt – derart nämlich, dass der Graben nach außen zu liegen kam, den Stadtgraben symbolisierend, die aufgeworfene Erde auf die Innenseite, die Mauer darstellend. So entstand ein Grundriß in der Form eines Quadrates. An den Stellen, wo Romulus ein Stadttor einzufügen gedachte, hob er einige Schritte den Pflug und unterbrach so Graben und Mauer.

Remus betrachtete das Tun seines Bruders mit krankhafter Eifersucht, hohnlachend übersprang er die Furche, gleichsam die Stadt erobernd. Dies wiederum beleidigte Romulus maßlos. Er erschlug im Zorn den Bruder und beschwor die Götter:

»So soll es in aller Zukunft jedem ergehen, der sich erdreisten sollte, in feindlicher Absicht diese Stadt zu betreten!«

Und nach seinem Namen nannte er die Stadt *ROM.*

Die Geburtsstunde der Stadt ist zugleich der Beginn der römischen Zeitrechnung – ab urbe condita zählen die antiken Historiker die Jahre –, nach unserem Kalender ist der 21. April 753 vor Christus der Gründungstag Roms.

Überraschenderweise hat man dort, wo Aeneas gelandet sein soll, die Fundamente von Altären gefunden, die etwa in jene Zeit zurückreichen. Auch Alba Longa wurde lokalisiert, in der Nähe von Castel Gandolfo; freigelegt ist die Nekropole mit ihren Urnengräbern.

Beglückend für Romfreunde sind die Entdeckungen auf der Südwestseite des Palatin, wo in der Frühzeit eine Hütte als die Casa Romuli verehrt und immer wieder ausgebessert wurde. Dort kamen 1948 in den Fels gehauene Pfostenlöcher archaischer Hütten zum Vorschein, eine Zisterne auch, wie sie auf einer Anhöhe mangels Quellen lebensnotwendig ist.

Seit jeher lagen die Nekropolen der römischen Städte außerhalb der Stadtmauer. Müßte man also nicht außerhalb der Roma Quadrata eine solche vermuten? Man hat sie gefunden auf dem späteren Forum, beim Tempel des Antoninus Pius und der Faustina, also zu Füßen des Nordabhanges des Palatin: Brandgräber mit Aschenurnen, manchmal in Hausform, ähnlich den Hütten, die auf dem Palatin gestanden sein müssen. Die Grabbeigaben vom Forum entsprechen denjenigen von Alba Longa.

Die sieben Hügel

Die Siebenhügelstadt? Das ist eindeutig Rom. Aber wo liegen sie im Gewirr der modernen Stadt? Das ist für einige von ihnen schwer auszumachen, denn Bodenwellen sind es höchstens noch.

Sicher erkennbar ist der **Palatin**, die Urzelle Roms, wo Romulus die Furche zog um seine von den Göttern ihm zugewiesene künftige Stadt. Man nähere sich dem Berg von welcher Seite auch immer, er erhebt sich steil, ein schwer unterscheidbares Konglomerat von natürlichem Fels und künstlichem Gemäuer, im Verlaufe der Zeit zusammengewachsen zu neuer Einheit.

Sagen erzählen in mehreren Varianten von Griechen aus Arkadien, die den Hügel schon im 2. Jahrtausend v. Chr. bewohnt hätten, wissen unter anderem von einem Königssohn Pallas, der dem Hügel den Namen gegegeben habe. Um den Namen kümmert sich auch die Etymologie, kennt verschiedene Wurzeln, aber alle haben mit Hirten und Herden zu tun; und Hirtenvölker sind es auch gewesen, die die ganze Gegend bewohnt haben. Es gab ein Heiligtum der Hirtengöttin Pales – eine Anspielung auf den Palatin –, deren Fest am 21. April gefeiert wurde, wie noch heute der Geburtstag der Stadt Rom.

Zur Zeit der Republik ließen sich einflußreiche Familien auf dem Palatin nieder, und so kam dort am 23. September 63 v. Chr. Octavius zur Welt. Seine Mutter war eine Nichte Julius Caesars, der ihn zu seinem Nachfolger bestimmte: Augustus, den Erhabenen, wird der Senat ihn einst nennen. Auch als Kaiser wollte er weiter in seinem verhältnismäßig bescheidenen Hause verbleiben. Es residierten auch die meisten seiner Nachfolger auf dem Palatin, jedoch nicht in seinem Hause. Schon der erste, sein Stiefsohn Tiberius, erbaute einen Palast hoch über dem Forum, noch immer unausgegraben unter den Farnesischen Gärten. Nero schloß den Palatin ein in sein Goldenes Haus, die Flavierkaiser errichteten große Anlagen und Septimius Severus baute oberhalb des Zirkus

Der Palatin über den Bauten des Forum Romanum

Maximus seinen Palast. Dabei ist die topographische Unterscheidung zwischen dem eigentlichen Palatin und dem Germalus, einem Ausläufer zum Forum Boarium hin, längst verlorengegangen, durch Substruktionen das Plateau gar vergrößert worden. Als Konstantin den Regierungssitz nach Konstantinopel verlegte, begann der Niedergang der Paläste. Eine Zeitlang noch residierten in ihnen die Statthalter aus Byzanz, in anderen entstanden Kirchen und Klöster; die Frangipani verwandelten Paläste in eine große Festung, die bis zum Titusbogen hinunterreichte und diesen in eine Vorburg verbaute. Zur Zeit der Renaissance und des Barock zogen auf dem Palatin wiederum reiche Familien ein, am bekanntesten die Farnese mit ihren Gartenanlagen.

Während sich in Frühzeiten die Bewohner des Palatin langsam von einem Hirtenvolk zu Städtern entwickelten, mit Anführern und Gefolgsleuten, wurde auch der benachbarte **Esquilin** bevölkert, das weitläufige Gebiet zwischen der Statione Termini, der Porta Maggiore und dem Kolosseum. Als Hügel ist er schwer erkennbar, noch weniger seine ehemaligen drei Kuppen Oppius, Cispius und Fugutalis. In der Antike war hier das Zentrum der Poeten. Hier wohnten Virgil, Horaz und Maezenas, ihr Förderer. Heutiger Hauptanziehungspunkt des Esquilins sind zwei Kirchen, nahe beieinander, S. Maria Maggiore und S. Prassede, beide Kostbarkeiten mittelalterlicher Mosaikkunst.

Die nächste Gebietserweiterung, der Anschluß des **Quirinal**, vollzog sich nicht so problemlos. Diesen Hügel bewohnten die Sabiner, die aus den Bergen in die Ebene vorgestoßen waren. Sie besetzten vorübergehend auch das Capitol, das durch eine Bodenwelle mit ihrem eigenen Hügel verbunden war. Diese wurde von Trajan abgegraben, als er sein großes Forum baute. Die Trajanssäule soll die Höhe der einstigen Geländebrücke bezeichnen. Auch der Quirinal bestand einst aus mehreren Einzelhügeln, die sich von den Kaiserforen bis zum heutigen Quirinalspalast aneinanderreihten.

Aus frühester Zeit ist die Kunde vom »Raub der Sabinerinnen« auf uns gekommen, ein nie versiegendes Thema für Literaten und Komponisten. Romulus und seiner kleinen Gefolgschaft war daran gelegen, so schnell wie möglich die Schlagkraft seiner Sippe zu erhöhen und er bot deshalb Asyl allen, die herumirrten, den Heimatlosen, den Ver-

Der Quirinal, heute Sitz des Staatspräsidenten

triebenen, den Verbrechern. Was fehlte, waren Frauen. Also sandte man Botschafter zu den umliegenden Gemeinden, lud sie ein zu Freundschafts- und Ehebündnissen, aber man stieß auf wenig Interesse; man wollte sich nicht verbinden und verschwägern mit Taugenichtsen und Wegelagerern. So holte man sich die Frauen mit einer List. Man lud die Sabiner samt Frauen und Töchtern zu einem fröhlichen Fest ein, überfiel die ahnungslosen unbewaffneten Gäste und raubte ihnen die Mädchen. Ein Krieg war die Folge, aber bevor die Schlacht in Gang kam, warfen sich die geraubten Sabinerinnen zwischen die Streitenden, kämpften doch ihre Väter und Brüder gegen ihre Ehemänner, an die sie sich mittlerweile ganz gut gewöhnt hatten.

Der Quirinal ist auch heute noch ein respektabler Berg, wenn man ihn von der Piazza Barberini her besteigt. Er ist bekrönt vom gleichnamigen Palast, den Gregor XIII. 1574 als Sommerresidenz zu bauen begann – Carlo Maderno und Bernini waren unter anderem daran beteiligt –, aber vollendet hat ihn erst Clemens XII. (1730-40). Von 1870 bis 1946 residierten hier die italienischen Könige, seither der Staatspräsident.

Eng mit der Geschichte des Quirinal ist das Schicksal des **Viminal** verbunden, eines eher unbedeutenden Hügelzugs, der zwischen Quirinal und Esquilin verläuft. Die drei parallelen Hügelzüge sind heute durch die Via Nazionale und die Via Viminale getrennt, die in etwa gleich verlaufenden antiken Straßen entsprechen, welche aber bedeutend tiefer lagen als die heutigen. Man wird in Rom immer wieder an solche Höhenunterschiede erinnert, wenn man auf seinen Wanderungen durch die Stadt unverhofft zu einer Ausgrabung gelangt, die viele Meter unter dem heutigen Niveau liegt. Die Piazza Barberini liegt rund zwölf Meter über dem antiken Boden; der Römer vor zweitausend Jahren hat also den Collis Quirinalis um diese Differenz höher gesehen. An der Via Nazionale muss man das antike Straßenpflaster stellenweise gar 17 Meter tiefer suchen.

Der Name Collis Viminalis, »Weidenhügel«, läßt vermuten, dass die Gegend erst spät, vielleicht im letzten vorchristlichen Jahrhundert, überbaut wurde. Wo heute die Gleisanlagen des Hauptbahnhofs sich breitmachen, lag ein Heiligtum des Jupiters Viminalis; die Aquae Tepula, Julia und Marcia hatten hier Bassins. Natürlich ist alles der Moderne zum Opfer gefallen. Zwischen Quirinal und Viminal, bei der Kirche S. Vitale, ist 1750 die vielbewunderte Kapitolinische Venus ans Tageslicht gekommen, die römische Kopie von Praxiteles' Knidischer Aphrodite.

Der **Caelius** ist ein Bergrücken von zwei Kilometern Länge, der sich von der Via Gregorio Magno bis zum Lateran erstreckt und im Ausläufer bis hinaus zur Santa Croce. Nach der Sage kam er als erster unter den Einfluß der Etrusker und soll seinen Namen von Caelius Tullius erhalten haben, einem Einwanderer aus Vulci, mit dessen Hilfe Servius Tullius das Gebiet besetzte. Andere Sagen behaupten, die Bezeichnung stamme vom Verb »caedere« (fällen), da die Eroberer begannen, die Eichenwälder zu fällen.

Heute rühmt sich die Gegend einer ganzen Reihe kostbarer Kirchen, die weit ins Urchristentum zurückreichen, von West nach Ost: S. Gregorio Magno, über dem Geburtshaus Gregors d. Gr. (590-604) aus der Patrizierfamilie der Anicier, SS. Giovanni e Paolo (um 360), ebenfalls über einem Wohnhaus errichtet; S. Clemente, eine der ältesten Titelkirchen, hütet tief unter den mehrschichtigen Fundamenten auch ein Mithräum; SS. Quatro Coronati soll auf vier Soldaten aus der Zeit Diocletians zurückgehen; dann S. Giovanni in Laterano, eine Gründung Kaiser Konstantins, die eigentliche Papstkirche. Auf dem Bergrücken S. Stefano Rotondo aus der Zeit von Papst Simplicius (468-483), nahe dabei S. Maria in Domnica, hervorgegangen aus der Hauskapelle einer Christin des 3. Jh., die ein kostbares Apsismosaik aus karolingischer Zeit besitzt, also den Normannensturm von 1084 glücklich überstanden hat. Jener Katastrophe sind die meisten Kirchen und Häuser zum Opfer gefallen und es vergingen zwei Jahrhunderte, bis das Gelände wieder überbaut war.

Der **Aventin** liegt ziemlich isoliert im Süden des alten Rom. Den Namen leitet Varo von »adventus« ab, dem »Ankunftsort«. Den Einheimischen soll der unwirtliche Hügel zu wenig sympathisch gewesen sein, also konnten sich dort Zuzügler niederlassen. Dazu paßt, dass Ancus Marcius auf diesem Hügel die Bewohner eroberter Städte ansiedelte und dass er später zum Wohngebiet der Plebs wurde, mehrfach die Quelle von Aufständen. Ganz im Gegensatz dazu ist der Aventin heute ein vornehmes und ruhiges Wohnquartier, durch den Viale del Aventino getrennt in den eigentlichen Aventino und den Piccolo Aventino.

In der Antike standen auf dem Aventin ein Tempel der Diana, verwandt mit der Artemis von Ephesos, ein Tempel der Ceres und der Minerva. Man nahm schon sehr früh die Kulte der eroberten Städte zusammen mit deren Einwohnern auf: ein Vorgehen, das sich auch in der Kaiserzeit bewährte, um ein erobertes Land an Rom zu binden. Aus dem zerstörten Veii kam die Juno Regina, aus Volsinii der Vegetationsgott Vertumnus.

Aus christlicher Zeit ist bemerkenswert S. Sabina, eine Kirche aus der Zeit um 430, deren Türen die ältesten Holzschnitzereien der Christenheit zeigen. Prächtig der dreischiffige Innenraum mit kannelierten korinthischen Säulen aus parischem Marmor. Auf dem Kleinen Aventin steht S. Saba, benannt nach einem Abt der Ostkirche vom 6. Jh.

Das **Capitol,** herausgehoben aus dem Kranz der sieben Hügel Roms, ist nie längere Zeit bewohnt gewesen, sondern den Göttern vorbehalten. Nach einer Sage soll dort schon Romulus einen einfachen Tempel gebaut haben, dem Jupiter Feretrius geweiht, einem Vorläufer des obersten der Götter.

Auch das Capitol hat zwei Erhebungen, die noch heute trotz aller Überbauungen sichtbar sind; der heutige Kapitolsplatz ist dabei das trennende »Tal«. Der Südberg, hinter dem heutigen Konservatorenpalast, trug den Tempel der capitolinischen Trias Jupiter, Juno und Minerva, einen gewaltigen Bau von über 50 m Breite und 60 m Tiefe, sichtbares Zeichen auch für die politische Macht, die ihre Erbauer beanspruchten. Mit diesem Ort ist die Geschichte verknüpft von den Gänsen, welche mit ihrem Geschnatter die Verteidiger der Burg vor den Galliern im Jahre 387 v. Chr. gewarnt hatten. Seit alters führte eine Straße vom Forum herauf, der Weg der Triumphatoren, ihr Opfer darzubringen.

Gegenüber, hinter dem Capitolinischen Museum, die zweite Kuppe, die Arx. Dort stand der Tempel der Juno Moneta, die nach der Volksmeinung die Geldbörsen zu schützen hatte; zur Zeit der Republik hat hier tatsächlich eine Münzstätte gestanden. Das Verbum »monere« könnte aber auch »warnen« bedeuten, was sich wieder auf die Gänse beziehen ließe. Die Gelehrten nennen sie »die Verkünderin«: als Mondgöttin habe sie Monatsfeste verkündet und die Zeiteinteilungen überwacht. Ihren Platz beansprucht heute S. Maria in Aracoeli – »Himmelsaltar« deshalb, weil nach der Legende die Sibylle dem Kaiser Augustus die Geburt Christi verkündet habe.

Der Senatspalast auf dem Capitol, heute Sitz der Stadtregierung

Die Senke zwischen den beiden Erhebungen, das Intermontium, hieß zu Zeiten auch Asylum und galt zur Republikzeit als geweihter, unantastbarer Zufluchtsort. Livius berichtet, diese ehrenhafte Funktion habe der Platz 80 v. Chr. wegen Mißbrauchs verloren. Den Hintergrund des Platzes schloß das Tabularium ab, das Staatsarchiv, auf einem mächtigen Unterbau, dessen Fundamente weit unten auf dem Forum stehen. Auf dem gleichen Sockel erhebt sich heute der Senatorenpalast, Sitz des Bürgermeisters.

So wie die Peterskirche sichtbares Symbol der Kirche, ist das Capitol Mittelpunkt der weltlichen Stadt.

Dioskuren, Quellnymphen und Vestalinnen

Es war im Jahre 258 nach der Gründung der Stadt. später wird man dieses Jahr als 496 v. Chr. bezeichnen.Noch war Rom keine Weltmacht, nur ein bescheidener Stadtstaat, der soeben die Fremdherrschaft eines etruskischen Königs abgeworfen und die Republik ausgerufen hatte. Jetzt stand man im tödlichen Kampfe mit den benachbarten Tarquiniern, von denen der abgesetzte König stammte. Der Feind hatte eine große Zahl anderer Städte Latiums dazu bewogen, sich mit ihm gegen Rom zu verbinden: Tusculum, Tibur, Lanuvium und viele andere. Noch nie war Rom von so vielen Feinden umringt worden. Der Senat beschloss, die geteilte Regierungsmacht zweier Konsuln abzulösen durch die schlagkräftigere Diktatur, wie die Verfassung es für solche Fälle höchster Gefahr vorsah; und man gab die uneingeschränkte Macht an Aulus Postumius.

Alles was Waffen tragen konnte, war aufgeboten, und am See Regilus kam es zur entscheidenden Schlacht. Zurückgeblieben waren nur Greise, Frauen und Kinder. Viele wachten die Nacht über aus Sorge um den Ausgang des Kampfes, um das Leben der Männer. Da erspähten sie im Morgengrauen zwei übermenschlich große Gestalten auf weißen Rossen, wie sie zum Forum ritten, am See der Juturna rasteten und ihre Tiere tränkten. Danach verschwanden sie wieder lautlos wie sie gekommen waren. Die heimlichen Zuschauer der Szene jubelten: Rom hat gesiegt! Denn die geheimnisvollen Reiter konnten nur Castor und Pollux sein, die Götterzwillinge, Söhne des Zeus und der Leda, die großen Helfer in der Not. Ihre Macht hatten sie schon mehrfach bewiesen, sie fochten mit der spartanischen Flotte bei Aigospotamoi, sie nahmen am Argonautenzug teil und an der Jagd auf den Kalydonischen Eber. Ihre Pferde hatten sie von Poseidon selber erhalten, dem Schöpfer und Bändiger dieser edlen Tiere und Schutzherrn der Rennbahnen. In der großen Gefahr hatte der Diktator den Dioskuren einen Tempel zu bauen gelobt, sollten sie Rom zum Siege verhelfen, und den Kämpfenden hatte er Belohnungen ausgesetzt, wer als erster, wer als zweiter ins feindliche Lager einbräche. So erzäht es Titus Livius in seiner Römischen Geschichte.

Schon im Jahre 486 v. Chr. wurde das Gelöbnis eingelöst und den Göttersöhnen ein Tempel geweiht. Von ihm ist heute nichts mehr erhalten. Die prächtigen korinthischen Säulen aus parischem Marmor, die mit ihren zwölf Metern alle Ruinen des Forums überragen und noch ihren Architrav tragen, stammen aus dem Jahre 6 n. Chr.; Tiberius weihte den Tempel in seinem und in seines Bruders Drusus Namen. Es war ein Peripteros mit je elf Säulen auf den Längsseiten und deren acht an den Schmalseiten.

Der Standort des Dioskurentempels ist nicht zufällig. Unmittelbar neben ihm liegt der Brunnen der Quellnymphe Juturna, der Lacus Juturnae, an welchem die Jünglinge ihre Pferde tränkten. Der Ort galt als einer der heiligsten des ganzen Forums. Wir, die wir nicht mehr in der religiösen Gedankenwelt jener Zeit leben, können kaum mehr die Wichtigkeit dieses Brunnens erfühlen. Quellen haben bei den Griechen und Römern große Verehrung genossen. Das geheimnisvoll aus der Erde sprudelnde Wasser erweckte heilige Scheu, und das frische, reine Wasser galt als heilkräftig und von Schuld reinigend. Als Quellgott wurde meist eine Nymphe verehrt, im Gegensatz zu den männlichen Flussgöttern. Juturna hatte in Rom außer der Quelle beim Castor- und Polluxtempel noch eine zweite eigen, auf dem Marsfeld, nahe der Endstation der Aqua Virgo. Alle ihre Quellen galten als besonders heilend. Frontinus, im 1. Jh. n. Chr. Direktor der Städtischen Wasserversorgung, schreibt als Einleitung zu seinem Werk über Aquädukte: *»Vierhunderteinundvierzig Jahre lang seit der Gründung ihrer Stadt gaben sich die Römer mit dem Gebrauch jener Wasservorräte zufrieden, die sie dem Tiber, den Schöpfbrunnen oder den Quellen entnahmen. Diese Quellen geniessen bis auf den heutigen Tag den Ruf der Heiligkeit und werden noch stets verehrt; sie sollen nämlich Kranken Genesung bringen, so zum Beispiel die Quelle der Juturna.«*

Neben dem Dioskurentempel befindet sich das Heiligtum der Göttin Vesta, ein Kult, der in die Urzeit der Sippe weist. So wie der heimische Herd der Mittelpunkt der Familie war, so hatte auch die Stadt ihr Zentrum, das Ewige Feuer auf dem Forum Romanum. Und so wie die weiblichen Familienmitglieder das Herdfeuer im Hause hüteten, so waren die sieben Vestalinnen verantwortlich dafür, dass im Tempel der Vesta, der Göttin des Staatsherdes, das Feuer niemals erlösche.

Drei mächtige Säulen des Castor und Pollux-Tempels

Die Vestalinnen waren Jungfrauen aus den angesehensten Familien, wurden schon als junge Mädchen für den Kult der Göttin ausgewählt und leisteten den Dienst während dreißig Jahren: je zehn Jahre als Novizinnen, dann als vollamtliche Priesterinnen und zuletzt als Novizenmeisterinnen. Danach konnten sie von ihrem verantwortungsvollen Amt zurücktreten, auch heiraten. Verantwortungsvoll und belastend war das Leben der Priesterin wirklich, denn hätte sie das Ewige Feuer ausgehen lassen, wäre das einem Staatsunglück gleichgekommen, und die Fehlbare hätte die Unachtsamkeit mit dem Tode büssen müssen. Zusammen mit einem Licht und einem Krug Wasser wäre sie in eine Gruft eingeschlossen worden, denn die Göttin musste doch auf diese Weise beschwichtigt werden.

Die Vestalinnen genossen verschiedene Ehrenrechte. Auf der Straße wurden sie von einem Liktor begleitet, damit ihnen die gebührliche Ehrfurcht erwiesen werde. Bei den öffentlichen Spielen hatten sie ihre Ehrensitze, und bei politischen Entscheidungen großen Einfluss. Wer ein Testament sicher verwahrt und vollstreckt wissen wollte, übergab es den Vestalinnen, wie dies für Julius Cäsear bezeugt ist. Die Priesterinnen hüteten auch Wertsachen, Kostbarkeiten des Staates, doch Details sind nicht bekannt – vielleicht die Penaten, die Aeneas aus dem brennenden Troja rettete. Wenn ein zum Tode Verurteilter auf dem Weg zur Richtstätte einer Vestalin begegnete, wurde er freigelassen; durch die schicksalhafte Begegnung mit ihrer Priesterin hatte die Göttin Vesta den Verbrecher reingewaschen.

Drei Heiligtümer stehen nahe beisammen, umgeben von vielen anderen. Das ganze Forum ist voll kleinerer und größerer Ruinen und Bruchstücke, und sie alle erzählen von ihrer Vergangenheit, ihrem Schicksal durch die Jahrtausende, wenigstens dem Besucher, der sich ein wenig vorbereitet hat oder einen Reiseführer mit sich führt – und etwas Zeit investiert.

Das Heiligtum der Vesta, Hüterin des Herdfeuers

Der Tiber und seine Brücken

Mit der Vertreibung des etruskischen Königs Tarquinius war für die junge römische Republik die Gefahr noch nicht gebannt. Dem geflohenen Herrscher gelang es, den mächtigen König Porsenna von Clusium für seine Rachepläne zu gewinnen und so zog er mit einem starken Heer gegen Rom. Überraschend tauchte er auf dem Janiculus auf, eroberte den rechtsufrigen Brückenkopf, dessen Besatzung in wilder Flucht über den Pons Sublicius in die Stadt floh. Nur Horatius Cocles stellte sich dem Feind und befahl den über die Brücke Flüchtenden, diese hinter sich abzubrechen. Sie war nämlich ganz aus Holz gebaut, kein einziger Nagel war dabei verwendet worden. Als die Brücke unpassierbar war, betete der zurückgebliebene Verteidiger: *»Vater Tiberius, ich rufe zu dir im frommen Glauben, nimm diesen Kämpfer und seine Waffen gnädig auf!«* und er stürzte sich in voller Rüstung in die Fluten. Der Flußgott erbarmte sich seiner und trug ihn unbeschadet ans linksseitige, rettende Ufer.

Diese Schilderung des Livius ist eine der frühesten Erwähnungen des Pons Sublicius, jener seit mythischen Zeiten bestehenden Brücke am Fuße des Palatin, die Verbindung mit dem etruskischen Ufer. Ausschließlich aus Holz erbaut war diese Pfahlbrücke (sublicia = Pfahl) nicht nur, damit sie im Falle eines feindlichen Angriffes schnell abgebrochen werden konnte, sondern auch aus religiösen Gründen. Es galt, dem Flußgott das (Brücken–) Joch auf die schonendste Weise aufzulegen, ihn behutsamst zu unterjochen, sicherlich mit schlechtem Gewissen. Und Holz als Baustoff mag er am ehesten akzeptiert haben, das natürliche, ihm vertraute Material – eher jedenfalls als Eisen. Man beschwichtigte ihn ferner mittels Opferhandlungen und Beschwörungen, und die Bezeichnung des obersten Priesters als Pontifex Maximus »oberster Brückenbauer«, gehört irgendwie in diesen Zusammenhang. Zum Tiber und seinen Brücken haben auch die heutigen Römer noch eine enge Beziehung. Wo sonst, außer in Rom, ist es möglich, dass man eine Brücke, die durch Hochwasser zum größten Teil zerstört wurde, als Ruine stehen läßt. Ein wenig nachgelassen hat die Verbundenheit der Bevölkerung mit ihrem Fluß schon, seit man ihn zwischen hohen Mauern eingeschlossen und der beiden Hafenanlagen beraubt hat. Seither kann er aber nicht mehr in regelmäßigen Abständen die halbe Stadt unter Wasser setzen.

Der Ponte Milvio, verbunden mit dem Sieg Kaiser Konstantins

Die oberste Tiberbrücke von kulturhistorischer Bedeutung hat gleich einen berühmten Namen: Der **Ponte Milvio**, wo 312 Konstantin der Große seinen Gegner Maxentius schlug: *»In hoc signo vinces!«* soll ihm eine Stimme beschwört haben, während ein Kreuz am Himmel erschien. Der nördliche Brückenbogen wurde 1849 durch Garibaldi gesprengt, im folgenden Jahr durch Pius IX. nach seiner Rückkehr wieder aufgebaut. Die vier mittleren Bogen, geschützt durch Wellenbrecher, sind immer noch die antiken, und somit ist dies die älteste Brücke Roms.

Über den Ponte Milvio näherten sich früher, als es noch keine Bahnen und Flugzeuge gab, alle Reisenden der ewigen Stadt. Zahlreich sind die Geschichten über die anreisenden Studenten.

Sieben moderne Brücken folgen stromabwärts der milvischen. Sie tragen Namen aus der neueren italienischen Geschichte. Dann begegnen wir dem altehrwürdigen **Ponte S. Angelo**, der wohl meistphotographierten Brücke als attraktivem Vordergrund zur Engelsburg. Als Hadrian am rechten Ufer sein Mausoleum baute, nach Vorbildern, die der unermüdliche Inspektionsreisende im Osten des Reiches gesehen hatte, bekam dieses auch eine Verbindungsbrücke zur Stadt – den Pons Aelius, nach des Kaisers Namen Publius Aelius Hadrianus. Die drei mittleren Bogen stammen noch aus seiner Zeit, die beiden äußeren entstanden bei der Tiberregulierung Ende des vorletzten Jahrhunderts. Die Brücke hat viel erlebt im Verlaufe ihres Bestehens. Im Jubiläumsjahr 1450 brach das antike Geländer und riß 172 Menschen in den Tod. 1488 wurde die öffentliche Richtstätte vom Tarpejischen Felsen hierher verlegt; das hatte hundert Jahre später, unter Papst Sixtus V., makabre Folgen. Der energische Pontifex räumte unerbittlich mit dem Banditenwesen auf und ließ die Räuber auf der Brücke baumeln. Man sagte, es gab manchmal mehr abgeschlagene Schädel auf der Brücke als Krautköpfe auf dem Markt. Die Engelsfiguren, die heute die Brücken zieren, stammen von Bernini und seinen Schülern.

Der **Ponte Vittorio Emanuele II**. ist wieder eine moderne Brücke, eingeweiht 1911. Sie führt den verkehrsreichen Corso gleichen Namens von der Piazza Venezia hinüber in Richtung Vatikan und ist eine der am meisten benützten Brücken. Die beiden Brückenpfeiler tragen mehrfigurige Statuengruppen, symbolische Gestalten, jeweils bekrönt durch eine geflügelte Viktoria. Die Verwandtschaft mit dem Nationaldenkmal ist unverkennbar.

Wir nähern uns dem **Ponte Sisto**, benannt nach Papst Sixtus IV. Die nach ihm benannte Brücke entstand fürs Jubeljahr 1475 an der Stelle des im 8. Jh. eingestürzten Pons Aurelius aus der Zeit Caracallas. Der Ponte Sisto besitzt am mittleren der drei Pfeiler einen kreisrunden Durchblick, den sogen. »occhiatone«. Er soll früher bei Hochwasser die höchste Alarmstufe signalisiert haben, wenn die Fluten seinen unteren Rand erreicht hatten. Leider hat man 1879 die nur elf Meter breite Brücke verbreitert, indem man für den Fußgängerverkehr seitliche Eisenkonstruktionen anhängte, sonst wäre sie eine der schönsten Renaissancebrücken. Das unter dem rechten Uferpfeiler sichtbare Fundament des Pons Aurelius zeigt, dass die antike Brücke bedeutend breiter war.

Schon längere Zeit können wir unter den Brückenbogen die Tiberinsel erspähen, das eigentliche Ziel unserer Flußfahrt. Das Eiland ist ganz eingetaucht in die mythische Vorzeit der Stadt. So soll es entstanden sein, als bei der Vertreibung der Tarquinier auf dem Marsfeld Getreidegarben in den Tiber geworfen wurden. Die nüchternen Geologen stellen dagegen vulkanischen Fels fest, darauf sich mit der Zeit Schichten von Schwemmland gebildet haben. Während der Pest von 293 v. Chr. rieten die Sibyllinischen Bücher, ein Schiff nach Epidauros zu senden, um eine Heilschlange des dortigen Asklepiostempels zu holen. Als das heimkehrende Schiff die Insel passierte, entwischte die Schlange und schwamm zur Insel. So weihte man dort dem Heilgott einen Tempel.

Aufgrund der alten Inselsagen ist es sicher, dass schon früh Brücken auf die Insel führten. 292 v. Chr. soll von der Stadtseite her eine Holzbrücke erbaut worden sein, was glaubhaft ist, denn damals ist das Heiligtum Äsculaps gegründet worden. Genaue Angaben liegen über die heute noch benützte Verbindung vor. Sie wurde errichtet im Jahre 62 v. Chr. von Lucius Fabricius, der damals Curator Viarum, Inspektor der Straßen und Brücken, war. Nach ihm heißt sie noch heute **Pons Fabricius**, den Leuten besser bekannt unter Pons Quattro Capi, wegen der antiken Hermen, die auf dem Geländer stehen. Im Mittelalter nannte man sie Pons Judaeorum, wegen des nahen Judenviertels. Bemerkenswert ist die große Bogenöffnung im Mittelpfeiler; sie vermindert den Druck aufs Fundament und verbessert bei Hochwasser den Wasserablauf.

TRATTORIA

Auch zum rechtsseitigen Ufer ist eine frühe Holzbrücke bekannt, erbaut um 179 v. Chr. Die erste steinerne Brücke, den **Pons Cestius**, erbaute der Wegekommissar dieses Namens, der sein Amt 62 bis 27 v. Chr. ausübte. 1889 fiel sie der Tiberregulierung zum Opfer; der Neubau, bei dem wenigstens der Mittelbogen aus altem Material besteht, heißt auch Ponte S. Bartolomeo, entsprechend der Inselkirche.

Unmittelbar nach der Südspitze der Insel überrascht uns ein einzelner Brückenbogen mitten im Tiber, eine Ruine, ohne jede Verbindung zu einem Ufer. Sie hat eine stürmische Vergangenheit hinter sich. Erbaut wurde diese Brücke 179 v. Chr. durch die Censoren M. Aemilius Lepidus – von ihm der antike Name Pons Aemilius – und F. Fulvius Nobilior. Damals waren nur die Pfeiler aus Travertin; aber 142 v. Chr. erhielt sie steinerne Bogen und wurde zur ersten Steinbrücke Roms. Als die Flut vom Dezember 1598 die östliche Hälfte weggerissen hatte, wurde die Brücke nicht mehr aufgebaut, bis man 1853 die Lücke durch eine Hängebrücke schloß. Schon 1885 wurde die unschöne Eisenkonstruktion wieder abgebrochen, zusammen mit den – wohl baufälligen – drei Bogen auf der Trastevereseite. Übrig blieb ein einzelner Bogen, der **Ponte Rotto**, die »zerbrochene Brücke«.

Wenige Meter nach dem Ponte Rotto passieren wir den Ponte Palatino. Wir erblicken vom Schiff aus eine halb unter Wasser einmündende Kanalisation. Es ist die **Cloaca Maxima,** welche noch heute die Wasser vom Esquilin, Viminal und Quirinal unter dem Forum und Velabrum hindurch in den Tiber leitet. Ursprünglich ein natürlicher Bach wurde er schon zweihundert Jahre vor Christus kanalisiert und überwölbt; die Sage will dies gar Tarquinius Priscus, dem etruskischen König des 7. Jh. v. Chr., zuschreiben.

Wir passieren einen Abschnitt, wo in römischer Zeit Lagerhallen (Horrea) standen, z. B. für Salz und Getreide, ein großes Marmorlager auch, die Marmorata, derart umfangreich, dass man noch weit in die christliche Zeit hinein von dort den Bedarf deckte und gar ins Ausland exportierte. Die plündernden Vandalen Geiserichs beluden 455 hier viel Schiffe mit antiken Statuen, in ihrer Habgier aber derart schwer, dass einige

Der Ponte Fabricius, die linksseitige Verbindung zur Insel

davon sanken und die kostbare Fracht verloren ging. Nicht nur in diesem Abschnitt des Flusses, sondern von der Mündung aufwärts bis über die Stadt hinaus müßten Mengen antiker Kunstgegenstände ans Licht kommen, ließe sich der Tiber umlenken.

Der **Ponte Sublicio**, dem wir als nächstes begegnen, hat nur den Namen von jener sagenumwobenen Brücke Roms, die in dieser Umgebung gestanden haben muss. Hier überquerte die Aurelianische Mauer den Fluß, umschloß den südlicheren Teil des Janiculus und das heutige Trastevere bis zum Pons Aurelius. Das linke Ufer müssen wir uns für die römische Zeit mit Hafenanlagen und Lagerhallen belegt denken. Da war das Emporium mit einem Quai von 500 Meter Länge und einer Halle mit einem Grundriß von 500 x 60 Metern. Erst Leo IV. ummauerte Mitte des 9. Jh. den Vatikan – wegen der Sarazenenüberfälle –, und Urban VIII. befestigte auch das dazwischenliegende Gebiet des nördlichen Gianicolo.

Auf der Weiterfahrt erblicken wir links einen ansehnlich hohen Hügel, ein künstlicher ist es: am Ufer hatte man in der Antike Wein und Öl aus den großen Transportamphoren in handlichere kleine Gefäße abgefüllt und die leeren »Einwegbehälter« zerschlagen. Dieser Amphorenscherbenhügel, der dadurch entstand, hat der nächsten Brücke den Namen gegeben, dem **Ponte Testaccio.** Es folgen abwärts nochmals vier moderne Brücken innerhalb des geschlossenen Stadtgebietes, dann hat der Fluss nicht mehr weit, bis er sich nach 405 km ins Meer ergiessen darf.

Der Ponte Rotto, eine liebevoll gepflegte Ruine ohne Funktion

Mauern um Rom

Als Romulus gegen den erbitterten Widerstand seines Zwillingsbruders, aber mit der Billigung der Götter den Bau seiner Stadt auf dem Palatin durchgesetzt hatte, unterließ er es nicht, sie auch gleich zu befestigen. So will es die Überlieferung.

In Wirklichkeit wird es so schnell kaum gegangen sein. Der Palatin und sein Ausläufer zum Tiber hin, der Germalus, waren von zwei verschiedenen Sippen besetzt, mit je eigenen Gebräuchen und sicher rivalisierend. Gewiß wird man eines Tages eingesehen haben, dass ein Miteinander beiden Parteien Vorteile brächte – ein kräftiger Anstoß dazu ist eine Bedrohung durch dritte – und so war die erste Befestigung der Siedlung auf dem Palatin fällig.

Die Roma Quadrata

Tacitus beschreibt den Verlauf der annähernd quadratischen Mauer und lokalisiert deren vier Ecken so: die Ara Maxima des Hercules auf dem Forum Boarium, wo heute S. Maria in Cosmedin steht; der Altar des Corpus beim Circus Maximus; die Curiae Veteres am Fuße des Capitols; das Larenheiligtum auf der Velia, etwa beim Titusbogen. Die quadratische Anlage, so glaubt man, war nicht zufällig und nicht nur aus topographischen Gründen; die Übereinstimmung mit den vier Himmelsrichtungen setzt das Ganze in Einklang mit den höheren Mächten und stellt es unter ihren Schutz.

Mit der Begrenzung durch die Stadtmauer war der Einfluß der Stadtgötter nicht abgeschlossen. Das Vorgelände, das Pomerium, war ebenfalls ihrem Schutz anheimgestellt, abgesteckt durch die Auguren. Auffällig ist, dass der römische Historiker die Mauer an den Fuß des Palatin verlegt; wir würden sie uns eher über dem Abhang vorstellen, am Rande des Plateaus, vorteilhafter für die Verteidigung. Da Funde bis heute fehlen, kann die Phantasie sich ausleben.

Mit dem Anschluß des Esquilin, gefördert durch die verbindende Velia, entstand eine beachtliche Vergrößerung des Territoriums, das Siebenhügeldorf, wie es die Forscher benennen. Sicher hatte diese Schicksalsgemeinschaft das Bedürfnis, sich gegen Feinde abzusichern, ähnlich der palatinischen Vereinigung. Auch davon sind keine Spuren zu eruieren. Beides werden eben nicht mächtige Mauern gewesen sein, wie wir uns Burgen vorstellen, eher Schutzwälle mit Graben, Palisaden oder dergleichen.

Die nächste Ausweitung der Gemeinde kam mit dem Anschluß des Quirinal: es entstand die Tripolis, die Dreistadt, eine annähernd kreisrunde Siedlung – das Capitol gehörte dazu als Vorposten des Quirinal – um die sumpfige Niederung. Ihre zentrale Lage wird sie einst aufwerten zum Forum Romanum.

Die Sage läßt Romulus nach einer langen Regierungszeit zu den Göttern entschwinden. Es regierten nach ihm drei Könige römischer Abstammung, als nächster aber ein aus Tarquinia stammender Etrusker, Tarquinius Priscus, ein Einwanderer, der es in Rom zu Wohlstand und Macht gebracht habe. Hinter dieser »Einwanderung« eines Ausländers verbirgt die Sage diskret eine unblutige oder gewaltsame Einflußnahme, wenn nicht gar eine Besetzung durch die Etrusker, und man erinnere sich, dass der Name Rom selber schon etruskisch ist, die berühmte Kapitolinische Wölfin das Werk eines Etruskers ist, und der Tiber Grenzfluß zu Etrurien war.

Die Servianische Mauer

Des Tarquinius' Schwiegersohn Servius Tullius – nach anderer Version der Sohn einer Sklavin aus seinem Haus – soll die inzwischen zur Siebenhügelstadt angewachsene Gemeinde mit einem Schutzwall umschlossen haben, und tatsächlich sind einige Spuren der Befestigung aus jener Zeit erhalten geblieben. Was man heute jedoch als die »Servianische Mauer« bezeichnet, in Anlehnung an den Namen Servius Tullius, stammt nicht von ihm, sondern ist erst 387 v. Chr. nach dem Galliereinfall erbaut worden. Solche irreführenden Bezeichnungen, einmal eingeführt, halten sich hartnäckig; im übrigen stiften Umbenennungen Verwirrung. Auch wenn nicht der Etruskerkönig sie gebaut hat, verläuft sie anscheinend doch weitgehehend auf den Fundamenten der Vorgängerin. Selbst die Bauweise mit abwechselnden Läufer- und Bindeschichten, längs- und quergerichtete Blöcke, ohne Verwendung eines Mörtels, wurde beibehalten.

Als Baumaterial diente in beiden Fällen Tuffstein, bei der jüngeren Mauer jedoch anstelle des einheimischen Materials eine härtere Sorte aus Grotta Oscura, das den Römern ab 396 v. Chr., nach der Eroberung der Etruskerstadt Veji, zur Verfügung stand. Die Mauer erreichte eine Höhe von zehn Metern und war streckenweise über vier Meter dick. Sie war gegen elf Kilometer lang, trug eine steinerne Brustwehr und umschloß alle sieben Hügel mit einer Gesamtfläche von über vier Quadratkilometern, wobei sie sich möglichst den Hügeln anschmiegte, selten ins Tal hinabstieg. Eine letzte umfangreichere Restaurierung und Verstärkung wurde 87 v. Chr. vorgenommen. Im Nordosten der Stadt, wo die Mauer auf einer Ebene verlief und besonders gefährdet war, hatte sie auf der Außenseite einen 36 Meter breiten und 17 Meter tiefen Graben. Das Aushubmaterial diente zu einem Schutzwall auf der Innenseite von 30 bis 40 Metern Dicke, dem Agger.

Der Verlauf der Mauer ist beinahe lückenlos festgestellt worden. Der Mauerzug schloß beim heutigen Marcellustheater ans Tiberufer an, wo sich ein Tor befand, die Porta Flumentana. Sie verlief in nordöstlicher Richtung, dem Capitolhügel entlang, überquerte die später für den Bau des Trajansforum abgetragene Geländebrücke zwischen Capitol und Quirinal, doch haben die Erdbewegungen und Bauten alle Spuren vernichtet. Solche finden sich erst wieder hinter dem Trajansforum, auf dem Largo Magnanapoli. Es folgt die nach Süden verlaufende nicht durch Hügel geschützte, daher künstlich verstärkte Partie, mit dem besterhaltenen Mauerstück neben der Stazione Termini. Auf dem Caelius liegt die als Dolabellabogen auf uns gekommene Porta Caelimontana. Bei der Ostkurve des Circus Maximus verließ die später Via Appia genannte Straße durch die Porta Capena die Stadt. In einem großen Bogen umfaßte die Mauer den Aventin, erreichte den Tiber und folgte ihm mehrere hundert Meter flußaufwärts, wo bei S. Maria in Cosmedin die Porta Trigemina lag. Und so schloß sich der Ring der ersten großen Verteidigungsanlage Roms. Jahrhunderte lang war die Servianische Mauer lebenswichtig für die Stadt; aber die Machtverhältnisse änderten sich, im letzten vorchristlichen Jahrhundert gab es keine ernsthafte Bedrohung mehr – Rom war auf dem Weg, Hauptstadt der damaligen Welt zu werden, und die Mauer wurde zum lästigen Hindernis für die sich ausbreitende Stadt.

Ein guterhaltenes Stück der Servianischen Stadtmauer begrüßt den Ankömmling vor dem Hauptbahnhof

Sulla begann mit dem Abbruch, das Material ließ sich bestens verwerten, verschont wurden nur einige erinnerungsreiche Tore.

Die aurelianische Mauer

Nach weiteren Jahrhunderten schlug das Pendel der Weltgeschichte zurück. Wieder überrannten junge Völker aus dem Osten und Norden die Grenzen des Weltreiches. Kaiser Aurelian, ein hervorragender Feldherr, schlug sie wiederholt; aber der weitsichtige Realist wußte genau, dass sie wiederkämen. Und so erbaute er ab 271 die nach ihm benannte zweite große Stadtmauer Roms, anfangs der Eile wegen von bescheidener Stärke, nur rund sechs Meter hoch.

Unbedenklich wurden vorhandene Bauwerke in die Mauer einbezogen um schneller ans Ziel zu kommen, indem man beispielsweise die Arkaden günstig verlaufender Aquädukte zumauerte. Unter Maxentius wurde sie erstmals verstärkt, noch ausführlicher von Honorius und Arcadius. Zuletzt erreichte die Aurelianische Mauer eine Höhe von zehn bis siebzehn Metern, indem man den offenen Wehrgang schloß, mit Schießscharten versah und darüber einen neuen Wehrgang mit Zinnen aufbaute. Die Länge der Mauer beträgt rund neunzehn Kilometer. Für Romverliebte ist es Ehrensache, sie einmal umwandert zu haben – kein langweiliges Unterfangen, wenn einem die Steine auf Schritt und Tritt von ihren Erlebnissen erzählen. In Abständen von 100 Fuß standen 380 viereckige, nach außen vorstehende Türme, die es erlaubten, die Außenseite der Mauer von der Seite zu überwachen, Erklimmungsversuche abzuwehren. Sie enthielten auch die Treppen zu den Wehrgängen.

Die wichtigeren Eingänge hatten einige Meter weiter hinten ein zweites Tor, so dass ein eingedrungener Feind zwischen den beiden Schleusen und den seitlichen Mauern in der Falle saß. Solche Doppeltore waren zu selbständigen kleinen Festungen ausgebaut. Daneben gab es einfache Tore, kleinere Durchlässe wie auch Schlupflöcher. Der nachfolgende Rundgang beginnt, wie bei der Beschreibung der Servianischen Mauer, am Tiberufer oberhalb der Stadt.

Die Posterula di Vigna Casale als Beispiel eines kleinen Tores.
Die Wehrtürme stehen vor und lassen die Aussenseite überwachen

Wenige hundert Meter vom Ufer entfernt erreicht man bereits eines der wichtigsten Tore des antiken Rom, die Porta Flaminia, welche die gleichnamige, 221 v. Chr. vom Consul Flaminius erbaute Straße nach Norden entläßt. Die heutige Porta del Popolo entspricht ungefähr dem Standort der Vorgängerin.

Die Mauer erklimmt nun den Pincio mit der Porta Pinciana, einst eine bescheidene Pforte, erweitert durch Honorius und Belisar. Von hier führt heute die elegante Via Vittorio Veneto hinunter zur Piazza Barberini.
Auch der nächste Abschnitt hat die Jahrhunderte gut überstanden; die Porta Salaria lag hier, wo noch immer die Via Salaria nach Norden strebt, die »Salzstraße«, auf welcher einst das am Meer gewonnene Salz als kostbares Handelsgut ins Landesinnere verbracht wurde.

Die Porta Nomentana ist heute zugemauert, die nordwestlich davon gelegene, von Michelangelo für Pius IV. erbaute Porta Pia hat ihre Aufgabe als Ausgangspunkt der Via Nomentana übernommen. Bei der Porta Pia hat der letzte Akt im Kampf zwischen dem Kirchenstaat und dem vereinigten Italien stattgefunden. Am 20. September 1870 drangen die Truppen König Viktor Emanuels durch eine Bresche in die Stadt ein.

An der Via Nomentana liegen einige der berühmtesten römischen Villen. Direkt neben der Torburg die Villa Paolina, der Schwester Napoleons. Nach einigen hundert Metern rechts die Villa Torlonia mit herrlichem Baumbestand, wo Mussolini wohnte. Gegenüber die Villa Albani mit der reichen Antikensammlung. Wiederum rechts die Villa Massimo, Sitz der Deutschen Akademie.

Ein kurzes Stück nach der Porta Pia stößt man auf das Castrum der Prätorianer, die zu unguten Zeiten gar Kaiser ernannt haben. Das quadratische Lager hatte eine Mauer von nur 4,75 m Höhe; indem man diese in die Stadtmauer integrierte, erhöhte man sie um zwei bis drei Meter und grub den Boden vor den Fundamenten um weitere zwei Meter weg. So erreichte man die für die Aurelianische Mauer gewünschten zehn Meter und fügte auch mehrere Türme an.

Die Porta Asinaria, von Honorius ausgebaut mit Doppelarkaden

Unmittelbar nach der Kaserne trifft man auf die Porta Clausa, heute so benannt, weil sie zugemauert ist. Sie war gar nie ein Tor, eher ein Triumphbogen, den man in die Mauer einbezogen hatte.

Es folgt die Porta Tiburtina, welche die Via Tiburtina hinauf in die Villenstadt Tibur (Tivoli) entließ. Heute heißt das Tor San Lorenzo. Es war ursprünglich ein Bogen, auf dem drei Wasserleitungen die Stadt betraten, die Marcia, die Tepula und die Julia.

Das Doppeltor Porta Labicana-Praenestina ist als Porta Maggiore noch heute ein Begriff. Auch dies war früher die Straßenüberquerung zweier Aquädukte, der Aqua Claudia und des Anio Novus, zusätzlich kamen die drei oben erwähnten Leitungen vorbei, und die zugemauerten Arkaden bildeten die Stadtmauer dieses Abschnitts.

Auch nach der Porta Maggiore benützt die Mauer noch ein Stück der Aqua Claudia, biegt dann bei Santa Croce nach Südwesten ab und erreicht das Amphitheatrum Castrense, dessen Oval zur Hälfte außerhalb der Stadtmauer zu liegen kam und ebenfalls zugemauert wurde.

Das folgende Mauerstück bis zur Porta Asinaria ist sehr gut erhalten und restauriert worden. Zum Teil besitzt es zwei Galerien übereinander. Die Porta Asinaria liegt unmittelbar neben der modernen Porta S. Giovanni, welche ihr die Flut des modernen Großstadtverkehrs abgenommen hat.

Porta Metrovia heißt das nächste Tor in der Aurelianischen Mauer; ursprünglich ein unbedeutender Durchgang, ist aus ihm ein mehrtoriger Durchbruch für den modernen Verkehr geworden. Die Autobahn nach Ostia macht sich dort breit.

Sorgfältig restauriert wurde das Mauerstück mit der Porta Latina. Dieses Tor ist das einzige, das sich uns im Zustand präsentiert, wie Aurelian es erbaut hatte. In seine Zeit datiert sich auch der linke Turm, während der rechte aus dem Mittelalter stammt.

Die Porta Appia entlässt noch heute die berühmte Via Appia Antica nach Süden

Die Porta Appia, die, wie der Name sagt, die Via Appia nach Süden schickt, ist ebenfalls eines der guterhaltenen Tore der Aurelianischen Mauer. Wie die meisten größeren Tore besaß es ursprünglich zwei Torbogen nebeneinander, schon damals flankiert von zwei halbrunden Türmen. Der Innenhof entstand in einer zweiten Phase, indem man den sogenannten »Drususbogen« in die Befestigungsanlage einbezog. Heute heißt das Tor Porta San Sebastiano, nach der Basilika und den Katakomben draußen an der antiken Straße, und beherbergt das Museo delle Mura Romane.

Es folgt ein stark restauriertes Stück der Mauer, das dem Publikum zum Besteigen offensteht. Wo einst die Porta Ardeatina – schon vor Honorius geschlossen – und die Porta Laurentina lagen, baute um 1540 Antonio da Sagallo d. J., der große Festungsbaumeister seiner Zeit, eine Bastion.

Im Zickzackkurs umschließt die Mauer den Kleinen Aventin und steuert die letzte große Toranlage an, die Porta Ostiensis, welche nach Roms Hafen an der Tibermündung führte, heute die Porta San Paolo, wegen des Völkerapostels Heiligtum zwei Kilometer tiberabwärts. Auch dies war ursprünglich eine zweitorige Anlage, flankiert von zwei Halbtürmen. Unter Maxentius kam ein durch Mauern eingefaßter Innenhof dazu, ebenfalls das rückwärtige Tor mit zwei Eingängen. Erst unter Honorius wurden die beiden nach Außen gewandten Tore verstärkt, während die hinteren Tore zweibogig blieben – das schönste Beispiel einer zur Festung ausgebauten Anlage.

Wenige Meter westwärts wurde ein monumentales Grabmal, die Pyramide des Prätors und Volkstribunen Cestius aus der Zeit des Augustus, in die Mauer einbezogen. Im Mittelalter hielt man sie für das Grab des Romulus; in Wirklichkeit entstand sie kurz nach der Eroberung Ägyptens, als man die Wunder des Nillandes bestaunte und es zum guten Ton gehörte, sich ägyptisch zu geben. Es schließt sich der Friedhof der Protestanten an, wo viele nichtkatholische Wahlrömer liegen, manch berühmter Name zu finden ist. Die Mauer strebt nun geradewegs dem Tiber zu. Zum letzten Mal präsentiert sie einige guterhaltene Türme, dann folgt sie dem Ufer rund achthundert Meter stromaufwärts, Lager- und Markthallen umschließend, ebenso den Monte Testaccio.

Ein gut erhaltenes Stück der Aurelianischen Mauer ist restauriert worden und kann bestiegen werden

Mit der Aurelianischen Mauer umgürtet zum ersten Mal eine Befestigungsanlage auch bewohnte Gebiete des rechten Tiberufers, das heutige Trastevere und Teile des Janiculum. Viel ist von ihr nicht vorhanden; Urban VIII. ersetzte sie Mitte des 17. Jh. durch eine neue Festungsmauer. Unweit des Ufers lag die Porta Portuensis, von wo eine Straße zu den kaiserlichen Häfen von Porto führte. Das antike Tor existiert nicht mehr, die heutige Porta Portese liegt etwa vierhundert Meter nördlicher.

Auf der Höhe des Janiculum öffnete sich die Porta Aurelia, heute Porta S. Pancrazio, der gleichnamigen Straße, welche bis Genua der Küste folgte. In nächster Nähe betraten die Aqua Trajana und die Aqua Alsientina die Stadt.

Die Aurelianische Mauer bog nun nach Nordosten ab und erreichte beim Ponte Sisto wieder den Tiber. Als letztes Tor lag die Porta Settimiana etwa hundert Meter vor dem Ufer. Sie soll zusammen mit der Mauer erbaut worden sein, trug aber eine Inschrift von Septimius Severus, was auf einen Triumphbogen hinweist oder auf ein anderes Gebäude aus der Zeit Aurelians. An den Kaiser aus dem fernen Africa erinnert der Name des Tores erst seit dem Mittelalter; jedenfalls weist die heutige Porta Settimiana nichts Antikes mehr auf.
Während der Gotenkriege war die Aurelianische Mauer noch intakt und tat ihren Dienst. Im Jahr 546 wurden ihr vom Gotenkönig Totila Breschen geschlagen, doch Belisar restaurierte sie wieder. Besondere Aufmerksamkeit widmete ihr Papst Hadrian I. (772-795), übrigens auch den Wasserleitungen, und ließ das Landvolk aus dem Patrimonium, aus Tuszien und Latium, wie auch die Römer selber Frondienste leisten. Damals wurden viele Kunstwerke der Antike, nicht mehr als schützenswert geltende Monumente und Skulpturen, als Baumaterial verwendet. Mit dem 9. Jh. begannen die Angriffe der Sarazenen auf Sizilien und Süditalien. 846 eroberten sie Ostia und Porto, stießen gegen Rom vor und plünderten die schutzlos außerhalb der Mauer liegenden Basiliken von St. Peter und St. Paul. Unschätzbare Reichtümer, diesmal die christlichen, wurden weggeschleppt. Nach dem Sarazenenüberfall übernahm es der energische Leo IV. mit der finanziellen Unterstützung Kaiser Lothars, von 848 bis 852 das Gebiet des Vatikans zu ummauern. Die vierzig Fuß hohe Mauer setzte am Mausoleum Hadrians an, stieg den vatikanischen Hügel hinan, umlief die Peterskirche und erreichte den Tiber wieder beim Pons Vaticanus. Zwei mächtige Türme in den vatikanischen Gärten geben noch Zeugnis von dieser Anlage.

Wasser für Rom

Wenn man die große Menge Wasser an öffentlichen Orten,
in Bädern, Fischteichen, Häusern, Kanälen,
Gärten, den Gütern der Stadt, Landhäusern,
dann die zu dessen Herleitung gebauten Bogen,
durchgrabene Berge und geebnete Täler
mit Aufmerksamkeit betrachtet, so muss man gestehen,
dass die ganze Welt kein größeres Wunderwerk aufzuweisen hat.

Plinius d. Ä.

Wäre nichts vom alten Rom erhalten geblieben als nur die mächtigen Ruinen der Aquädukte draußen in der Campagna, sie wären Zeugnis von einem großen Gemeinwesen, das einst in der Gegend bestanden haben muss.

Rom hat wenig geistige oder wissenschaftliche Leistungen vollbracht, aber es hat die Errungenschaften der Griechen verständnisvoll übernommen, bewahrt und in die Praxis umgesetzt, hat Verwaltungs- und Rechtssysteme aufgebaut. Entscheidend war vor allem der praktische Nutzen, und so verwundert es nicht, dass zu den Spitzenleistungen der Römer die Architektur gehört.

Ganz besonders gut unterrichtet sind wir über die Organisation der Wasserversorgung Roms, dank Sextus Julius Frontinus, der von 97 bis um 103 n. Chr. die Oberaufsicht darüber hatte. Diese Tätigkeit war ihm anfänglich fremd. Er war Gouverneur in Britannia, im Jahre 73 erstmals Consul, kämpfte später in Germanien, wurde nochmal Statthalter, diesmal über die Provinz Asia – bis Nerva ihn im Jahre 97 zum Obersten Leiter der Wasserversorgung Roms ernannte. Was er aus der Militärzeit mitbrachte, waren Führungsqualitäten und Organisationstalent, und so arbeitete er sich schnellstens in die neue Materie ein. Er hielt das Erarbeitete in einem Buche *»De aquaeductu urbis Romae« fest*, für sich und seine Nachfolger, denn *»nichts ist so unschicklich für einen leidlich tüchtigen Menschen, als einen ihm anvertrauten Dienst nach den Ratschlägen seiner Gehilfen erfüllen zu müssen..., die eigentlich nur als Hände und Werkzeuge des Leiters dienen sollten«.*

Die Technik

Die römischen Ingenieure werden etwa kritisiert, weil sie, um ein Tal zu überbrücken, kostspielige Aquädukte gebaut haben, wo man doch mit geschlossenen Druckleitungen die Aufgabe viel einfacher hätte lösen können. Gemeint ist das System der kommunizierenden Röhren, wobei eine Röhrenleitung ins Tal hinab- und gegenüber wieder hochgestiegen wäre. Die Römer kannten wohl diese schon von den Griechen beherrschte Technik und benutzten sie auch in manchen Fällen. Sie wußten aber auch von ihren Nachteilen wie Bruchgefahr, undichte Nähte und fürchteten vor allem die schlechte Kontrollmöglichkeit. Außerdem hielten die damals fast ausschließlich verwendeten Bleiröhren nur einem mäßigen Wasserdruck stand. Die offene Leitung ist bei unebenem Gelände wirklich viel teurer, benötigt gewaltige Mengen Material und Heere von Hilfskräften – aber Geld, Baumaterial und Leute standen zur Verfügung.

Das Hauptproblem beim Bau einer offenen Wasserleitung war, dem Wasser auf der ganzen Länge ein regelmäßiges Gefälle zu geben. Vitruv empfiehlt in seinem Werk über die Architektur ein solches von nicht weniger als 0,5 %, in der Praxis betrug es 1 bis 5 %: Man scheint Mühe gehabt zu haben, einen völlig gleichmäßigen Fluß zu erreichen; immerhin standen zur Nivellierung verschiedene Instrumente zu Verfügung, die alle auf dem Prinzip der Wasserwaage und des Senkbleis beruhten. Beim Stichwort »Aquädukt« denken wir sofort an die imposanten Bogenreihen in der weiten römischen Campagna, und es ist uns nicht bewußt, dass nur ein kleiner Prozentsatz der römischen Wasserleitungen auf solchen Arkaden verläuft. Der größte Teil liegt auf Mauern oder im Boden.

Die Mauern sind einfach aber zweckdienlich konstruiert: Sie bestehen auf den Außenseiten aus Bruchsteinen oder Ziegeln, im Innern sind sie mit Schotter gefüllt. Darüber liegt die Wasserrinne, inwendig glatt verputzt, zugedeckt mit Steinplatten zum Schutz gegen Verschmutzung.

Noch immer durchqueren imposante Partien der Aqua Claudia die römische Campagna

Wäre die Mauer über zwei Meter hoch geworden, ging man zur Bogenkonstruktion über, deren Pfeiler ähnlich den Mauern konstruiert waren: außen zugehauene Steine – zur Kaiserzeit auch Ziegelmauern –, innen mit Schotter gefüllt. Aus Sicherheitsgründen beschränkte man die Höhe von Aquäduktpfeilern auf maximal 21 Meter. Denn nicht auszuschließen wäre beispielsweise ein seitliches Ausbiegen des Pfeilers unter dem Druck der Füllung oder der zu tragenden Last; und es hätte die Gefahr bestanden, dass fortschreitend weitere Bogen gefallen wären. Wurden größere Höhen als 21 Meter benötigt, setzte man eine zweite, leichtere Bogenreihe auf und gar eine dritte.

Weil die meisten römischen Wasserleitungen ihren Anfang in der gleichen Gegend des Anienne-Tals nehmen, verlaufen sie auch mehr oder weniger parallel; es kommt vor, dass in Stadtnähe und in der Stadt zwei oder drei Kanäle übereinander auf den gleichen Bogen verlaufen, denn die Römer vermieden es, das Wasser mehrerer Leitungen zu mischen, weil sie jeder Quelle ganz besondere Eigenschaften zuschrieben. Die einzige Ausnahme bildeten anscheinend die Aqua Claudia und der Anio Novus; sie hatten ein gemeinsames Wasserschloß, die Verteilanlage.

Eine dritte Variante der Wasserleitungen ist die Wasserführung in Tunnels. Diese hatten in regelmäßigen Abständen senkrechte Stollen zur Erdoberfläche – Vitruv empfiehlt sie in Abständen von 35,5 Metern. Beim Bau dienten sie der genaueren Linienführung und später zur Kontrolle und zum Unterhalt der Leitung. Zum genauen Einhalten des Gefälles scheint man auch im Tunnel die eigentliche Wasserrinne nicht auf dem Boden, sondern auf eine niedere Mauer verlegt zu haben.
Zur Klärung des Wassers von festen Verunreinigungen dienten die sogenannten Piscinen, sowohl an der Quelle, wo sie auch als Reservoirs funktionierten, wie auch am Ende der Leitung, vor dem Aufteilen in die verschiedenen Stränge. Dabei handelte es sich um große Kammern, deren Decken durch Pfeiler und Bogen gestützt waren. Zum Teil waren sie zweigeschossig. Das Wasser füllte zuerst das obere Bassin, überfloß in das untere, bis der Wasserspiegel wieder den ursprünglichen Stand erreichte. So hatten die schwebenden Partikel zweimal die Möglichkeit, sich zu setzen. Sechs der römischen Wasserleitungen besaßen solche Kläranlagen: Anio Vetus, Marcia, Julia, Tepula, Anio Novus und Claudia.

Zweitausend Jahre hat die Baukunst römischer Architekten widerstanden

Nicht gereinigt war damit das Wasser von in ihm aufgelösten Verunreinigungen. Sämtliche Leitungen führten sehr kalkhaltiges Wasser. An undichten Stellen, wo jahrelang Wasser durchsickerte, sieht man starke Versinterungen. Die Kanal- und Röhrenwandungen weisen dicke Ablagerungen auf, zum Teil den Querschnitt auf einen Viertel verengend.
Über die Verteilung des in der Stadt ankommenden Wassers sagt Vitruv, dass es auf drei Stränge geleitet wurde: Zuerst teilte sich das Wasser auf zwei Becken, das eine für den Gebrauch in den Thermen, das andere für öffentliche Trinkwasserbrunnen und den Privatgebrauch. Zwischen ihnen lag eine dritte Kammer, in welche das überschüssige Wasser der beiden ersten floß und für die Wasserspiele, die Springbrunnen und dergleichen zur Verfügung stand. Derart waren die beiden ersteren Verwendungszwecke bevorzugt, und bei Wasserknappheit stellten zuerst die Zierbrunnen ab.

Je nach zu versorgendem Quartier konnten auch andere Abnehmergruppen bevorzugt werden, z. B. die kaiserlichen Paläste, nicht nur diejenigen auf dem Palatin, sondern auch kaiserliche Besitzungen in der Stadt. Von Einfluß war außerdem die Qualität des Wassers. Ab der Zeit Nervas wurde diesbezüglich sorgfältig unterschieden und die besonders bekömmliche Marcia nur noch als Trinkwasser verwendet.

Da die Wasserleitungen in recht verschiedener Höhe die Stadt erreichten, konnten Appia und Virgo wegen ihrer geringen Höhe nur tiefgelegene Stadtteile versorgen; in mittlerer Höhe kamen Marcia, Tepula und Julia in die Stadt und erreichten die meisten Regionen Roms; die Claudia und der Anio Novus vermochten selbst Hügel zu bedienen. Daraus resultiert eine komplizierte Linienführung, wobei Leitungen ganze Quartiere ohne eine einzige Wasserentnahme durchquerten.

Das für den privaten Gebrauch bestimmte Wasser lief zu kleineren Wasserschlössern in der Nähe der zu bedienenden Häuser und von dort erst in Rohrleitungen zu den Brunnen. In den Häusern wurden meist nur die Erdgeschoße bedient; die Bewohner der oberen Stockwerke mussten weiterhin ihr Wasser an den Straßenbrunnen holen oder sich von den Wasserträgern, den *Aquarii,* bedienen lassen.

Die Röhren waren fast immer aus Blei hergestellt, indem man Bleibleche zu einem Rohr bog, überlappte und verlötete oder auf verschiedene Arten faltete. Die Länge war

auf 10 Fuß (2,95 m), standardisiert, wobei es etwa zehn hauptsächlich gebrauchte Normdurchmesser gab. Die Röhren wurden miteinander verbunden, indem man die Nahtstelle mit einem Band aus Blei umwickelte, oder aber sie wurden an dem einen Ende konisch erweitert, am anderen verengt und ineinandergesteckt.
Vitruv warnte seine Zeitgenossen vor dem Gebrauch des Bleis. Offensichtlich hat man nicht auf ihn gehört, und man fragt sich heute, wie verbreitet damals Bleivergiftungen gewesen sein müssen.

Zur Schonung der nicht sehr soliden Röhren gab es auch schon eine Art Druckverminderer, ähnlich den Reduzierventilen: Man führte das Wasser in einem Rohr in ein erhöhtes Bassin und von dort weiter. So wirkte nur noch der Druck dieser zweiten Leitung und nicht mehr das ursprüngliche Gefälle.

Die Bestimmung der Fördermengen ist schwierig. Genauere Unterlagen hat man nur von Frontinus, also nur über die zu seiner Zeit vorhandenen neun älteren Leitungen. Man kommt für sie auf eine Tagesleistung von gegen 1 Million m^3. Nimmt man für jene Zeit eine Bevölkerungszahl von etwa 1 Million an – auch darüber schwanken die Schätzungen sehr –, kommt man auf rund 1000 Liter pro Einwohner. Vergleichsweise dazu braucht die Stadt Zürich pro Kopf der Bevölkerung 400–600 Liter, je nach Jahreszeit. Allerdings muss berücksichtigt werden, dass die Römer zwar bereits Wasserhahnen kannten, dass aber Trinkwasserbrunnen in den Straßen und Höfen Tag und Nacht liefen, ganz zu schweigen von den Zierbrunnen, den Bassins aller Art und den Thermen mit ihrem enormen Wasserverbrauch, wodurch die tatsächlich von der Bevölkerung verwendete Menge auf einen Bruchteil der obigen Zahl reduziert werden muss.

Die Organisation

Für den Unterhalt wurden die einzelnen Leitungen anfänglich verpachtet, und der Pächter musste stets eine vorgeschriebene Anzahl Sklaven einsatzbereit halten. Im weiteren war er verpflichtet, eine öffentliche Liste darüber zu erstellen, welcher Ingenieur für einen bestimmten Abschnitt verantwortlich sei. Das erleichterte den Aufsichtsbehörden die Kontrolle. Diese mussten sich nicht nur über einen einwandfreien Zustand der Leitungen vergewissern, sondern auch Betrügereien aufdecken. Es war beispielsweise den Landbesitzern erlaubt, überfließendes oder wegen Defektes ausströmendes Wasser ihren Feldern zuzuführen, was zu absichtlichen Beschädigungen verleitete. Derart unrechtmäßig bewässerte Felder wurden konfisziert, mitschuldige Pächter schwer bestraft. Vor allem innerhalb der Stadt wurden immer wieder Leitungen unbefugterweise angezapft, oft mit Wissen der Aufsichtsperson.

Agrippa, der Schwiegersohn und Vertraute des Augustus war es, der die gesamte Wasserversorgung Roms neu organisierte und mit 240 Sklaven instandhielt. Durch Erbschaft kam die ganze Organisation samt Leuten an den Kaiser. Er ernannte einen Kurator, welcher für ihn die Oberaufsicht führte – eine angesehene Amtsperson, auf allen Gängen begleitet von einem Architekten, einem Schreiber, einem Rechnungsführer, einem Ausrufer und drei Staatssklaven. Außerhalb der Stadt kamen noch zwei Liktoren dazu.

Unter Claudius kam neben diese staatliche Einsatztruppe eine zweite, die kaiserliche, zur Kontrolle seiner beiden neuen Leitungen, der Aqua Claudia und der Anio Novus. Sie umfaßte 460 Mann. Es scheint, dass in der Folge auch das hohe Amt des Oberaufsehers nicht immer unter Einsatz aller Kräfte ausgeübt wurde. Eine vorbildliche Pflichterfüllung leistete der schon erwähnte Frontinus, der peinlich genau die Leitungen überwachte, ihre Fördermengen feststellte, bei Fehlmengen den eventuellen Lecks oder unrechtmäßigen Anzapfungen nachging und jedem Mitarbeiter ein »Pflichtenheft« erstellte. Stolz schreibt er in seinem Buch, dass er bei den Inspektionen dank seiner Zuverlässigkeit und des Ansehens, das ihm der Kaiser verschafft habe, auf die Anwesenheit der Liktoren verzichten könne.

Bei der heutigen Porta Maggiore trafen sich, auf nur zwei Bogenreihen, fünf Wasserleitungen. Gemälde von Zeno Diemer im Deutschen Museum München

Anfänglich wurden Privathäuser nicht mit fließendem Wasser bedient; jedermann holte sein Wasser an den öffentlichen Brunnen. Dann kamen, noch in republikanischer Zeit, zuerst einzelne bevorzugte Personen in den Genuß eines Wasseranschlusses, wohl als Anerkennung für besondere Verdienste. Zur Kaiserzeit erhielten immer mehr Wohnungen einen Anschluß – Agrippa hatte sich auch hierfür stark eingesetzt –, doch musste man ein persönliches Gesuch an den Kaiser richten, der jeden Antrag einzeln konzessionierte. Später waren die Censoren dazu ermächtigt.

Ein privater Wasseranschluß wurde für eine ganz bestimmte Stelle der Leitung bewilligt und geschah mittels eines gestempelten Anschlußstückes des bewilligten Durchmessers. Die private Leitung musste diesen erlaubten Querschnitt während der ersten 50 Fuß beibehalten; denn hätte man schon kurz nach dem Anschluß auf einen größeren Durchmesser gewechselt, wäre mehr Wasser durch die Leitung geflossen. Die Konzession verfiel mit dem Tod des Inhabers oder bei Verkauf des Gebäudes.

Die Aqua Appia

Der Zensor Appius Claudius Caecus, derselbe, der auch die »Königin aller Straßen«, die Via Appia erbaut hat, verewigte seinen Namen ein zweites Mal durch die Errichtung der ersten Wasserleitung Roms im Jahre 312 v. Chr.

Die Aqua Appia verlief fast völlig unterirdisch (16460 m), lediglich bei der Porta Capena, wo sie die Stadt durch die Servianische Mauer betrat, waren 445 m auf Mauern und 89 m auf Bogen verlegt. Die Wasserrinne aus ausgehöhlten Tuffsteinblöcken hat man mehrerenorts gefunden. Bogenkonstruktionen aus Stein scheinen erst bei der dritten römischen Wasserleitung, der Marcia, gebaut worden zu sein. Das kurze Stück der Appia auf Arkaden wird erst der Prätor Q. Marcius errichtet haben, ca. 144 v. Chr.; bis zu diesem Zeitpunkt wird es eine Holzkonstruktion gewesen sein.
Die Leitung durchquerte den Caelius und den Aventin und endete südlich des Forum Boarium, der heutigen Piazza Bocca della Verità. Die Tagesleistung betrug 73.000 m^3.

Die Porta Maggiore, in der Antike Porta Prenestina und Porta Labicana, trägt zwei Wasserleitungen: Aqua Claudia und Anio Novus

Der Anio Vetus

Schon 272 v. Chr., nur 40 Jahre nach dem Bau der Appia, unternahmen es die Zensoren M. Curius Dentalus und L. Papyrius Cursor Wasser des Anio aus der Gegend von Mandola und Vicovaro, oberhalb von Tibur (Tivoli), in die Stadt zu leiten – die Aqua Anio. Die Finanzierung soll mit der Beute aus den Schlachten gegen Pyrrhos I. erfolgt sein. Vollendet wurde sie unter den Duumviri Curius und Fulvius Flaccus.

Auch diese Wasserleitung war unterirdisch verlegt, nur 300 m auf Bogen. Sie erreichte die Stadt bei der Porta Labicana (heute Porta Maggiore) der späteren Aurelianischen Mauer, durchbrach die Servianische Mauer bei der Porta Viminalis, durchquerte den Esquilin und endete im Raume der heutigen Statione Termini. Die Präzisierung als Anio Vetus unterscheidet sie von einem späteren Aquädukt, dessen Wasser ebenfalls dem Anio entnommen wurde. Die Kapazität betrug 73.000 m^3 pro Tag.

Die Aqua Marcia

Die dritte römische Wasserleitung, erbaut 144-140 v. Chr. hat ihren Namen vom Prätor Q. Marcius Rex, der vom Senat den Auftrag erhielt, die beiden früheren Leitungen instandzusetzen und eine weitere zu bauen.

Die Aqua Marcia wurde aus Quellen bei Agosta im Aniotal gespeist, hatte eine Länge von 91 km und wurde ihres köstlichen Trinkwassers wegen gerühmt. Auch sie betrat die Stadt bei der Porta Labicana, lief nordwestlich zur Porta Tiburtina, der heutigen Porta S. Lorenzo. Dieser Abschnitt ihrer Bogenkonstruktion wurde von Aurelian in seine Befestigungsmauer einbezogen, indem man die Bogenöffnungen zumauerte. Bei der Porta Viminalis der Servianischen Mauer, auf der heutigen Piazza della Cinquecento, verteilte sich die Marcia in verschiedene Stränge, und es steht dort noch heute eine guterhaltene Verteilerkammer.

Eine wichtige Abzweigung führte hinüber zum Capitol, das bisher seiner Höhe wegen keine Wasserzufuhr hatte. Die Quelle der Marcia liegt 317 m über Meer, die Einmündung in die Stadt immer noch auf 54 m.

Die Aqua Marcia war eine der wichtigsten Wasserleitungen Roms, auch eine der aufwendigsten. Sie ist die längste für Rom gebaute Leitung und verläuft erstmals zu einem großen Teil (19 km) über Bogen, sowohl in den Tiburtiner Bergen als auch in der Stadt. Sie spendete pro Tag 187600 m^3 und war damit die zweite in der Rangliste nach Ergiebigkeit.

Die Aqua Virgo

verdankt ihren Namen im Gegensatz zur Julia keinem großen Herrscher, sondern einem einfachen Hirtenmädchen, das durstigen Soldaten eine verborgene Quelle zeigte. Ihr Kommandant Agrippa leitete das kostbare Naß in die Stadt, seine neu erbauten Thermen zu speisen.

Die Leitung maß rund 22 km, davon lagen 10 km auf Bogen und 800 m in Tunnels. Sie lieferte 100000 m^3. Ihr Wasser wurde von den Alten ebenso geschätzt wie das der Marcia.

Die Aqua Alsietina

Diese Wasserleitung, erbaut im Jahre 2 v. Chr. durch Augustus, erwähnt Frontinus mit Verwunderung, da ihr Wasser keine Vorzüge aufweise, ja sogar ungenießbar sei. Sie mag wohl dazu gedient haben, die Naumachia des Kaisers am Fuße des Gianicolo zu speisen, bei deren Eröffnung laut Ovid die ganze Menschheit bewundernd zusammengeströmt sei.

Die Aqua Claudia

Diese von allen Wasserleitungen Roms großartigste und auch die am besten erhaltene, begann Caligula 38 und vollendete Claudius 52 n. Chr. Ihr Wasser stammte aus drei Quellen, unweit der Stelle, wo die Marcia entsprang.

Von den 69 km sind 15 km oberirdisch geführt. Berühmt sind vor allem die letzten 10 km vor der Stadt, die über Bogen verlaufen. Obwohl die Häusermassen der modernen Stadt immer weiter in die Campagna hinauswachsen und Satellitenstädte die Zeugnisse der Antike zu überwuchern drohen, stehen auch heute noch längere zusammenhängende Partien des berühmten Aquäduktes frei in der Landschaft und lassen im Wanderer die Campagna-Bilder der vielen Deutschrömer des 18. und 19. Jahrhunderts aufleben.

Auch innerhalb der Stadtmauern ist die Claudia die am besten erhaltene. Man begegnet ihr bei der Porta Maggiore, wo sie mit dem über ihr liegenden Anio Novus ein Stück weit in die Aurelianische Mauer einbezogen wurde. Eine Inschrift nennt Claudius als Erbauer, außerdem Vespasian und Titus, die sie 71 und 81 restauriert haben. Zum letzten Mal, kurz vor ihrem Ziel, zeigt sie sich am Osthang des Palatin, wo sie einst auf hohen Bogen das Tal der Via S. Gregorio Magno überqueren musste, die antike Via Triumphalis, wo damals die siegreichen Legionen sich aufstellten zum ruhmvollen Einmarsch aufs Forum Romanum.

Anio Novus

Den ersten Platz bezüglich Förderleistung nimmt der gleichzeitig mit der Claudia erbaute Anio Novus ein. Er entnahm das Wasser dem Anio etwa 6 km oberhalb der Quellen von Marcia und Claudia. Nerva verlängerte die Leitung und Trajan führte ihr eine zweite aus dem Quellgebiet der Claudia zu, den sog. Herkulanischen Kanal.

Frontinus berichtet, das bei Subiaco gefaßte Wasser sei oft trübe gewesen, und auch das Klärbecken, das es vor dem Eintritt in die Leitung passierte, habe es z. B. nach Wolkenbrüchen nicht genügend gereinigt, so dass es fast schade war um das reine Wasser der zweiten Leitung. Die Claudia und der Anio Novus verliefen auf der ganzen Strecke parallel und vereinigten sich auf den letzten Kilometern über gemeinsame Bogen, jedoch wie üblich in getrennten Kanälen.

Wenige Meter neben der Porta Maggiore durchstossen die Aqua Marcia, Terpula und Julia die Aurelianische Mauer

Die Aqua Traiana

Unter Kaiser Trajan wurde 109 n. Chr. aus der Gegend des Lago di Bracciano eine weitere Wasserleitung ins Trastevere-Quartier geführt und folgte auf ihrem Weg der Via Clodia, der Via Cassia und zuletzt der Via Aurelia. Man entdeckte sie bei der Porta S. Pancratio (Porta Aurelia) und in der Via Angelo Masina. Sie soll auch Trajans Thermen bedient haben und müßte also den Tiber überschritten haben!

Die Aqua Antoniniana

ist ebenfalls keine eigenständige Leitung, sondern eine Seitenlinie der Claudia, löste sich von ihr bei Torre del Fiscale an der Via Latina. Man beobachtet sie über dem sog. Drususbogen bei der Porta S. Sebastiano. Die Benennung der Straßenüberführung als Triumphbogen ist also unrichtig. Die großen Erfolge des Tiberiussohnes als Feldherr in Germanien mögen den Irrtum verursacht haben. Ziel der Leitung waren die großen Caracallathermen, deren Wasserverbrauch enorm gewesen sein muss.

Untergang und Wiedergeburt

Dass die Wasserleitungen nicht zu allen Zeiten vorbildlich betreut wurden, ersieht man daraus, dass sich immer wieder Kaiser rühmen, sie restauriert zu haben. In Gefahr gerieten sie vor allem, als Konstantin d. Gr. im Jahre 330 Byzanz zur Hauptstadt ernannte, als nach der Trennung 404 Honorius Ravenna zur Hauptstadt des Westreiches machte, – als Rom nicht mehr Zentrum der Welt war und seine Bevölkerung stetig abnahm. Von Arcadius und Honorius wurden zwar 399 und 402 Gesetze erlassen zum Schutze der Claudia, und ein letztes Mal ließ Theodorich sie ausbessern. Den Todesstoß erhielten sie, als die Goten 537 Rom belagerten und die Leitungen unterbrachen. Die Belagerten ihrerseits vermauerten die leeren Wasserkanäle, um zu verhindern, dass der Feind durch sie in die Stadt eindringe. Später setzte Belisar die Trajana wieder in Funktion, vielleicht auch die Claudia, aber nur für kurze Zeit. 549 versiegte die Trajana als letzte der römischen Wasserleitungen. Die Aquädukte zerfielen und bald wurden sie zu willkommenen Lieferanten von billigem Baumaterial. Die Bevölkerung aber – zeitweise auf wenige Tausend zusammengeschmolzen – holte ihr Wasser wieder dort, wo ihre Vorfahren es geschöpft hatten – zu Füßen der Hügel und am Ufer des Tibers.

Die Renaissance brachte auch einigen der Aquädukte die Wiedergeburt. Papst Nikolaus V. erneuerte 1453 die Aqua Virgo, die einzige, die nie zerstört, nur unterbrochen war. Sie speist heute die berühmte Fontana di Trevi und manchen anderen Brunnen des Quartiers, z. B. die beiden »Badewannen« auf der Piazza Farnese.
Die Alexandrina, erbaut von Alexander Severus, wurde 1585 von Sixtus V., dem großen Neugestalter Roms, instandgestellt. Nach dem Vornamen des Papstes heißt der Brunnen am Ende der Leitung Aqua Felice.
Paul V. baute 1605 die Aqua Paolina unter Verwendung und streckenweisem Neubau der Trajana. Die Fontana dell' Aqua Paola am Abhang des Gianicolo erhält das Wasser von ihr.
Unter Pius IX. schließlich wurde die Marcia restauriert und hieß vorübergehend Aqua Pia. Unmittelbar nach ihrer Inbetriebnahme am 19. September 1870 marschierten die Truppen des vereinten Italiens in Rom ein, so dass das Wortspiel herumgeboten wurde: *»Aqua Pia, oggi tua, domani mia«*. Immerhin durfte der Papst für sich beanspruchen, dass seine letzte Tat als weltlicher Herrscher eine Wohltat für die Ewige Stadt war.

Diese vier Aquädukte sind es, deren Wasser mehr oder weniger noch in den antiken Leitungen fließen und mithelfen, Rom auch heute wieder zur wasserreichsten Stadt zu machen.

Brot und Spiele

»Panem et circenses« seien das Einzige, das den Pöbel Roms noch interessiere, klagt Juvenal im ersten Jahrhundert nach Christus.

Panem ...

Früher deckten die Römer ihren Bedarf an Getreide im Mutterland, aus einem sehr begrenzten Gebiet also, so dass bei Mißernten unweigerlich Mangel eintrat. Die Aedilen hatten zur republikanischen Zeit die Oberaufsicht über die Getreideversorgung und achteten in kritischen Zeiten streng auf das Einhalten der Preise, hatten auch das Recht zu Strafmaßnahmen. Erst unter Augustus übernahmen kaiserliche Beamte diese Funktion, wobei die Stelle des Oberaufsehers, des praefectus annonae, bis Konstantin eines der höchsten kaiserlichen Ämter war. Ihm war der Getreidehandel des ganzen Reiches unterstellt, er hatte sein Personal in allen Provinzen und besonders in den Häfen.

Nach dem Zweiten Punischen Krieg nahm der Ackerbau in Italien rapid ab, im gleichen Maße, wie die Bevölkerung der Hauptstadt zunahm, denn dorthin strömte die verarmte Landbevölkerung – wie heute noch in manchen Ländern. Das Getreide kam nun, wie andere Ware auch, zum großen Teil über das an der Tibermündung gelegene Ostia nach Rom, wo am linken Flußufer, zu Füßen des Aventin, Hafenanlagen und Lagerhäuser entstanden. Und ganz in der Nähe, an der heutigen Piazza della Verità, lag die Cura Annonae, die städtische Getreideverwaltung.

Bis Ende des 2. Jahrhundert v. Chr. gab man das Getreide in der Regel nicht unter den Gestehungskosten ab; nur bei Hungersnot wurde es verbilligt, ebenso bei zu großen Lagerbeständen, um den Absatz zu fördern. Dabei erwartete man von den Aedilen, dass sie zu diesem Zweck einen Teil ihres eigenen Vermögens einsetzten. Hohe Staatsstellen brachten damals viel Ehre ein, waren aber unbesoldet, verursachten sogar große Auslagen.

Getreidemühle in einer Bäckerei in Ostia

C. Gracchus führte im Jahre 123 v. Chr. die verbilligte Abgabe des Getreides als Dauerzustand ein, die lex frumentaria. Bezugsberechtigt waren nicht nur die Armen, sondern alle Bürger. Schnell war diese Vergünstigung eine Selbstverständlichkeit, und es dauerte nicht lange, bis man die Forderung nach Gratisabgaben erfüllen musste. Die Zahl der Berechtigten – Männer mit vollem Bürgerrecht, ausgenommen die Ritter und Senatoren – betrug rund 320000. Augustus versuchte den Brauch rückgängig zu machen, brachte es aber nicht zustande und musste sich mit einer Reduktion der Bezügerzahl auf 200000 zufriedengeben, was bis Trajan so blieb.

Historiker stellen bei ihren Berechnungen auf die 320000 Vollbürger ab und kommen ungefähr zu folgender Einwohnerzahl Roms:

Römische Bürger	320.000
Frauen und Kinder	300.000
Senatoren und Ritter	10.000
Garnison	20.000
Sklaven	900.000
Fremde	60.000
Einwohner von Rom	**1.610.000**

Der Ort der Getreideausgabe war der Porticus Minucia Frumentaria, ein großer von Säulenreihen umgebener Platz zwischen der heutigen Piazza del Gesu und dem Largo Argentina. Der für den Gratisbezug berechtigte Dauerausweis, die Tessera Frumentaria, trug den Monatstag, die Zeit und die Schalternummer der Ausgabe, um die Bezieher gleichmäßig auf den ganzen Monat und auf alle Schalterstunden zu verteilen. Einen Namen dagegen trug die Bezugskarte nicht, sie konnte also bei Nichtbedarf ausgeliehen oder gar verkauft werden. Die monatliche Ration betrug 5 modii, rund 33 kg, die mit Familienangehörigen und Sklaven geteilt werden mussten. Reiche mit Dutzenden von Sklaven mussten hinzukaufen, hatten oft auch eigene Landwirtschaftsbetriebe.

Grabmal des Bäckers Eurysaces und seiner Frau Atinia, nachgebildet einem Backofen des 1. Jh. v. Chr.

ESTHOCMONIMENTVMMARCIVERGILIEVRYSA

Berücksichtigt man allein die Gratismenge für die 200000 Empfänger, ergibt das pro Monat 6600 Tonnen, zusammen mit der Menge, die hinzugekauft wurde also mindestens 10000 Tonnen, die mit nach unseren Begriffen kleinen Frachtschiffen aus Übersee herangeführt wurden, zum größten Teil aus Ägypten und dem westlichen Nordafrika. Die Getreidespeicher in Ostia müssen riesig gewesen sein, denn in Rom selber konnte aus Platzmangel nur der laufende Bedarf lagern. Aus der Zeit Trajans weiß man, dass er bei einer Mißernte in Ägypten einmal Getreide in umgekehrter Richtung verschiffte; und Septimius Severus soll Vorräte für sieben Jahre angelegt haben. Er wußte, dass unter Augustus während einer mehrjährigen Lebensmittelknappheit alle Fremden aus Rom ausgewiesen worden waren, auch ein großer Teil der Sklaven inklusive der kaiserlichen. Zwei Hungersnöte waren auch der Grund, warum Claudius seinen Hafen baute, bei der zweiten wäre er von der aufgebrachten Menge beinahe gelyncht worden wegen mangelnder Vorsorge.

Die Kosten der Frumentationen gingen zum größten Teil zu Lasten der kaiserlichen Kasse; aber auch der Senat trug seinen Anteil, denn die Provinz Africa – ein Hauptlieferant – war senatorischer Besitz. Die Aufwendungen stiegen von 10 Millionen Sesterzen im Jahre 73 v. Chr. auf rund 50 Millionen zur Kaiserzeit.

Brot in unserem Sinne ist verhältnismäßig neu. Was schon die alten Ägypter herstellten und auch unsere bronzezeitlichen Vorfahren, waren Fladen: Getreidebrei wurde auf erhitzten flachen Steinen ohne Treibmittel gebacken. Richtiges Brot ist weder eine Erfindung der Griechen noch der Römer, sondern der Kelten. Der römische Schriftsteller Plinius berichtet, dass man in Gallien und Spanien *»aus Hirse und jungem Weinmost einen Teig mischt, ihn an der Sonne trocknet und davon jeweils ein Stücklein, in Wasser aufgelöst, dem Brotteig beifügt«*. Dies erfüllt die Funktion unserer Hefe.

In Rom sind die ersten Bäckereien im 2. Jh. v. Chr. entstanden, und zwar mahlten sie das Getreide selber. In Ostia ist ein solcher kombinierter Müller- Bäcker-Betrieb erhalten. Vor der Porta Maggiore ist ein monumentales Grabmal des Bäckers M. Virgilius Eurysaces erhalten in der Form eines großen Getreidespeichers. Ein Fries zeigt die Herstellung des Brotes, das Wiegen und Verkaufen. Der Verstorbene muss einen Großbetrieb geführt haben, wie ein solcher im Pompeji zum Vorschein kam.

Kehren wir an die antike Curia Annonae zurück, an die heutige Piazza Bocca della Verità. An ihrer Stelle steht heute die Kirche S. Maria in Cosmedin. In ihrem Innern finden wir Säulen eines antiken Tempels, die Überreste des Heiligtums der Göttin Annona, der Beschützerin der Getreideversorgung. Es lag unmittelbar neben dem Amtsgebäude der Getreideverwaltung. Als beim Untergang der Stadt die Nahrungsmittelzufuhr zusammenbrach, war es die Kirche, welche sich auch um das leibliche Wohl der Menschen kümmerte – es entstanden die Diakonien, und eine davon nistete sich verständlicherweise in der verlassenen Curia Annonae ein, deren Einrichtungen wohl zum Teil noch erhalten und nützlich waren. Der Tempel aber wurde zum christlichen Gotteshaus. Zur Zeit des Bildersturms im Osten flüchteten Mönche nach Rom und bekamen diese Kirche beim damaligen Hafen zugewiesen. Ihr Name stammt von einem Platz in Konstantinopel.

Die Touristen übersehen oft die wunderbaren Kosmatenarbeiten. Sie interessieren sich vor allem für eine große, runde Scheibe neben der Kirchentüre, ein furchterregendes Gesicht. In den offenen Mund musste man in abergläubischen Zeiten die Hand stecken, wollte man in einem Gerichtsverfahren seine Unschuld beweisen: daher der Name des Platzes. Sollte man gelogen haben – war die Hand weg! Gerüchteweise verlautet, dass man etwa nachzuhelfen wußte, wenn eine Schuld erwünscht war.

... et Circenses

Unmittelbar neben dem Verwaltungsgebäude für die Versorgung der Bevölkerung mit **Brot** liegt auch der wichtigste Ort für die **Spiele**, der Circus Maximus; so liegen die nach Juvenal wichtigsten Lebensgrundlagen auch räumlich dicht nebeneinander.
Im sumpfigen Gelände zwischen Palatin und Aventin tummelte sich schon in Urzeiten die bewegungsbedürftige Jugend Roms, lange bevor das Marsfeld Exerzierfeld militärischer Verbände wurde. Wie die griechischen Spiele waren auch die römischen ursprünglich kultische Veranstaltungen. Livius glaubt, der Etruskerkönig Tarquinius Priscus habe sie gegründet und den Standort des Circus Maximus bestimmt. Sicher ist, dass die Etrusker derartige Spiele kannten. Der Circus Maximus ist auch der Schauplatz jener sagenhaften Missetat, da die Latiner vom Palatin die Sabiner vom Quirinal samt ihren Frauen und Töchtern zu einem fröhlichen Fest luden und dann die Wehrlosen überfielen, ihnen die Frauen und Töchter raubten.

Caesar soll damit begonnen haben, die einfachen Holzbänke durch steinerne zu ersetzen; die obersten Ränge allerdings blieben immer eine Holzkonstruktion und stürzten um 145 ein, wobei über tausend Menschen umgekommen sein sollen. Zur Zeit des Augustus faßte der Circus 150000 Zuschauer.

Für die Wagenrennen, und um solche handelte es sich meistens, war die längliche Arena durch eine Mauer in zwei Bahnen geteilt. Die Schmalseite zum Tiber hin war nicht abgerundet, dort war der Start. Die Kurve auf der Aventinseite ist der Ort, wo 64 n. Chr. der fürchterliche neronische Brand ausbrach, der ganze Stadtteile zerstörte. Trajan und spätere Kaiser erweiterten die Zuschauerrampen mehrmals, so dass schließlich gegen 400000 Plätze vorhanden waren. Auf der Spina, der langgezogenen Trennmauer, waren nebst verschiedenem Schmuck sieben große Marmoreier aufgereiht zum Zählen der Runden, Vorläufer unserer Anzeigetafeln. Dort standen auch die beiden von Augustus und Konstantius II. aus Ägypten herübergeholten Obelisken.

Ursprünglich dauerten die Spiele nur einen Tag, wurden aber immer mehr ausgebaut und erstreckten sich schließlich über sechzehn Tage. Die Zahl der Spiele in allen Kampfstätten der Stadt zusammengezählt, erreichte weit über hundert; es fanden also oft mehrere Spiele gleichzeitig statt, und es kam vor, dass das Publikum von einer Arena zur anderen wechselte, wenn die Kunde von einem besonders attraktiven Nervenkitzel sich verbreitete.

Die Wagenrennen wurden in der Regel mit Quadrigen, also vierspännig ausgetragen; daneben gab es auch Wettkämpfe mit zwei, sechs, acht oder gar zehn Pferden. Der Sieger durfte eine Ehrenrunde fahren und erhielt als Preis einen Palmzweig, ähnlich wie in Griechenland. Bald aber kamen »Trinkgelder« hinzu von Gönnern und Parteien, und es ist erlaubt, Vergleiche zu suchen zu gewissen heutigen Sportarten. Die Helden der Rennbahn hatten ihre Mäzene bis in die höchsten Kreise. Auch Commodus, Caracalla und Geta waren begeisterte Pferdeliebhaber, andere Kaiser gar aktive Wagenlenker, wie Caligula, Nero und Vitellius.

Im Vordergrund der Circus des Domitians,
rechts anschließend sein Theater und das des Pompeius.
Ausschnitt aus dem grossen Stadtmodell im »Museum der Römischen Kultur«.

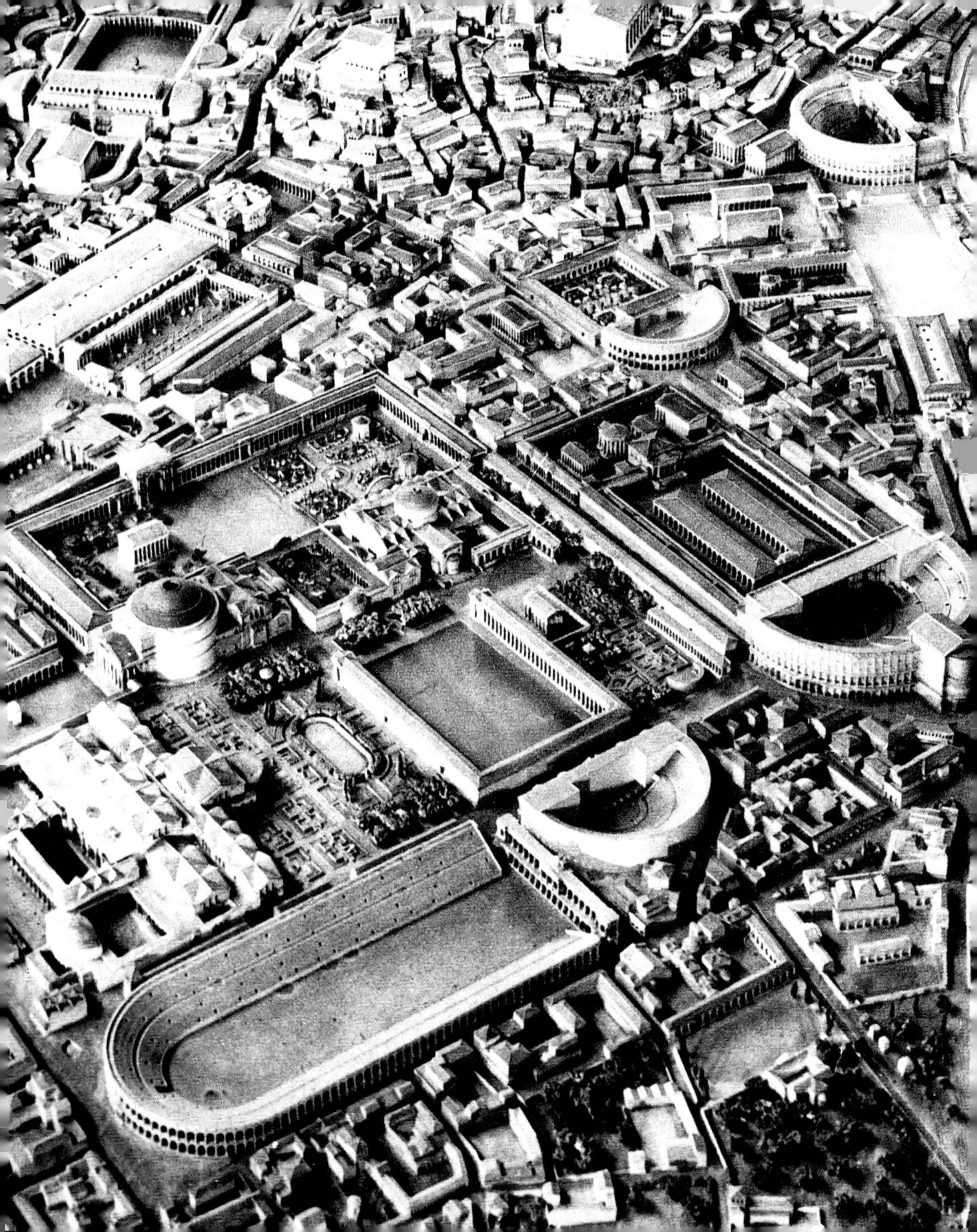

Die leidenschaftlichen Zuschauer teilten sich in Zirkusparteien, mit Farben als Kennzeichen: Weiß, Rot, Grün und Blau. Die Spitzenfahrer wurden von den Parteien einander abgeworben; sie mochten auch selber ihren Vorteil wahrgenommen haben, und man weiß von Lenkern, die im Verlaufe ihrer Karriere sämtliche Farben durchliefen. Die Zersplitterung des Pöbels in Parteien scheint den Imperatoren nicht unangenehm gewesen zu sein; solange sie sich gegenseitig bekämpften, schlossen sie sich nicht gegen den Thron zusammen.

Die Amphitheater

Von den circensischen Spielen unterscheiden sich die Veranstaltungen im Amphitheater. Auch diese haben einen religiösen Ursprung, nicht zu Ehren der Götter in erster Linie, sondern der Verstorbenen.Von den Etruskern haben die Römer die Sitte übernommen, am Grabe eines Toten Zweikämpfe durchzuführen, wobei das vergossene Blut diesem zur Versöhnung gereichen sollte.

In früher Zeit waren es nicht Berufsfechter, auch nicht »ad gladium« – »zum Schwert« verurteilte Verbrecher oder Sklaven, die um ihr Leben kämpften, sondern ehrsüchtige junge Männer, die ihre Tapferkeit beweisen wollten.

Im Jahre 105 v. Chr. erfolgte die staatliche Anerkennung der munera – so hießen die Gladiatorenspiele – mit dem Hintergedanken, den Soldaten unter den Zuschauern Anschauungsunterricht zu bieten für ihr Handwerk auf dem Schlachtfeld. Die Berufsgladiatoren waren die Lieblinge des Publikums; Spitzenathleten konnten sich viel Ruhm und Vermögen erwerben. Ihre Reihen wurden ergänzt durch Sklaven, die bei ihrem Herrn in Ungnade gefallen waren und in die Gladiatorenschule verkauft wurden. Noch mehr Nachschub lieferten die Kriege mit Heeren von Gefangenen, die als Kämpfer gegen wilde Tiere »ad bestias« eingesetzt wurden.

Die Ausbildung in den Gladiatorenschulen war äußerst hart, der Trainer forderte das Maximum an Einsatz, und Freizeit gab's nicht; man war Tag und Nacht in der Kaserne.

Kolosseum mit den Löchern, in welchen Verbindungsklammern verankert waren

Vor Verfehlungen warnten Strafen wie Anketten, Auspeitschen, Brennen mit glühenden Eisen. Die Verpflegung dagegen war reichlich und auf Kraft ausgerichtet, die Gesundheitspflege bestmöglich – denn ein erfolgreicher Spitzenathlet war teuer, damals wie heute.

Besonders verehrt waren die Thraker. Ihre Angriffswaffe war ein kurzer gekrümmter Dolch; zur Verteidigung dienten ein kleiner Schild, ein schön verzierter Helm, Beinschienen und an der rechten Hand ein kleiner Handschuh. Dank der leichten Ausrüstung waren die Thraker sehr geschmeidig und flink, das Fehlen einer Panzerung ließ ihre durchtrainierten Körper brillieren – sie waren die Lieblinge der Frauen. Bekleidet waren die Gladiatoren aller Gattungen mit dem Lendenschurz, gehalten durch einen Gürtel.

Die Samniten glänzten durch den Prunk ihrer Rüstung, einen Brustpanzer und einen großen Schild, einen Helm mit Visier und Federschmuck, einem großen Schwert – sicher nicht unähnlich einem mittelalterlichen Ritter.

Eine eigenartige Ausrüstung trugen die Netzkämpfer. Ihr Schutz war bescheiden, nur eine Art schlagdämpfender Ärmel am linken Arm. Sie trugen ein Wurfnetz, in welches der Gegner sich verwickeln sollte, einen Dreizack und einen Dolch.

Über Leben und Tod eines geschlagenen Gladiators, falls er nicht tödlich verletzt war, entschied anfänglich der Veranstalter der Spiele, später überließ er dies den Zuschauern. Neben die Zweikämpfe traten bald auch ganze Gruppen in regelrechten Schlachten.

Bei den Tierhetzen gab es zuerst den Kampf zwischen zwei Tieren, meist am Vormittag als Vorspiel. Beliebte Paarungen waren Tiger–Löwe, Elefant–Stier und Bär–Stier.

Die geschätztere Variante war der Kampf eines Menschen gegen ein wildes Tier: sei es ein bewaffneter Gladiator oder ein allein auf seine Muskelkraft sich verlassender Ringer – so etwa als Nachahmer des Helden Herkules im Löwenkampf. Auf diese Weise wurden auch Verbrecher geopfert – statt einer anderen Hinrichtungsart – auch Staatsfeinde; und zu letzteren gehörten zeitweise auch die Christen, weil sie sich weigerten, vor dem Kaiserstandbild zu opfern.

Es konnte nicht ausbleiben, dass unter manchen Kaisern schlimme Exzesse vorkamen. Domitian – der übrigens auch selber auftrat – war als besonders erfindungsreich bekannt. Er war es, der die größten Schlachten organisierte, mit Reiterei und Fußvolk, so dass er aus dem Amphitheater in den um das Mehrfache größeren Circus umziehen musste.

Der Ort der Gladiatorenkämpfe war ursprünglich das Forum, ein abgesteckter Platz, umrahmt von einfachen Holzbänken. Es folgten Holzkonstruktionen mit aufsteigenen Sitzreihen; Caesar und Nero ließen solche bauen. Den ersten steinernen Bau in Rom stiftete Statilius Taurus, Feldherr unter Augustus, fürs Marsfeld. Er ging im Neronischen Brande zugrunde.

Das Kolosseum – es hat seinen Namen von der Kolossalstatue Neros, die in der Nähe stand – ist ein Werk der Flavierkaiser, heißt also korrekterweise Amphitheatrum Flavium. Es ist das größte seiner Art im ganzen Imperium. Vespasian begründete es kurz nach seinem Regierungsantritt mitten im Goldenen Haus Neros, wo sich damals ein künstlicher See ausbreitete, den er trockenlegte. Kurz vor seinem Tod weihte der Kaiser den Bau in unvollendetem Zustand. Weitergebaut hat Titus, der ein prunkvolles Fest von hundert Tagen veranstaltete, für welches fünftausend Tiere ihr Leben lassen mussten. Die letzten Details fügte Domitian bei, darunter auch die heute offengelegten Unterkellerungen der Arena mit Tierzwingern, Gefängnissen, Aufzügen für Kulissen usw. Bevor diese Substruktionen bestanden, konnten Vespasian und Titus in der Arena auch Seeschlachten darbieten.

Das Kolosseum ist rund 50 m hoch, der größere Durchmesser der Elipse mißt 188, der kleinere 156 m. Der Bau benötigte über 100000 m^3 Travertin, die eisernen Verbindungsklammern wogen 300 Tonnen. Die Außenseite präsentiert sich mit vier Stockwerken, davon besitzen die unteren drei Bogenreihen und Halbsäulen, von unten nach oben im dorischen, jonischen und korinthischen Stil. Darüber steht eine geschloßene Wand mit korinthischen Pilastern. Trotz der großen Masse wirkt der Bau nicht schwer und drückend, erstaunlicherweise empfindet ihn der Beschauer sogar elegant. Die Arena ist 79 m lang und 46 m breit, abgegrenzt vom Publikum durch einen Gang; ein gespanntes, schweres Netz schützte zusätzlich vor den wilden Tieren.

Obschon der Eintritt kostenlos war, wurden die Zuschauerreihen in fünf Ränge eingeteilt. Sie teilten das Publikum streng nach Klassen: zuunterst, auf den besten Rängen, saßen die Senatoren auf Marmorsitzen, über ihnen folgten die Ritter auf Sitzen aus Travertin, zu oberst auf Holzbänken wurden die Frauen plaziert. Eine Ehrenloge war dem Kaiser reserviert, drei weitere für hohe Staatsbeamte, Ehrengäste, die Vestalinnen.

Über das Fassungsvermögen gehen die Berechungen auseinander zwischen 40000 und 68000 Sitzplätzen. Das raffinierte System von 80 nummerierten Eingängen ließ die Menschenmenge auf dem kürzesten Weg den vorbestimmten Platz einnehmen – jedes Billett nannte den zu benützenden Eingang – und nach Schluß der Vorstellung schnell verlassen.

Ein je nach dem Sonnenstand verstellbares Segeltuchdach spendete zur heißen Jahreszeit Schatten. Seine Bedienung war den Matrosen des Flottenstützpunktes Misenum anvertraut, die in der Nähe des Kolosseums eine Kaserne hatten.

Unmittelbar östlich des Kolosseums liegt der Ludus Magnus, die größte Gladiatorenkaserne der Stadt, heute durch die Via S. Giovanni in Laterano in zwei Teile zerschnitten. Es war ein großes, wahrscheinlich dreistöckiges Gebäude mit einem Innenhof, der als Arena gestaltet war, Trainingsplatz der Gladiatoren. Es schließen sich einige weitere Gebäude an, ein Krankenhaus, ein Totenaufbahrungshaus, ein Waffenlager, Werkstätten zur Anfertigung von Kulissen und Bühnenmaschinen.

In Rom gab es noch ein zweites Amphitheater, von welchem wegen des Kolosseums kaum gesprochen wird, draußen bei der Kirche S. Croce in Gerusaleme. Dort war ein großer Gebäudekomplex, bestehend aus Palästen, Circus, Thermen, Amphitheater, einer kaiserlichen Villa. Als die Kaiserin Helena, die Mutter Konstantins, hier einzog, erhielt die Anlage die Bezeichnung Paladium Sessorianum oder kurz Sessorium. Das dazugehörende Amphitheatrum Castrense war dreistöckig, hatte Arkaden wie das Kolosseum. Erhalten geblieben ist nur der südliche Teil der Außenwand, weil Aurelian sie durch Zumauern der Bogen in seine Stadtmauer einbezogen hat.

Kolosseum mit der geöffneten Arena, im Vordergrund die Räume für Tiere, Gladiatoren, Aufzüge

Das Griechische Theater

Die Erinnerung an panem et circenses wäre unvollständig, dächte man nicht auch an die szenischen Aufführungen, die im Theater stattfanden. Auch dafür wurden ursprünglich die notwendigen Aufbauten von Fall zu Fall errichtet und wieder abgebrochen. Die Zuschauer standen oder saßen auf mitgebrachten Stühlen. Als Szenenrückwand dienten bemalte Kulissen. Sie stellten Haus- oder Tempelfassaden dar, durch deren Türen die Schauspieler auftraten.

Zur Kaiserzeit entwickelte sich die Bühnenrückwand zu einem architektonischen Kunstwerk aus mehrfarbigem Marmor mit Statuen zum Ruhme des Stifters. Zwischen die Säulen wurden Kulissen gestellt: für Sartyrspiele ländliche Motive, für Komödien Häuserfronten, für Tragödien stellte die Marmorfassade selber schon den idealen Hintergrund dar. Echt römisch kamen technische Einrichtungen hinzu: versenkbare Aufbauten, Wasserspiele, Blitz- und Donnereffekte, Spender von Wohlgerüchen.

Das erste steinerne Theater Roms erbaute Pompeius 65-61 v. Chr. auf dem Marsfeld. Es war mit einer Grundfläche von 180 x 155 m das größte, das in der Hauptstadt je gebaut wurde, verbunden mit Portiken und Hallen, die vom heutigen Largo Argentina bis zum Campo dei Fiori reichten. In einer dieser Hallen wurde am 15. März des Jahres 44 v. Chr. Julius Caesar während einer Senatssitzung ermordet.

Die Fundamente des Pompeius-Theaters zeichnen sich im Straßenverlauf dieses Quartiers ab: so folgt die gebogene Häuserfront an der Via di Grotta Pinta dem Halbkreis der ersten Zuschauerreihe.

Viel besser erhalten ist das Marcellus-Theater, begonnen von Caesar, vollendet um 17 v. Chr. von Augustus und von diesem nach seinem frühverstorbenen Neffen und Schwiegersohn Marcus Claudius Marcellus benannt. Es steht an der breiten Verkehrsstraße, die von der Piazza Venezia zur Bocca della Verità führt.

Bronzestatue eines Faustkämpfers, 1. Jh. v. Chr.
Deutlich sichtbar sind die mit mehreren Lagen Lederstreifen
verstärkten Handschuhe und die verschiedenen Blessuren. Museo Nazionale Romano

Im Mittelalter ist das Marcellus-Theater in eine Festung verwandelt worden, gehörte den Pierleoni, um das 13. Jahrhundert den Savelli, welche das heute noch bewohnte Stockwerk daraufbauten, im 18. Jahrhundert wechselte der Besitz an die Orsini.

Die Außenwand hatte zwei Stockwerke mit Arkaden, das erste mit dorischen, das zweite mit jonischen Halbsäulen, darüber die nicht mehr vorhandene Attika mit korinthischen Pilastern, ersetzt durch den »Neubau« Baldasare Peruzzis. Das Marcellus-Theater war also Vorbild für das Kolosseum wie auch für die Höfe mancher Renaisance- und Barockpaläste.

Roms Tor zur Welt: Ostia

Die Tradition schreibt die Gründung Ostias Ancus Marcius zu, jenem vierten König von Rom, der auch die erste Tiberbrücke erbaute. Der aufsässigen Latiner wegen sei der sonst friedliebende Herrscher gezwungen gewesen, sein Machtgebiet bis zum Meere auszudehnen und zum Schutz der Tibermündung einen Stützpunkt zu errichten.

Historisch glaubhafter und archäologisch gestützt ist die Annahme, dass Ostia um 325 v. Chr. als Militär- und Handelskolonie gegründet wurde – die erste römische Kolonie überhaupt –, damals als Rom die früheren Beherrscher des Gebietes besiegt hatte, die Etrusker nördlich und die Antiaten südlich des Tibers. Zu jener Zeit entstand zum Schutz des Handelsplatzes das Castrum, ein rechteckiges Militärlager von 190 x 120 m, geviertelt durch zwei sich kreuzende Straßen, Cardo und Decumanus – ein Schema, das die Urzelle vieler Städte bis heute bildet.

Die topographischen Verhältnisse an der Tibermündung waren in der Antike bedeutend anders als heute. Dies gilt vor allem in zweifacher Hinsicht: Ostia lag damals direkt am Meer, während der Fluß seither ein Delta gebildet hat, das mit seiner Spitze rund vier Kilometer ins Meer vorgedrungen ist. Der große Tiberbogen holte früher viel weiter nach Osten aus, lag dort, wo heute das Kastell Julius' II. steht, so dass Ostia mit seiner ganzen Nordseite das Flußufer säumte, während es heute nur noch mit der Nordwestecke den Fluß berührt. Die Verkürzung der Schlaufe schuf sich der Tiber anläßlich eines Hochwassers im Jahre 1557.

Der Aufstieg

Bald waren die Mauern des Castrums zu eng für eine Hafenstadt Roms mit ihren wichtigen Funktionen, und es entstanden Straßen und Quartiere außerhalb der Stadtmauer. Ostia wurde lebenswichtig für die Hauptstadt. Um 267 wurde es Sitz eines Quaestors und spätestens damals als Stadt anerkannt. Dieser Beamte war verantwortlich für die Getreideversorgung Roms. 217 war Ostia der Einschiffungsort für den Nachschub der römischen Truppen in Spanien im zweiten punischen Krieg. Ostia war schon derart wichtig, dass es, zusammen mit Antium, vom Militärdienst befreit war.

Marius plünderte und zerstörte die Stadt im Jahre 77, doch scheint sie von Sulla bald darauf größer und schöner wieder aufgebaut worden zu sein. Er errichtete die neue, durch Türme verstärkte Stadtmauer, die eine um ein Mehrfaches größere Fläche umschloß, rund 70 ha. Ihre Grenzen sind auch zur Kaiserzeit nie wesentlich überschritten worden Die Einwohnerzahl mag zur Blütezeit rund 50000 betragen haben. Die Kaiserzeit brachte vor allem repräsentative öffentliche Gebäude; Augustus stiftete das Theater.

Das Forum, Mittelpunkt des öffentlichen Lebens

Am Schnittpunkt von Decumanus und Cardo, schon im Militärlager der Versammlungsort der Soldaten, entstand im 1. Jh. n. Chr. das Forum. An der nördlichen Schmalseite steht, als wichtigster und größter Tempel, das Capitolinum, der göttlichen Trias Jupiter, Juno und Minerva geweiht. Er steht nach römischer Sitte auf einem gewaltigen Podium mit einer breiten Treppe von 21 Stufen. Der heute sichtbare Tempel mit einer sechssäuligen Vorhalle ist ein Bau aus der Zeit Hadrians.

Dem Capitol gegenüber befand sich der Tempel der Roma und des Augustus. Sein weit niedrigeres Podium mit zwei seitlichen Treppenaufgängen könnte als Rostra gedient haben, denn eine Rednertribüne durfte auf einem Forum, dem Ort politischer Entscheidungen, nicht fehlen. Erbaut hat den Tempel des Augustus' Schwiegersohn Tiberius, und er hat ihn außer dem Kaiser auch der siegreichen Roma geweiht.

An der westlichen Längsseite des Forums lag eine Basilika. Diese Hallen, festlichen Anlässen, Gerichtssitzungen und Versammlungen aller Art dienend, entlasteten den Platz und boten Schutz bei schlechter Witterung. Oft waren sie Stiftungen von Privatpersonen, die so ihren Namen zu verewigen suchten. Die Basilika war reich geschmückt, wie man sich überhaupt alle Gebäude am Forum, auch die gegenüberliegenden Thermen, in kostbarem Marmor vorstellen muss. Eine Marmorwerkstatt mit einheimischen, griechischen und afrikanischen Marmorarten ist gefunden worden. Auch der Platz selber war mit Marmor gepflastert – Ostia ist eine reiche Stadt geworden.

Der Haupttempel im Mittelpunkt von Ostia, geweiht der Göttertrias Jupiter, Juno, Minerva. Wie üblich bei den Römern, steht er auf einem hohen Sockel

Die Corporationen

Hinter dem Theater findet sich ein großer rechteckiger Platz, umgeben von einer zweischiffigen Säulenhalle. Inmitten des Platzes steht ein kleiner Tempel, wahrscheinlich war er der Annona Augusta geweiht, dem vergöttlichten Ernährungswesen. In der Säulenhalle rings um den Platz liegen über 60 Büros der vielen Unternehmen, die auf irgend eine Weise mit der Beschaffung von Ware für die Hauptstadt beschäftigt waren: Schiffsbauer und deren Lieferanten für Zubehör aller Art, z. B. Seiler, Kürschner und Holzhändler; wichtig waren die Reeder, neben den römischen je zwei aus Sardinien und Ägypten, acht aus Nordwestafrika und einer aus dem gallischen Narbone. Es handelte sich meist nicht um Privatfirmen, sondern um Vereinigungen – Corporationes – verschiedener Art, Interessensverbände wie sie sich auch heute bilden. Als Handelspartner trat dabei nicht selten der Staat auf, aber auch als Aufsichtsbehörde über Qualität und Preis. Der lebenswichtige Getreideimport scheint schon sehr früh teilweise verstaatlicht worden zu sein, und man zwang notfalls Importeure, ihre Ware zum Tagespreis dem Staat zu verkaufen. Die Ladung wurde bei der Übernahme und Ablieferung geprüft, Mankos hatten einen Prozeß vor der Annona zur Folge. Schiffbruch wurde vom obersten Richter der nächstliegenden Provinz untersucht. Der Prozeß musste innerhalb eines Jahres abgeschlossen sein, sonst bezahlte der Richter die eine Hälfte der Schadenssumme, seine Angestellten die andere – das wäre noch heute ein Mittel gegen Prozeßverschleppung.

Die Lagerhäuser

In der Nähe der Piazzale delle Corporazioni liegen auch die meisten Lagerhäuser. Das Quartier ist mittels parallel verlaufender Straßen in regelmäßige Rechtecke aufgeteilt, wie die ältesten Quartiere, ein Zeichen dafür, dass das Gebiet schon früh staatlich verwaltet wurde. Das wichtigste Importgut, das Getreide, hatte Speicher von immer ähnlichem Grundriß: ein großer, rechteckiger Säulenhof, rings umgeben von zahlreichen schmalen Kammern. Die Getreidemagazine hatten doppelten Boden, und im Hohlraum zirkulierte Frischluft, um das Getreide trocken zu halten. Das größte Lagerhaus Ostias hatte eine Grundfläche von 9000 m^2 und scheut keineswegs den Vergleich mit unseren modernen Anlagen.

Mosaik vor der Tür eines Schiffahrtsunternehmens mit Verbindung nach Karthago

NAVICVLI·KARTHAC·DESVO

Leicht zu erkennen sind sodann die Wein- und Öllager: wiederum ein umfriedeter Hof voll eingegrabener riesiger Amphoren oder kugeliger Gefäße mit einem Fassungsvermögen von teilweise mehreren hundert Litern. Anschließende Räume werden Büros oder Wohnungen des Personals gewesen sein.
Den großen Speichern verwandt sind die Handelshöfe. Im Gegensatz zu jenen sind sie Besitztümer privater Unternehmer, die mit Waren verschiedenster Art handelten – Großisten, Zwischenhändler, Lieferanten der Ladengeschäfte in der Hauptstadt. Ein gut erhaltenes Gebäude dieser Art sind die Horrea Epagathiana et Epaphroditiana, das Geschäft zweier Freigelassener aus der Zeit Antoninus Pius. Unzerstört ist sowohl der Eingang, ein von Säulen umrahmtes Tor mit Firmenschild und krönendem Tympanon, wie auch der durch einen Gang mit Tonnengewölbe zu betretende schöne Hof, der mit seinen Rundbogen, die sich im 1. Stock wiederholen, und den Kreuzgewölben wie ein Vorbild für florentinische Renaissancehöfe wirkt. Erhalten ist auch der mit geometrischen Mustern verzierte Fußboden.

Mietskasernen

Wie die Begüterten in der römischen Antike lebten, das zeigt uns eindrücklich Pompeji, die vornehme Villensiedlung. Wie aber lebte das Proletariat? Darüber gibt uns die Vesuvstadt wenig Auskunft; hier schließt Ostia eine empfindliche Lücke. Und darin liegt seine große Bedeutung, dass es, nur wenige Kilometer von Rom entfernt, weitgehend auch das Leben in der Hauptstadt wiedergibt. Ostia, das nie überbaut wurde, liefert die architektonischen Belege, die das mehrfach zerstörte und überbaute Rom nicht bieten kann: mehrstöckige Mietshäuser, wie sie auch die Wohnquartiere Roms beherrscht haben müssen, aber nur in spärlichen Überresten auf uns gekommen sind, beim Trajansmarkt und am Hang des Kapitols.

Eine gut erhaltene Mietskaserne der Hafenstadt ist das Haus der Diana, ein Eckhaus an der Kreuzung der Via di Diana und der Via dei Balconi. Im Erdgeschoß befanden sich Ladengeschäfte, die wohl damals schon eine größere Miete einbrachten als Wohnräume. Darüber folgt ein Zwischengeschoß, das bestimmt zu den darunterliegenden Geschäften gehörte: notwendige Lagerräume, vom Ladenlokal aus über eine Holztreppe erreichbar. Mit dem ersten Stock beginnen die Wohnungen, welche oft über einen Balkon betreten wurden. Diese Balkone, gestützt durch Wölbungen und Stichkappen, waren also nicht nur willkommenerer Aufenthaltsort, frische Luft zu atmen und den Betrieb auf der Straße zu beobachten, sie ersetzten unsere Korridore. Erst in den oberen Stockwerken verzichtete man auf diese ringsumlaufenden »Verkehrsbalkone«, dort gab es kleine, zu den Wohnungen gehörende, meist aus Holz konstruierte.

Die Mietskasernen besaßen Innenhöfe, nicht gedacht als angenehmer Luxus, wie ihn das Peristyl des pompejanischen Hauses darstellt, sondern um auch den im Innern des Gebäudes liegenden Zimmern Licht und Luft zuzuführen, bestmögliche Nutzung des Wohnraumes. Bei eleganteren Konstruktionen konnte sich der Hof allerdings zu einem großflächigen Garten ausdehnen, und die ringsumführenden Arkaden mögen den Kreuzgängen unserer Klosteranlagen nicht unähnlich gewesen sein.

Die Häuser zeigen die ab der späten Republik übliche Bautechnik aus flachen Ziegeln, das opus latericium, und die Entlastungsbogen über Türen und Fenstern. Die vier- bis sechsstöckigen Mietskasernen Ostias brachten daneben eine neue Mauertechnik, die sicherlich auch in Rom angewandt wurde, das opus craticium, das uns wohlbekannte Fachwerk: ein Gerüst horizontaler, vertikaler und diagonaler Holzbalken, deren Zwischenräume zugemauert wurden.

Den Vorteilen des Fachwerkbaus steht ein gravierender Nachteil gegenüber – die Brandgefahr. Denn außer den Balken war noch manches an den Häusern aus Holz: die Balkone der oberen Stockwerke, Erker und Anbauten aller Art. Claudius gab Ostia eine militärisch organisierte Feuerwehr, wie sie auch jede andere größere Stadt aufwies.

... und herrschaftliche Villen

Sicher kannte auch Ostia das vornehme Einfamilienhaus. Es gleicht jedoch nur beschränkt dem bekannten pompejanischen Haus mit Atrium und Peristyl. Die hohen Bodenpreise in einer Stadt lassen diesen Haustyp nur in beschränkter Zahl auftreten. Die erhaltenen Häuser stammen aus der Spätzeit, als Ostia nur noch zum Teil bewohnt war und die verbliebenen Beamten sich ungestört breitmachen konnten. Typisches Beispiel ist die Casa di Amore e Psiche, an der Via H. Epagathiana im Nordwesten, die auf ein Atrium mit Impluvium verzichtet, wie auch auf ein Peristyl, dagegen ein Nymphäum besitzt, verziert mit einer Statue von Amor und Psyche.

Thermen, Schenken und Stehbars

Eine römische Stadt ohne Thermen ist undenkbar. Das verhältnismäßig kleine Ostia hatte über ein Dutzend. Thermen waren weit mehr als nur Badegelegenheit oder Sauna; Thermen waren dem Römer der Ort, wo »man« sich traf, um zu sehen und gesehen zu werden. Thermen waren Bad, Gymnastikhalle, Bibliothek, Musiksaal, Spielkasino, Wandelhalle und vieles andere mehr. Hier verbrachte der Römer, der etwas auf sich hielt, einen Großteil seines Tages. Schon allein das langwierige Zeremoniell des eigentlichen Badens im Warm-, Schwitz- und Kaltbassin, unterbrochen durch Massieren, Kneten und Salben brauchte seine Zeit.

Wenn die Thermen Ostias auch nicht mit den riesigen Anlagen Roms konkurrieren konnten, Komfort boten sie trotzdem, besonders die Forums- und die Neptunsthermen, die selbst als Ruinen noch einen imposanten Eindruck machen. Sie waren öffentliche Einrichtungen, während die kleineren meist private Bäder gewesen sein dürften. An mehreren Orten finden sich Beispiele von Hypokausten, besonders schön einzusehen in den Forumsthermen: Die Heizungen waren in den Kellerräumen installiert, und die heiße Luft strömte durch Hohlräume in Fußböden und Wänden ab – eine Vorwegnahme unserer Bodenheizungen.

Fassade eines Handels- und Lagerhauses
in der für die Kaiserzeit typischen Ziegelbauweise mit Entlastungsbogen.
Über der 2. Etage der Rest eines Balkons

Dass eine Hafenstadt eine nicht zu knappe Zahl von Verpflegungsstätten und Kneipen jeder Stufe aufwies, ist zu vermuten; es sind auch in Ostia mehrere zum Vorschein gekommen, wenn auch nicht derart »betriebsbereit« wie in Pompeji, wo der Vesuv eines Mittags das Treiben einer Stadt abrupt stillegte und konservierte, dass die Archäologen sogar feststellen können, welches Menü der Wirt seinen Gästen als letzte Mahlzeit angeboten hatte.

Das besterhaltene Thermopolium – eine Gaststätte also, die auch warme Speisen offerierte – befindet sich an der Via di Diana. Der Eintretende stößt als erstes auf einen Verkaufstisch, der in Vertiefungen glühende Kohlen aufnahm und so die Speisen warmhielt. Treppenförmig angeordnete Regale zeigten dem Kunden, was sonst noch an Eß- und Trinkbarem zu kaufen war: eine Schnellimbißbar für Eilige. Angenehmer zu speisen wird im Inneren des Hauses gewesen sein, wo ein Raum mit mächtigen Gewölben Tische und Stühle zum Verweilen anbot und wo eine leistungsfähigere Küche höhere Ansprüche zufriedenstellte.

Das Gebäude selber war mehrstöckig, und nichts widerspricht der Vermutung, dass wenigstens ein Teil der Räume Gastzimmer gewesen sind wie das wiederum in Pompeji klar erwiesen ist.

Eingang zu einer Gaststätte.
In der Tür Verkauf an eilige Passanten

Die Hafenanlagen der Kaiser

Die beschränkten Entlade- und Umlademöglichkeiten an den Ufern des Tibers werden wohl schon zur späten Republik den Anforderungen der wachsenden Hauptstadt kaum mehr nachgekommen sein, bis Claudius im Jahre 42 rund drei Kilometer nördlich von Ostia ein künstliches Hafenbecken schuf. Hauptsächlich durch Abbau des Festlandes entstanden zwei seitliche Molen, die hufeisenförmig rund 700 Meter ins Meer ragten. Die Öffnung zwischen den äußeren Enden der Dämme schirmte ein Querriegel ab, der nur zwei seitliche Öffnungen für die Einfahrt der Schiffe frei ließ. Sueton schreibt in seiner Kaiserbiographie: »Um diesem (Querriegel) ein festeres Fundament zu geben, wurde vorher das Schiff versenkt, das aus Ägypten den großen Obelisken gebracht hatte. Darüber errichtete er (Claudius) auf vielen Pfeilern nach dem Beispiel des Leuchtturms von Alexandria einen sehr hohen Turm, damit die Schiffe nach dessen nächtlichen Feuerzeichen ihren Kurs richten konnten ...«. Der Hafen hatte eine Wasserfläche von rund 900000 m^2, die Quais maßen 2500 m und boten 300 Schiffen Platz. Ringsum standen die Lagerhallen und dahinter Wohnhäuser für die vielen Arbeiter. Das für die damalige Technik gigantische Werk benötigte 12 Jahre, und erst Nero konnte die Anlagen einweihen.

Bald stellte sich heraus, dass das Hafenbecken bei Sturm den in ihm ankernden Schiffen zu wenig Schutz bot und ständig der Versandung ausgesetzt war. Deshalb wurde 50 Jahre später, unter Kaiser Trajan, weiter im Landesinneren ein zweites Becken gegraben, kleiner, aber durch das davorliegende claudische auch gegen das größte Unwetter geschützt. Das neue Hafenbecken war sechseckig, mit einer Seitenlänge von 350 m. Es besaß Werften für den Bau und den Unterhalt der Schiffe; es entstand eine ganze neue Stadt: Porto. Dem rationellen Warentransport diente ein Kanal, der die beiden Häfen, unter Umgehung Ostias, mit dem Tiber verband und also mit Rom.

Das Theater, erbaut von Augustus, bot Platz für 3000 Personen.
Die Marmorverkleidung ist leider verlorengegangen.

Einheimische und fremde Götter

Im Zusammenhang mit Ostia interessieren vor allem diejenigen Gottheiten, die für die Hafenstadt besondere Bedeutung hatten.
Hercules, der Behüter der Reisenden und des Handels und des Gewinns – er erhielt 10% des Ertrages – hatte seinen Tempel an der Via delle Foce. Das Podium aus hochgestellten Tuffquadern und die Travertinstufen sind noch erhalten. Castor und Pollux fanden in Ostia besondere Verehrung als Beschützer der Getreidetransporte. Das Schiff, mit welchem der Apostel Paulus als Gefangener nach Rom gebracht wurde – weil er als Römer das Recht hatte, den Kaiser anzurufen – war solch ein Getreidetransporter.

Unweit der Porta Laurentina liegt der große Bezirk der Kybele, der Großen Erdmutter. Sie ist nicht nur die friedliche Beschützerin der fruchtbaren Erde und des Lebens, sondern trägt auch orgiastische Züge, haust in wilden Schluchten oder rast mit ihrem Löwengespann durch die Lande. Ursprünglich eine kleinasiatische Naturgottheit, verbreitete sich ihr Kult über das ganze Mittelmeer und kam 204 v. Chr. nach Rom, auf Anordnung der Sybillinischen Bücher, welche ihr die Vertreibung Hannibals zusprachen. Vom bescheidenen Tempel der Magna Mater ist fast nichts mehr zu sehen, mehr vom Tempel ihres Geliebten Attis, dessen Tod und Auferstehung mit Selbstverstümmelung der Priester und anderen Exzessen gefeiert wurde; völlig unrömisch, weshalb seine Priester bis in die Zeit des Claudius aussschließlich Orientalen waren.

In großer Zahl hat man Statuetten der Isis gefunden, einer ägyptischen Göttin. Ihr Kult nahm in Rom zu, als Kleopatra Julius Caesar besuchte, und bald pilgerte das Volk in Massen zu den Isis-Tempeln. Häufig sieht man sie mit ihrem Sohn Horus auf dem Arm dargestellt, sie galt als Helferin in den verschiedensten Anliegen und war vor allem Zuflucht der Frauen. Isis galt aber auch als Beschützerin der Seefahrt.
Von allen orientalischen Religionen hat in Ostia der Mithras-Kult am meisten Zeugnis hinterlassen. Weil in nur kleinen Räumen gefeiert wurde, sind mehrere Keller ihm geweiht worden. Es gibt in Ostia um die zwanzig Mithräen.

Ein Zeichen von frühem Christentum,
das zum Teil wenigstens über den Hafen von Ostia nach Rom gelangt ist

Zeugen des Christentums

Es wäre verwunderlich, wenn Ostia, für unzählige Reisende aus dem östlichen Mittelmeer das Eingangstor Roms, nicht auch Spuren des frühen Christentums aufwiese.

Ein Haus an der Via della Campona zeigt auf einem guterhaltenen Fußboden das aus den Katakomben wohlbekannte christliche Fischsymbol mit seiner versteckten Buchstabensprache. Hier also wird ein Christ gewohnt haben, wenn er schon auf seiner Türschwelle, allen sichtbar, sich zu seinem Glauben bekennt; man darf vermuten, dass hier sich seine Freunde getroffen haben, Eucharistie zu feiern. In einem Nymphäum beim Theater muss eine kleine, bescheidene Kapelle eingebaut worden sein. Ein dort gefundener Sarkophag trägt die Inschrift: *»Hic Quirinus dormit in pace«*.

Das stimmt überein mit der Legende, wonach beim Theater von Ostia Christen für ihren Glauben gestorben seien. Nach der Anerkennung des Christentums hat man dann am Ort des Martyriums eine Gedenkstätte errichtet. In den Thermen der Mithra zeigt ein kleiner, mit einer Apsis versehener Raum an einer Marmorschranke das Christusmonogramm, die Kombination der griechischen Buchstaben Chi (X) und Ro (P): Auch hier ist im 4. Jh. eine kleine Kapelle entstanden.

Das größte christliche Zeugnis ist die Basilika, ein dreischiffiges Gebäude von großer Unregelmäßigkeit, eindeutig der behelfsmäßige Umbau bestehender Mauern, wahrscheinlich einer Thermenanlage und einer Häuserfront. Die Tatsache, dass man öffentliche Gebäude in eine christliche Basilika umbauen durfte, weist in die Zeit nach der Anerkennung, die primitive Bauart andererseits in die frühe konstantinische Epoche. Und wiederum gibt es einen schriftlichen Hinweis: Der liber pontificalis berichtet von einer den Heiligen Petrus, Paulus und Johannes d. Täufer geweihten Basilika in Ostia, erbaut von Papst Silvester unter Konstantin d. Gr.

Nicht ganz unerwähnt bleiben darf ein Ereignis vom November 387. Damals trafen der Kirchenlehrer Augustinus und seine Mutter Monica in Ostia ein. In einem Gasthaus warteten sie auf ein Schiff, das sie in ihre numidische Heimat hätte bringen sollen; und es ergab sich, *»dass wir Beide, ich und sie, allein an ein Fenster gelehnt dastanden. Es schaute auf den inneren Garten des uns beherbergenden Hauses, dort bei Ostia am Ti-*

ber, wo wir fern vom Menschenschwarm uns von der Mühe der langen Reise erholten und auf die Seefahrt rüsteten...«, schreibt Augustinus in seinen «Confessiones«. Es folgt das mystische Gespräch mit seiner Mutter – die Vision von Ostia –, das eines der letzten sein sollte. Kurz darauf erkrankte Monica und starb noch vor der Einschiffung.

Aber das ist nur der wunderbare Abschluß des jahrelangen Ringens einer mit Gebeten den Himmel bestürmenden Mutter. Sie hatte den Sohn christlich erzogen, er aber geriet in den Einfluß verschiedener heidnischer Sekten und verlor sich in hemmungsloser Sinnlichkeit. Über Rom kam er als Rhetor nach Mailand und war beeindruckt von der Überzeugungskraft eines dort wirkenden christlichen Rhetorikers, des Bischofs und Kirchenlehrers Ambrosius. Der führte ihn zum Glauben der Kindheit zurück. Damals entstanden die »Frühdialoge«, die ersten Schriften Augustins.

In Ostia also verlor Augustinus seine Mutter, kehrte allein nach Nordafrika zurück, wurde Bischof von Hippo und selber Kirchenlehrer. Die sterblichen Überreste seiner glaubensstarken Mutter blieben über tausend Jahre in einer Kapelle Ostias, bis sie 1430 in der Kirche S. Agostino in Rom, dem ihrem Sohne geweihten Gotteshaus, die letzte Ruhestätte bekamen. Dort ist ihr Sarkophag Ziel ungezählter verzweifelter Mütter in Sorge um ein Kind.

Der Untergang

Der Bau der neuen Häfen entlastete die Anlagen Ostias; Sitz der Verwaltung sowie Mittelpunkt des kulturellen und religiösen Lebens scheint Ostia geblieben zu sein. Den Todesstoß versetzte ihnen erst Konstantin mit der Verlegung des Regierungsitzes nach Konstantinopel. Allzusehr war Ostia mit der Hauptstadt verbunden, als dass der Niedergang Roms nicht auch ihr Ende bedeutet hätte. Konstantin entzog Ostia das Stadtrecht und gab es Portus, das 314 Bischofssitz wurde.

Aber sogar fürs 4. Jh. dokumentieren die Ausgrabungen noch ein reges Leben in Ostia, belegt durch den Bau von Lagerhäusern und Restaurierungen an öffentlichen Gebäuden – ein letztes Aufflackern der Lebensgeister einer Stadt, die einst zu den wichtigsten des Weltreichs gehörte. Bestimmt sind die Barbaren, die Rom heimsuchten, ebenso hart mit Ostia verfahren.

Nach und nach stürzten die nicht mehr bewohnten Häuser ein, meist bis zum 1. Stockwerk. Die Malaria breitete sich in der Gegend aus, die erst vor nicht langer Zeit völlig überwunden wurde. Unter Gregor IV. (827-844) entstand eine neue Siedlung, dort wo heute das Dorf sich befindet, wodurch Ostia antica endgültig aufgegeben und zum Steinbruch für die Paläste und Kirchen Roms wurde.

Die Isola Sacra – Ruhestätte der Toten

An der Tibermündung ist im Jahre 104 n. Chr. durch den Bau des Kanals, der die Hafenanlagen mit dem Tiber verband, eine künstliche Insel entstanden, die Isola Sacra.

An antiken Nachrichten ist hierüber nicht viel auf uns gekommen, die Bezeichnung erwähnt erstmals Procop im Jahre 537. Die kürzeste Verbindung zwischen Ostia und der neuen Hafenstadt Portus führte über diese Insel, und so durften die Archäologen annehmen, dort eine Straße zu finden.

Man fand sie auch, parallel zum Meer verlaufend, etwa zweihundert Meter landeinwärts der antiken Küste, welche ungefähr bei der heutigen Autostraße Ostia-Fiumicino lag. In der späten Kaiserzeit hieß sie Via Flavia, sie ist auf der ganzen Länge feststellbar, vom Tiberufer nahe der Mündung bis zum Kanal Trajans; ausgegraben wurde sie nicht. An ihr stehen manche Einzelgräber, wie man sie an der Via Appia und anderen Ausfallstraßen römischer Städte kennt. Unweit des Kanals ist man auf eine Anhäufung von Grabanlagen gestoßen, auf eine Nekropole mit Straßen, Gassen, Plätzen und Reihen zusammengebauter Häuser – eben eine Stadt der Toten.

Die Nekropole der Isola Sacra wird der Begräbnisplatz von Portus gewesen sein. Denn Ostia hatte seine Gräber längs der die Stadt verlassenden Straßen, und den Betreuern des nur kurze Zeit funktionierenden Hafens des Claudius diente ein Friedhof auf dem Gebiet des späteren Trajanshafen, wie ebenfalls festgestellt wurde. Somit ist auch der Zeitabschnitt fixiert, während dessen die Nekropole benützt wurde: von der Gründung der neuen Stadt Portus 100 n. Chr. bis zum Untergang Roms und damit auch seiner Häfen anfangs des 5. Jh. n. Chr.

Man ist sehr spät auf die Totenstadt gestoßen, erst 1923 bei der Urbarmachung des vorher landwirtschaftlich ungenützten Gebietes. Die Anlage ist weder von Grabräubern heimgesucht noch unsachgemäß ausgegraben worden, wie dies Fundorten in früheren Jahrhunderten erging.

Wohlhabende Leute bauten sich und ihren Angehörigen als letzte Ruhestätte richtige solide Häuser mit einer Grundfläche bis 50 m^2, also Familiengruften für mehrere Generationen. Direkt an der antiken Straße liegen Häuser aus der Spätzeit, künstlerisch anspruchslos und meist auch schlecht erhalten; zum Teil sind nur die Grundmauern geblieben. Wertvoll und in viel besserem Zustand sind die meerwärts dahinterliegenden Partien aus dem 2. Jh.

Die Wände sind aus den bekannten flachen Ziegelsteinen gemauert, als Dach diente meist ein Tonnengewölbe, einigemale auch ein Satteldach. Die Fassade ist oft kunstvoll mit verschiedenfarbigen Ziegeln und Risaliten geschmückt. Türen und Fenster haben Gesimse und Giebel verschiedener Formen; Schrifttafeln aus Marmor über dem Eingang informieren über den Toten, Reliefs zeigen seinen Beruf. Im Inneren ist der Verputz teilweise erhalten, in einigen Fällen auch noch Wandmalerei, meist Bilder aus dem Pflanzenreich, dazu Vögel und Putten.

Wie während der ganzen römischen Epoche, von der Republik bis zum Aufkommen des Christentums, gingen auch an diesem Begräbnisort Körperbestattung und Einäscherung nebeneinander her, wobei Reiche die Feuerbestattung bevorzugten, mit ihr mancherlei Zeremonien verbanden und ein prunkvolles und sehr irdisches Totenmahl folgen ließen. Zu diesem Zwecke hat man an einige Häuser links und rechts vom Eingang Klinen aus Stein angefügt, Brunnen und Backöfen fehlten ebenfalls nicht. Denn die Totenfeiern beschränkten sich nicht auf den Tag der Bestattung, sondern wurden regelmäßig wiederholt, zum Beispiel zum Jahresgedächtnis. Die christliche Agapefeier wird Nachfolgerin der Totenfeiern, nur teilte man jetzt das Essen mit den Armen.

Im Innern der Grabkammern finden sich, entsprechend den zwei Bestattungsarten, zweierlei Nischen: längliche für ganze, in Tüchern gewickelte Leichen, oft mit gewölbter Decke (Arkosolgrab), daneben kleine, schmale Vertiefungen – Columbarien genannt, weil sie Taubenschlägen gleichen – zur Aufnahme von Aschenurnen. In allen Häusern gibt es beide Bestattungsarten, meist in mehreren Reihen übereinander. Dazu gesellen sich Sarkophage.

Die Grabkapellen Wohlhabender reihen sich aneinander zu einer Strassenflucht

Einige Häuser besitzen mit Mauern eingefaßte Vorhöfe, ebenfalls für Columbarien und Arkosolgräber ausgenützt, wohl für entferntere Verwandte und Sklaven bestimmt. Der Boden ist oft mit schönen Mosaiken verziert, wie auch im Hause selber solche vorkommen.

Urnennischen finden sich an den unmöglichsten Stellen, selbst unter Treppenstufen, und sie sind ein Zeichen für die steigenden Bodenpreise, die den gekauften Platz bestmöglich auszunützen zwangen. Dazu paßt, dass auf einigen Tafeln vermerkt ist, wie groß der Begräbnisplatz einer Familie ist: in fronte p(edes) XX / in agro p(edes) XXX, also vorne, d. h. in der Breite 20 Fuß; nach hinten 30 Fuß. Dies nicht ohne Grund, denn es läßt sich tatsächlich beobachten, dass spätere Gräber sich in den Vorhöfen älterer eingenistet haben, ja dass Anlagen, von keinen Nachkommen mehr überwacht, neu benutzt wurden. Einige Tafeln verwünschen Grabschänder, die es also auch gab.

Die erlauchten Namen der römischen Adelsgeschlechter fehlen in der Nekropole auf der Isola Sacra; die wohnten in Rom, auf den Hügeln rings um die Hauptstadt mit ihrem angenehmen Klima und in den Küstenorten. Hier handelt es sich bei den schöneren Grabhäusern um die letzte Ruhestätte reicher Handelsherren – in Ostia Antica sieht man noch heute ihre großen Lagerhäuser –, Verwalter von Magazinen, Reeder. Dazwischen mischen sich die einfacheren Bestattungen der Hafenarbeiter, die primitiven der Armen. Der ganzen Skala vom Beamten über den Gelegenheitsarbeiter bis hin zum Bettler läßt sich eine entsprechende Reihe verschiedener Bestattungsarten gegenüberstellen: kleine Häuschen mit Zelt- oder Tonnendach, ein Kubikmeter groß, zur Aufnahme einer Aschenurne, Steinsarkophage, meist ohne Schmuck, zwei Steinplatten von 50 x 200 cm, dachartig gegeneinandergestellt, mit zwei kleinen Platten als Abschluß auf den Schmalseiten oder mit einem Tonnengewölbe statt der Platten, auf der untersten Gesellschaftsstufe eine in den Boden gesteckte Spitzamphora oder ein ähnliches Gefäß, als einziges Zeichen dafür, dass dort unten ein Mensch bestattet liegt. Die Vase aber besitzt im Boden ein Loch, so dass man dem Toten Trankopfer spenden konnte.

Die Fassaden der Grabkapellen waren verziert
mit Lebenslauf des Toten, Reliefs über seinen Beruf.

Als kleine Kompensation für das ärmliche Grab hat der Aufseher die Reviere der Benachteiligten beim Pflanzen von Rosenstöcken ganz besonders berücksichtigt, so dass die seltenen Besucher der Nekropole sie unversehens als die liebenswertesten empfinden.

Es grenzt fast an ein Wunder, dass unweit des kilometerlangen Badestrandes von Ostia Lido, wo im Sommer halb Rom sich tummelt und ebenso nahe dem Flughafen Fiumicino, von wo in kurzen Abständen die Riesenvögel aufsteigen, dieses Kleinod sich erhalten konnte, beschützt von Pinien und südländischem Gebüsch, wo tagelang keine Menschenseele den Frieden stört.

Die Gräber zweier Armer wären vergessen,
hätten sie nicht zwei Spitzamphoren als Merkmal bekommen.
Deren Spitzen hat man abgeschlagen,
damit den Toten Wein als Opfer gespendet werden kann.

Aus fremden Kulturen

Obelisken aus Ägypten

Kein Besucher der Ewigen Stadt kann sie übersehen, die Riesennadeln aus Rosengranit, die das Machtwort römischer Kaiser herübergezwungen hat aus dem fernen Ägypten, damals, als die geschichtsbewußten Römer die uralte Kultur der Pharaonen kennenlernten und bewunderten. Ihren Namen allerdings haben die Obelisken weder von ihren Schöpfern noch von ihren Entführern erhalten; den gaben ihnen die Griechen, nannten sie respektvoll verniedlichend obeliskoi, »Bratspießchen«. Bratspieße aus Bronze oder Eisen dienten im 7. und 6. Jh. v. Chr. als Gerätegeld: Sechs solcher Spieße konnten mit einer Hand umfaßt werden und ergaben eine Drachme, das »Greifbare«, und ein einzelner Spieß, eine Sechsteldrachme, war also ein obolos.
Der große Augustus holte um das Jahr 10 v. Chr. zwei dieser mächtigen Steinpfeiler in seine Hauptstadt und verwendete sie an gutgewähltem Standort zu einer eindrücklichen Demonstration seiner Macht. Manche seiner Nachfolger haben ihm nachgeeifert, und zuletzt sollen 6 große und 42 kleinere Obelisken die Hauptstadt geschmückt haben.

Die Sonnenuhr des Augustus

Der vermutlich erste Obelisk, den Augustus aus dem Nilland entführte, stammte aus Heliopolis, gehört in die Spätzeit, in die saitische Dynastie. König Psametich II. hatte ihn um 600 v. Chr. dem Sonnengott geweiht. Das Pyramidion, die pyramidenförmige Spitze, zeigt den geflügelten Skarabäus mit der Sonnenscheibe, darunter den als Sphinx dargestellten Pharao, wie er den Sonnengott anbetet. Die Hieroglyphen sind nur teilweise erhalten und rühmen in blumiger Sprache den Stifter als bevorzugten Liebling des Gottes.

Der Obelisk von der Piazza di Montecitorio, einst Zeiger einer Sonnenuhr

CAESAR DIVI F
AVGVSTVS
PONTIFEX MAXIMVS

Augustus verwendete den ehemaligen Sonnenverehrer als Sonnenzeiger, nämlich als riesigen Zeiger einer Sonnenuhr auf dem Marsfeld, wo jetzt die Piazza del Parlamento liegt. Die Uhr birgt manches Geheimnis, so zeigte sie am 27. August, dem Geburtstag des Kaisers, auf die von ihm gestiftete Ara Pacis an der nahen Via Flaminia; in ihre Berechnungen einbezogen sind beispielsweise auch Stunde von Empfängnis und Geburt des Herrschers. Schon im Altertum ging die Uhr nicht mehr genau, wohl infolge Erdbewegungen, und zur Zeit Domitians wurde das Zifferblatt auf einer um eineinhalb Meter höheren Ebene neu ausgelegt. Gestürzt ist der Obelisk erst im Normannensturm von 1084, und schon im 15. Jh. fand man immer wieder Teile der bronzenen Tierkreiszeichen, kannte also seine Lage. Sowohl Sixtus V. als auch Alexander VIII. trugen sich mit dem Gedanken, den Koloss zu heben; ausgeführt wurde das Werk erst 1748. Der Obelisk war in vier Teile zerbrochen und wurde mit Stücken der zerstörten Triumphsäule des Antoninus Pius repariert. Von dieser Säule ist die Basis erhalten und zeigt als Relief einen Jüngling als Personifizierung des Marsfeldes mit dem Obelisken im Arm.

Seit langem versuchen die Forscher des Deutschen Archäologischen Instituts in aufwendiger Arbeit, sechseinhalb Meter unter dem Straßenniveau, fast zwei Meter unter dem Grundwasserspiegel, die Geheimnisse der Sonnenuhr zu lüften. Der Obelisk beherrscht heute mit seinen 22 Metern, ohne Sockel gemessen, die Piazza di Montecitorio.

Der Schmuck von Roms Empfangssalon

Ungefähr zur gleichen Zeit wie den »Uhrzeiger« vom Marsfeld holte Augustus einen zweiten, noch um rund eineinhalb Meter höheren Steinriesen aus Ägypten herüber. Sethos I. und sein großer Sohn Ramses II. schufen ihn für Heliopolis, die »Stadt der Sonne«, das Zentrum des Sonnenkultes; und er rühmt die beiden Pharaonen als Stifter vieler Obelisken, die zahlreich seien wie die Sterne. Man glaubt, dass die schlanken Pfeiler Symbole der Sonnenstrahlen waren, ja den Gott selber darstellten, gibt es doch Bilder von Obelisken anbetenden Königen. Dazu paßt auch die Vergoldung des Pyramidion, das morgens früh als erstes im Licht der aufgehenden Sonne erstrahlte, am Abend zuletzt noch von ihr sich verabschiedete.

Der Schmuck der Piazza del Popolo vor den beiden Zwillingskirchen

REFERENDUM

Kleopatra transportierte den Obelisken freundlicherweise bereits nach Alexandria, Augustus führte ihn nach Rom und stellte ihn 10 v. Chr. auf die Spina des Circus Maximus. Dort warb er nicht schlechter für den Kaiser und seine Ziele als der andere auf dem Marsfeld, denn der Circus mit seinem Fassungsvermögen von 150.000 Zuschauern war der Versammlungsort der Massen jener Zeit.

Einen nicht minder bevorzugten Platz erhielt der Fremdling aus Heliopolis auch in der Neuzeit; Domenico Fontana führte ihn 1589 zur Piazza del Popolo, einem der traditionsreichsten und schönsten Plätze der Stadt. Über die Via Flaminia trafen hier während Jahrhunderten alle Reisenden ein, welche aus dem Norden nach Rom zogen und wurden von diesem Platz auf eine der fächerförmig in die Stadt führenden Straßen weitergeleitet.

Überwältigend ist auch heute noch der Anblick, der sich dem Romfahrer bietet, wenn er die Porta del Popolo durchschreitet; die weitgeschwungene Elipse des Platzes, der gewaltig in die Höhe strebende Pincio, überragt von Pinien, Zypressen und Palmen, die Kirche S. Maria del Popolo, nach der Legende an der Stelle stehend, wo Neros verfluchte Seele in einem Nußbaum hauste, die beiden kuppelbekrönten Zwillingskirchen auf der Stadtseite...: über alles aber regiert der stolze Obelisk von 23 Metern Höhe, mit dem Sockel gar 33 Meter, umlagert von wasserspeienden Löwen. Valadier war es, ein Wahlrömer aus Frankreich, der in napoleonischer Zeit Platz und Pincio gestaltet hat.

Der Zeuge des Urchristentums

Mit dem Architekten Domenico Fontana ist sein Auftraggeber Sixtus V. untrennbar verbunden. In seinem kurzen Pontifikat von nur fünf Jahren hat der Peretti-Papst mit eiserner Energie die Kirche reformiert, das Banditenwesen im Kirchenstaat bekämpft, Verdienstmöglichkeiten geschaffen, moderne Straßen und Plätze angelegt. Und auf vier dieser Plätze stellte sein bevorzugter Architekt, gleichsam als Meßpunkte, vier der größten Obelisken.

Der Obelisk vom Petersplatz stand einst im Circus des Nero

Beim ersten handelt es sich um den Obelisken des Caligula. Der zweite Nachfolger des Augustus baute am Fuße des vatikanischen Hügels einen Circus, wenige Meter südlich der späteren Peterskirche und parallel zu ihr, schmückte ihn mit einem Obelisken.
Der ehemalige Franziskanermönch saß noch keine vier Monate auf dem Stuhle Petri, da ließ er sich auch schon ein Holzmodell des Obelisken aus dem Circus des Caligula auf dem Petersplatz aufstellen, die Wirkung auszuprobieren. Beim ausgeschriebenen Wettbewerb für das Umlegen – der vatikanische Obelisk ist der einzige Roms, der nie umfiel – für den Transport und das Wiederaufstellen des Riesen nahmen über 500 Architekten teil: gewonnen hat der ehemalige Maurergeselle Fontana. Der große Tag des Aufrichtens war der 14. September 1586. Der Meister führte sein Heer von 800 Arbeitern zur Messe; sie kommunizierten und empfingen den päpstlichen Segen. Das hinderte den energischen Pontifex nicht, mit den schwersten Strafen zu drohen, falls das Werk mißlinge. Fontana aber, so will es die Sage, stellte vorsorglich in aller Heimlichkeit bei der Porta Angelica ein schnelles Pferd bereit zur lebensrettenden Flucht!

Eine riesige Menschenmenge verfolgte das gefährliche Schauspiel. Bei Todesstrafe war es verboten zu sprechen, damit alle Arbeiter Fontanas Kommando verstehen konnten. Die Winden ächzten, die Seile dehnten und erhitzten sich unter der übergroßen Reibung, drohten sich zu entzünden! Ein Matrose erkannte fachkundig als erster die Gefahr. *»Wasser auf die Seile!«* brüllte er in die Stille hinein - und rettete so das Werk. Statt der Strafe erhielten er und seine Familie das Recht, in alle Zukunft der Peterskirche die Zweige für den Palmsonntag zu liefern. Anekdoten ranken sich nicht nur um das Aufstellen des Obelisken, sondern auch um die Kugel auf seiner Spitze. Eine Beschreibung der Stadt aus dem Mittelalter, die »Graphia Aureae urbis Romae« behauptet, die Kugel sei aus Gold, enthalte die Asche Caesars und trage die Inschrift:

Caesar, du warst so groß wie die Welt einst;
Aber nun birgt dich ein winziges Grab.

Dort oben, so dachte man sich, sei der große Feldherr bestattet, damit er auch noch als Toter die Ewige Roma überblicke und behüte. Als der Koloss umgelegt war, stellte sich heraus, dass die Kugel aus Bronze und außerdem massiv ist. Der Papst ersetzte sie durch ein Kreuz, das seit 1740 ein Partikel des Kreuzes Christi enthält.

Der Obelisk vom Esquilin steht vor einer der schönsten Kirchentreppen, der Chortreppe von S. Maria Maggiore

Grabwächter des Augustus

»Jedes Jahr einen Obelisken« scheint die Losung für Domenico Fontana geheißen zu haben. 1587 war als zweiter einer der Hüter vom Mausoleum des Augustus an der Reihe. Als der Kaiser 29 v. Chr. von der Eroberung Ägyptens heimkehrte, gab er den Auftrag zum Bau eines riesigen Grabmales auf dem Marsfeld, in der Art, wie er sie am Beispiel der Gräber für König Mausolos von Karien und Alexander den Großen gesehen hatte. Zu beiden Seiten des Eingangs wurde je ein Obelisk aufgestellt. Vor wenigen Jahren kam vom Deutschen Archäologischen Institut die sensationelle Meldung, man habe durch Bohrungen vor dem Eingang die Fumdamente der Obelisken festgestellt und einen Kanal zum nahen Tiber, auf dem die beiden Obelisken und wahrscheinlich auch der Zeiger der Sonnenuhr an ihre Standorte geführt wurden. (»Antike Welt« Nr. 1/1996)

Um 1527 wurden die beiden Obelisken von 14,5 Meter Höhe bei der Kirche San Rocco gefunden, beide in drei Teile zerbrochen, vorerst aber liegen gelassen. Sixtus V. befahl, einen von ihnen auf die Piazza dell' Esquilino, südlich der Basilica Santa Maria Maggiore, zu führen und aufzurichten. Die zweite Spitzsäule aber musste noch weitere zweihundert Jahre in ihrem Grabe verharren. Erst 1751 kam der zweite Grabhüter wieder zum Vorschein. Pius VI. ließ ihn auf dem Quirinalsplatz zwischen die beiden Dioskuren aus den nahen Konstantinsthermen stellen. Die auf den Sockeln stehenden Künstlernamen Phidias und Praxideles können nicht stimmen. Bis vor kurzem nahm man an, es handle sich um römische Werke nach griechischen Vorbildern. Nach neuesten Forschungen von Prof. Cesare d'Onofrio sollen beide Figuren Alexander d. Gr. darstellen, wie er sein Pferd Bucefalo bändigt. Der armenische König Tiridate habe sie den Kaisern Diocletian und Galerius geschenkt als Dank für die Unterstützung gegen die Perser. (»L'Osservatore Romano«, Nr. 5/1996). Die edle Brunnenschale holte Pius VII. aus dem Forum. Sie stand seit 1565 bei den drei Säulen des Castor- und Pollux-Tempels als Viehtränke, denn der einstige Mittelpunkt der Welt war wieder zu dem geworden, was er vor Jahrtausenden war, eine Viehweide.

Zu den Dioskuren vom Quirinal gesellte sich ein stolzer Obelisk
und bekam eine grosse Brunnenschale zur Zierde

PIVS.VII.PONT.MAX.

Beide Obelisken sind gleich groß, beide sind unbeschriftet. Möglich, dass sie schon in ihrer Heimat zusammen einen Grabeingang behütet haben; Beispiele dafür gibt es. Andererseits findet sich in Ägypten kein einziger Obelisk, der nicht mit Hieroglyphen bedeckt wäre, während es in Rom gleich deren drei gibt: den esquilinischen, den vom Quirinal und den vom Petersplatz.

Der Grösste

1588 wagte sich Domenico Fontana an den größten der römischen Obelisken. Tuthmosis III., 1504-1450 v.Chr., stellte ihn vor dem Ammon-Tempel in Theben auf, einen Riesen aus Rosengranit von 32 Metern und rund 450 Tonnen schwer. Die Inschriften stammen nur zum Teil vom Stifter; auch sein Enkel Tuthmosis IV. und zweihundert Jahre später Ramses II. haben weitere hinzugefügt.

Schon Augustus trug sich mit dem Gedanken, den Giganten zu entführen, aber erst Konstantin der Große unternahm den Transport nilabwärts nach Alexandria, wo er nach des Kaisers Tod vorerst liegen blieb. Sein Sohn Konstantius II. überführte ihn nach Rom und stellte ihn auf die Mitte der Spina im Circus Maximus, von wo er den Augustus-Obelisken, der dort seit vier Jahrhunderten herrschte, auf eine Ecke verdrängte. Im Jahre 1587 fand man die beiden Schmuckstücke der Rennbahn wieder, sieben Meter unter der Erdoberfläche, und im darauffolgenden Jahr schleppte man den konstaninischen zum Lateransplatz. Das alte römische Geschlecht der Plautier hatte hier seine Besitztümer, bis Plautius Lateranus in eine Verschwörung gegen Nero verwickelt war und sein Besitztum dem Kaiserhaus verfiel. Bei der Heirat von Maxentius' Tochter Fausta mit Konstantin gehörten die Gebäude zur Mitgift, und nach Konstantins Sieg an der Milvischen Brücke entstand hier der erste offizielle *Kirchenbau, »aller Kirchen der Stadt und des Erdkreises Mutter und Haupt«*. Noch heute ist die Lateranbasilica die eigentliche Bischofskirche Roms, von der jeder neugewählte Papst als Bischof von Rom feierlichen Besitz nimmt. Hier muss auch das Haus von Marc Aurels Großvater Verus gestanden haben, wo der Philosoph seine Knabenjahre verbrachte und von ihm *»die edle Gesinnung und das gelassene Wesen«* mitbekam.

Vor dem Lateranspalast steht der grösste der römischen Obelisken

Der Lateransobelisk ist nicht nur der größte Roms, sondern der zweitgrößte aller bekannten Obelisken überhaupt. Nur einer übertrifft ihn, ein halbfertiger zwar nur, von 42 Metern und einem Gewicht von weit über tausend Tonnen, und der ist noch mit dem Felsen seiner Heimat verwachsen, dem Steinbruch von Assuan.

Die Hüter des Isis-Heiligtums

Die Eroberung Ägyptens hatte nicht allein die Entführung von Obelisken zur Folge. Schnell fanden auch Ägyptens Götter Eingang in Rom, so die Göttermutter Isis, besonders im Gefolge Kleopatras, die zwischen 46 und 44 als Gast Caesars in Rom weilte. Isis war die Schutzpatronin der Seefahrer, und daher mag mancher Brunnen in Schiffsform eine Votivgabe an die Stella Maris der vorchristlichen Zeit gewesen sein. Ihr Heiligtum in der Gegend der Kirche S. Maria sopra Minerva schmückten mehrere kleinere Obelisken von rund sechs Metern Höhe, und dort sind sie auch wirklich im Verlaufe der Zeit zum Vorschein gekommen.

Schon 1374 kam der Obelisk ans Tageslicht, der heute den Pantheonsplatz ziert. Bis 1450 lag er an einer Mauer von S. Macuto, worauf man sich mit dem Gedanken trug, ihn auf dem Quirinal zwischen die beiden Dioskuren zu stellen. Aber dort hätte sich seine zierliche Gestalt wohl kaum durchsetzen können, jedenfalls wurde der Plan nie ausgeführt. Dagegen schmückt er seit 1711 den Brunnen vor dem Pantheon. Giacomo della Porta hat diesen und mehrere ähnliche Brunnen geschaffen, meist große, bauchige Becken mit einem pokalförmigen Aufbau in der Mitte, aus welchem das Wasser strömt. In diesem Falle ist der Pokal unter Clemens XI. durch den Obelisken ersetzt worden.

Der Obelisk stammt aus Heliopolis, ein Werk Ramses II. Ihn nennt denn auch die Inschrift Sohn und Abbild des Re, Beschützer der von Re Erschaffenen, Erbauer großer Denkmäler. Der kleine Ramses-Verehrer ist wohl der erste Obelisk, der aus seiner Heimat entführt wurde; Pompeius soll ihn 57 v. Chr. herübergeholt haben.

Solche Rundbrunnen schmückte man meist mit einem grossen Pokal, dieser hier vor dem Pantheon bekam einen kleinen Obelisken

M·AGRIPPA·L·F·COS·TERTIVM·F

Ganz in der Nähe, vor S. Maria sopra Minerva, steht ein weiterer Obelisk vom Isis-Tempel, einer der kleinsten mit seinen knapp sechs Metern, auch einer der jüngsten, »nur« 2500 Jahre alt, eine Stiftung König Apris' , Sohn und Nachfolger Psametichs II. Die Hieroglyphen preisen den König, verehren Atum, den »Herrn des Lebenslandes« (die Nekropole von Sais). Die Dominikaner von S. Maria sopra Minerva fanden ihn 1665 in ihrem Garten. Alexander VII. ließ ihn schon im darauffolgenden Jahr nach Berninis Plänen durch Ercole Ferrata aufstellen, als Reiter hoch oben auf dem Rücken eines rüsselschwingenden Elefanten - ein neckisches Spiel des großen Künstlers. Die von Urban VIII. stammende Inschrift besagt, es bedürfe eines starken Geistes, die Weisheit zu (er)tragen, was sicher auch auf die Dominikaner gemünzt ist.

Auch dieser Obelisk beansprucht seine Anekdote, eine wahre Geschichte aus neuer Zeit, sogar die Fürstin Borghese bezeugt sie in ihrem wenige Jahre nach dem Ereignis erschienenen Buch: Als die Amerikaner nach dem zweiten Weltkrieg Rom besetzt hielten, waren viele ihrer Soldaten erpicht darauf, etwas möglichst Altes mit nach Hause zu bringen, aus einer Zeit, als die Neue Welt, ihre Heimat, noch gar nicht bekannt war. Da wurde manches kleine Bruchstück, etwa eines Grabes draußen an der Via Appia, ehrfürchtig aufgehoben. Aber man kann die Liebe zur Kunst auch übertreiben. Eines Tages beobachtete ein Hotelportier bei S. Maria sopra Minerva, wie ein amerikanischer Lastwagen beim Elefantenobelisken vorfuhr, wie fleißige Arbeiter begannen, in größter Eile - das gibt´s doch üblicherweise gar nicht, dachte der Portier - das Kunstwerk abzubauen. Hätte der mißtrauische Mann nicht sofort Alarm geschlagen, könnte die Piazza della Minerva heute nur noch wehmütig vergangener Zeiten gedenken, als sie einst mit einem der liebenswürdigsten und originellsten Denkmale der Stadt geschmückt war.

In der Villa Celimontana steht das Bruchstück eines Obelisken, in dem manche das Pendant zu demjenigen vor dem Pantheon erkennen wollen, jedenfalls ist er ungefähr zur gleichen Zeit, vielleicht gar etwas früher gefunden worden und wäre dann der erste der in römischer Erde schlafen gegangenen Himmelszeiger, der das Licht der Sonne wiedererblickte. Alte Stiche bezeugen, dass er im Mittelaltar auf dem Capitol gestanden hat, östlich der Treppe, die vom Senatorenpalast zum Seiteneingang von Aracoeli führt.

Den originellsten Standort bekam dieser Obelisk vor S. Maria sopra Minerva: Er darf auf einem Elefanten reiten.

Im September 1582 schenkte die Stadt ihn dem Altertümersammler Ciriaco Mattei, der ihn auf den Caelius brachte, wo er gerade seine weitläufige Villa anlegte und mit dem Geschenk das Hippodrom schmückte. Der Park verwahrloste später, bis er 1813 einen neuen Besitzer bekam, einen Spanier namens Don Manuel Godoy, der mit seinem König Karl IV. als Flüchtling nach Rom kam: das Königspaar in den Palazzo Borghese, sein Begleiter in die Villa Celimontana. Er hegte die Anlagen wieder und gab auch dem Obelisken den jetzigen Standort, ganz hinten im Park, im »Musenhain«. Eine Schrifttafel schildert wenigstens die zweite Hälfte seines bewegten Lebens und natürlich die Großherzigkeit seines neuen Besitzers, der ihn »den friedenbringenden Musen und dem Genius der schönen Künste« gewidmet hat.

Ebenfalls vom Isis-Heiligtum stammt der Obelisk beim Bahnhof Termini. Er wurde 1883 als bisher letzter aus der römischen Erde befreit und wurde 1887 vor dem alten Bahnhof aufgerichtet. Der moderne Verkehr vertrieb ihn 1924/25 in den Park zwischen Viale Terme und Via delle Terme di Diocleziano. Dort steht er als Denkmal für die 500 Gefallenen von Dogali in Abessinien vom Januar 1887. Er trägt den Namen Ramses II., sein Pyramidion zeigt den geflügelten Skarabäus mit der Sonnenscheibe.

Zu den Hütern der ägyptischen Gottesmutter gehören auch die beiden Spitzsäulen, die heute in Urbino und in Florenz stehen. Wahrscheinlich gleichzeitig mit dem Obelisken vom Pantheon wurde ein weiterer gefunden, zerbrochen in mehrere Stücke. Mitte des 16. Jahrhunderts waren zwei Fragmente in einem Hause bei S. Macuto vermauert. Zusammen mit einem dritten Stück aus dem Collegio Romano kamen sie 1729 in den Besitz des Kardinals Alessandro Albani. Zusammengesetzt, ergänzt, verziert mit Albani-Wappen und Kreuz reiste der Obelisk in des Kirchenfürsten Heimatstadt Urbino.

Nicht minder ereignisreich ist das Geschick des Obeliskus Mediceus. Er kam Mitte des 16. Jh. bei S. Macuto zum Vorschein, wurde von Kardinal Ferdinando de' Medici vor die Gartenfassade der Villa Medici gestellt, dem römischen Sitz des mächtigen Florentinergeschlechts, bis man ihn 1788-90 nach Florenz überführte, wo er wiederum vor einer Gartenfassade zu stehen kam - im Boboligarten hinter dem Palazzo Pitti. Und zu seinen Füßen ruht eine riesige Granitwanne aus den Caracalla-Thermen.

Tag und Nacht umlagert ist der Obelisk der Piazza Navona,
nur beachtet man mehr die exotischen Bewohner des Brunnens.

Hoch über der Piazza Navona

Nicht alle römischen Obelisken stammen aus der Pharaonenzeit. Den Obelisken, der hoch oben auf den künstlichen Felsen des Vierströmebrunnens balanciert, ließ Domitian in Assuan brechen, vielleicht anläßlich seiner Thronbesteigung im Jahre 81. Dies scheint ein Bild zu bestätigen, das eine Göttin zeigt beim Überreichen einer Krone an den Kaiser. Das Pyramidion trägt nochmals das Portrait des Kaisers, flankiert von zwei segnenden Göttern. Der Schaft nennt die Herrscherfolge der flavischen Dynastie: den Begründer Vespasian, den Sohn Titus und - *»als dessen Seele zum Himmel gefahren sei«,* habe er, Domitian, die Nachfolge angetreten. Dass er seinem Bruder durch Mord zur vorzeitigen Himmelfahrt verholfen hat, verschweigt der höfliche Stein.

Über des Obelisken Standort zur Kaiserzeit herrscht Unsicherheit. Die eine Theorie will ihn in Domitians Villa in Albano ansiedeln; andere glauben, er habe schon damals auf dem Marsfeld gestanden, in der Nähe der heutigen Via Piè di Marmo, wo der severische Stadtplan ein kleines Quadrat aufweist. Maxentius führte ihn zu Beginn des 4. Jh. an die Via Appia hinaus zum Schmucke des Mausoleums seines Sohnes Romulus oder seiner Rennbahn nebenan.

Innozenz X. wollte die Piazza Navona zu einem Symbol seiner Macht gestalten und beauftragte Bernini mit dem Bau des Vierströmebrunnens: ein weites Wasserbecken, darin ein künstliches Felsengebirge, bewohnt von allerlei Getier und den Personifikationen der vier Ströme Nil, Ganges, Donau und Rio de la Plata. Und hoch über allem thront der Obelisk, geschmückt mit der Phamphili-Taube statt des Kreuzes. Das imposante Werk ist legendenumwoben wegen der nahen Kirche von Berninis Nebenbuhler Borromini. Die Neider streuten das Gerücht aus, der Obelisk stehe keineswegs so unerschütterlich auf seinem künstlichen Gebirge wie Bernini sich einbilde. Da zog der beleidigte Künstler dünne Fäden von der Spitze des tonnenschweren Obelisken zu den umstehenden Häusern, die Feinde zu verhöhnen.

Der Obelisk über der Spanischen Treppe, vor der Santa Trinità: ein stolzer Standort

Freund der Romantiker und Künstler

Auch der Obelisk auf der Piazza Trinità dei Monti, hoch über der Spanischen Treppe, ist in der frühen Kaiserzeit angefertigt worden; und sein Hieroglyphenschmuck kann erst in Rom entstanden sein, ist nämlich eine Kopie der Texte Sethos' I. und Ramses' II. auf dem Obelisken der Piazza del Popolo! Genaue Daten sind nicht bekannt. Gefunden hat man ihn in den Gärten von Caesars Freund Sallust, die sich über das Tal zwischen Pincio und Quirinal bis hinaus zur Porta Nomentana hinzogen. Der Sallust-Obelisk ist auf manchem Stadtplan des 16. Jh. verzeichnet, und sein Fundament war noch vor hundert Jahren in situ zu sehen. Auch ihm hatte schon Sixtus V. seine Aufmerksamkeit geschenkt und wollte ihn bei S. Maria degli Angeli aufstellen. Unter Clemens XII. schleppte man ihn zum Lateran, doch blieb er dort liegen, bis er 1789 durch Pius VI. endlich auf seinen jetzigen Standort kam.

Der schlanke Pfeiler aus Rosengranit mit einer Höhe von vierzehn Metern steht nicht nur auf einem der schönsten Aussichtspunkte Roms, er sonnt sich auch in der Erinnerung an die illustre Gesellschaft, die seinen Platz und die ganze Umgebung bevölkerte. Auch Goethe verkehrte dort oben, und am 13. Februar 1787 schreibt er ins Tagebuch: *»Eines Glücksfalls muss ich erwähnen, obgleich eines geringen. Doch alles Glück, gross oder klein, ist von einer Art und immer erfreulich. Auf Trinità dei Monti wurde der Grund zum neuen Obelisk gegraben, dort oben ist alles aufgeschüttetes Erdreich von Ruinen der Gärten des Lucullus, die nachher an die Kaiser kamen. Mein Perückenmacher geht frühe dort vorbei und findet im Schutte ein flach Stück gebrannten Ton mit einigen Figuren, wäscht's und zeigt es uns. Ich eigne es mir gleich zu.«*
Vielleicht war es die Scherbe einer griechischen Vase, die Lucullus von seinen Kriegszügen mitbrachte.

Die Touristenströme besetzen vor allem die Spanische Treppe; eingeweihte Romverliebte tun es auch und träumen von den *Tempi passati.*

Der Obelisk vom Pincio weiss nicht genau, wo er in der Antike stand.

Erinnerung an Lucullus

Außerhalb der Porta Maggiore, an der Via Labicana, hatte Kaiser Elagabal eine Villa. Dort fand man einen Obelisken, der vielleicht ursprünglich ein Kenotaph des Kaiserlieblings Antinous in der Villa Hadrians in Tivoli schmückte. Anfang des 16. Jh. lag der Obelisk außerhalb der Aurelianischen Mauer bei den Bogen der Aqua Claudia. Um 1570 muss er wieder aufgerichtet worden sein, dies wenigstens behauptet eine Tafel an einem Pfeiler der nahen Aqua Felice.

Von 1633 bis 1769 lag er im Hofe des Palazzo Barberini, bis ihn Cornelia Barberini Papst Clemens XIV. schenkte, der ihn in den Giardino della Pigna des Vatikans überführte. Unter Pius VII. endlich richtete ihn Valadier 1820 auf seinem jetzigen Standort auf dem Pincio auf. Im Altertum lagen hier die Villen Lucullus', dessen Schlemmereien gar nicht etwa sein einziger Lebensinhalt waren. Nicht minder bewundert wurde er wegen seiner Bildung, und er war einer der ersten, der seine große Bibliothek der Allgemeinheit öffnete.

Der Schiffsmast von der Tiberinsel

Auch die Tiberinsel hatte ihren Obelisken, in Erinnerung an jenes Ereignis in der Antike, als das weltberühmte Asklepios-Heiligtum von Epidauros sich Roms bei einer Epidemie erbarmte und eine ihrer Heilsschlangen abtrat. Sie selber wählte die Insel als Sitz ihres Heiligtums, indem sie vom Schiff der heimkehrenden Abordnung auf das Eiland schwamm. Deswegen gab man der Insel die Form eines Schiffes, den Bug stromaufwärts gerichtet. Der Aeskulaptempel bildete die Kapitänskajüte, ein Obelisk den Schiffsmast. Dieser fiel, dank seinem geschützen Standort, erst im 16. Jh. zu Boden; ein Bruchstück von ihm kam nach Paris, ein anderes nahm König Ludwig I., als er von seinem geliebten Rom scheiden musste, nach München mit.

Wenn man sich in Rom auf die Kreuzung der Via Quattro Fontane mit der Via Quirinale stellt, erblickt man an den Enden von drei der vier Straßenarme je einen Obelisken in den Himmel steigen, diejenigen vom Quirinal, vom Esquilin und von der Trinita' dei

Monti; und nur das Ende der vierten Straße sperrt die Porta Pia. Wirklich, die Obelisken Roms sind wie Messpunkte in der Topographie der Ewigen Stadt.

Sonnenanbeter waren sie in ihrer Heimat, begrüßten frühmorgens beim ersten Sonnenstrahl mit golden aufblitzendem Pyramidion die Lebensspenderin. Ist ihnen dieses Amt, Verehrer des Lichtes zu sein, nicht auch im christlichen Rom ein klein wenig erhalten geblieben?

Griechische Skulpturen

»Hellas, eben bezwungen, bezwang den trotzigen Sieger;
die Künste bracht' es dem ländlichen Latium.«

Der dieses geflügelte Wort geschrieben hat, Horaz, wußte wovon er sprach. Sein Vater, ein Feigelassener, zog mit der Familie aus dem ländlichen Apulien nach Rom, damit sein Sohn die bestmögliche Ausbildung erhalte. Dort konnte der Jüngling sowohl die römische wie auch die griechische Welt kennenlernen, die griechische zusätzlich bei einem Aufenthalt in Athen.

Der Grieche liebt den Idealismus, die Schönheit, den sportlichen und musischen Wettkampf, er liebt die Philosophie und die Dichtung. Sein Ideal ist der Tod auf dem Zenit des Daseins, wie die Götter ihn ihren Lieblingen schenken. – Beim Römer ist alles zweckgebunden. Er baut Straßen, auf deren Fundamenten noch heute unser Verkehr rollt. Seine Städte mit moderner Infrastruktur erhalten durch Wasserleitungen und Aquädukte gesundes Wasser zugeführt. Er baut Basiliken für die Rechtssprechung, Thermen für die Gesundheit und Unterhaltung, Amphitheater und Rennbahnen für die Beschwichtigung der Massen. Sein Ideal aber ist ein Leben der Hingabe und des Erfolges im Dienste des Staates. Man bewundert den Gegenpol, die Kultur der Griechen, ihre Philosophie und Bildung – Griechische Lehrer erziehen die Kinder der Wohlhabenden -, man liebt griechische Dramen und Komödien und holt ihre Bildwerke.

Der Kunstraub der Römer in Griechenland begann mit der Eroberung von Korinth im Jahre 146 v. Chr. durch Mummius. Damals wurden zum ersten Mal griechische Skulpturen in großer Zahl nach Italien entführt, und bald begann man auch die berühmteren mehrfach zu kopieren. Die meisten griechischen Statuen kennten wir nicht, wenn sie nicht mehrfach kopiert worden wären, besonders wenn das Vorbild in Bronze ausgeführt war. Viele dieser Kunstschätze gingen beim Untergang des römischen Reiches zugrunde, Marmor wurde zu Kalk gebrannt oder zu Baumaterial zurechtgehauen, die Bronzen für Kanonen umgegossen. Manche aber hatten das Glück, in die Erde zu verschwinden, wo sie nach Jahrhunderten bei Aushubarbeiten wieder ans Licht kommen.

Manches Transportschiff sank auf dem Weg von Griechenland nach Rom im Sturm; von Zeit zu Zeit entdecken Taucher einen solchen Schatz. Den Apoll von Belvedere und den Laokoon liess Julius II. zu Beginn seines Pontifikats im Jahre 1503 in den Belvedere-Hof bringen, zusammen mit anderen Werken, und schuf damit die Keimzelle zu den Vatikanischen Museen.

Der Apoll von Belvedere

Er ist nur eine Kopie aus der Zeit Hadrians, der als großer Griechenlandverehrer weniger das Entwenden der Originale aus ihrer Heimat als das Kopieren gefördert hat. Das Original war, wie die Fachleute erklären, aus Bronze, ersichtlich aus technischen Details des Gusses, die der Kopist pedantisch mitübernommen hat. Schöpfer sei Leochares, einer der größten Künstler der Antike, Zeitgenosse von Praxiteles, 4. Jh. v. Chr. Pausanias, der Griechenlandreisende des 2. Jahrhunderts, hat die Statue wahrscheinlich auf der Akropolis gesehen, schreibt sie allerdings vom Hörensagen dem Phidias zu.

Gefunden hat man die Marmorkopie im 15. Jahrhundert vermutlich in der Hafenstadt Anzio, dem antiken Antium, wo Kaiser und Aristokraten ihre Luxusvillen besaßen und sie mit kostbaren Statuen schmückten. Die Stadt hatte auch einen Apollotempel. Sicher ist, dass Kardinal Giuliano della Rovere sie 1503 kaufte, kurz bevor er sie als Papst Julius II. in den Belvedere stellen konnte. Apollo steht in makelloser göttlicher Schönheit vor uns, den Blick in die Ferne gerichtet. In der Hand hielt er wahrscheinlich einen Bogen, - »der Fernhintreffer« ist einer seiner Titel bei den Griechen, ein anderer »der Rächer«. Vielleicht erleben wir den Augenblick, wie der Gott auf Bitte seiner Mutter Leto die Söhne und Töchter der Niobe tötet, weil diese mit ihrem Prahlen von ihren vierzehn Kindern die Göttin beleidigte. Die Nemesis, die Überheblichkeit der Menschen gegenüber den Göttern, ist eines der schlimmsten Vergehen. Apollo ist auch der Heilgott, Vater des Asklepios, ist auch der große Seher, spricht durch die Phytia in seinem weltberühmten Heiligtum in Delphi.

Auf den nächsten zwei Seiten:Der Apoll von Belvedere,
für viele Generationen Kunstbeflissener das Idealbild der Vollkommenheit
Vatikanische Museen

Winckelmann gerät beinahe in Ekstase im Anblick des Apoll vom Belvedere, *»dem höchsten Ideal der Kunst unter allen Werken des Altertums... über die Menschheit erhaben... ein ewiger Frühling wie in dem glücklichen Elysion«*. Und Goethe erklärt in der »Italienischen Reise«, der Apoll sei *»eine unversiegbare Quelle künstlerischer Unterhaltung«* während seiner Romzeit gewesen.

Der Laokoon

Er ist ein griechisches Original, wenn auch spät anzusetzen, ins 2. vielleicht ins 1. Jahrhundert vor Christus. Plinius überliefert zwar die Namen der Künstler aus Rhodos, Hagesondros, Athanadoros und Polydoros, aber wann sie gelebt haben, die Entstehungszeit ist umstritten. Gefunden wurde das Werk auf dem Esquilin im Gebiet der Titusthermen, die über dem Gelände des Goldenen Hauses Neros errichtet wurden: ein Gelände, prädestiniert als Fundort von Kostbarkeiten. Michelangelo befand sich wohl kaum ganz zufällig unter den Zuschauern, als der Laokoon entdeckt wurde; kurze Zeit vorher wurden Wandmalereien unter Anwesenheit Raffaels freigelegt, eine Kombination von Ranken und figürlichen Darstellungen, die Raffael in den Loggien des Vatikans nachahmen wird. Als Grotesken sind sie in die Kunstgeschichte eingegangen, nach dem italienischen grottesco, phantastisch.

Laokoon war der Poseidonpriester von Troja und warnte die Stadt vor dem Pferd, das die Griechen vor der Stadt zurückließen, als sie zum Schein absegelten. Athena aber hatte den Untergang der Stadt beschlossen und war erzürnt, dass der Priester dies verhindern wollte. Eine andere Version glaubt, der Priester sei dem Apollo geweiht gewesen und sei bestraft worden, wie er entgegen der Anordnung des Gottes geheiratet habe. Deswegen mussten auch die unschuldigen Knaben, die der Ehe erwuchsen, mitsterben. Seit wenigen Jahren legt nun der bedeutende Archäologe Bernard Andreae eine ganz neue Interpretation der Skulpturengruppe vor und bringt das Werk in Verbindung mit der Stadt Rom: Jupiter, Juno und Minerva beschließen den Untergang Trojas, um Aeneas zu zwingen, aus der brennenden Stadt zu fliehen, mit den Gefährten übers Meer zu fahren, eine neue Heimat zu suchen und das Gestade zu finden, das die Götter ihnen bereits bestimmt hatten. Um sie von diesem Entschluß der Götter zu überzeugen, läßt Minerva den trojanischen Priester durch die Schlangen erwürgen, zeigt ihm, dass sie Troja aufgegeben hat.

Die gründliche Forschungsarbeit zeigt auch die stilistisch enge Verwandtschaft des Laokoon mit den Giganten des Pergamonaltares und verhilft zu einem genaueren Entstehungsdatum: 180-170 v. Chr.

Dargestellt ist der dramatische Augenblick, wie der Mann unter dem Aufgebot aller Kräfte sich der Umklammerung durch die Schlangen widersetzt. Hilfeflehend blicken die Knaben zum Vater empor. Umsonst. Diese Darstellung des höchsten Schmerzes im Gesicht des Vaters ist unüblich in der griechischen Kunst, nicht vereinbar mit den nach Schönheit hungernden Griechen. Als der Laokoon entstand, war die griechische Klassik längst vergangen. Er steht mitten im Hellenismus, die Ausgewogenheit ist ersetzt durch Effekte, durch wilde Bewegungen. War früher die Kunst den Göttern geweiht, so jetzt immer mehr dem profanen Schmuck; dem dienen sogar Darstellungen religiöser Motive.

Auf den nächsten zwei Seiten:
der Laokoon, ein griechisches Original, aber aus der Spätzeit, dem Hellenismus
Vatikanische Museen

Die verwundete Niobide

Diese Statue ist eines der grossen Geschenke, die uns römischer Boden lange genug gehütet hat, um sie vor der Zerstörung zu schützen. Erst im Jahre 1906 fand sie das Tageslicht aus den einstigen Gärten des Sallust, über zehn Meter unter dem heutigen Niveau, und kam ins Thermenmuseeum. Sie stammt aus der großen Zeit der griechischen Plastik, aus der Mitte des 5. Jh. v. Chr.. Es ist auch die hohe Zeit der griechischen Dramatiker; sowohl Aeschilos als auch Sophokles haben Werke über das Schicksal der Niobe verfasst, die leider nicht erhalten sind.

Niobe war die Gemahlin von Amphion, König von Theben. Sie prahlte mit ihrem Kinderreichtum, den sieben Söhnen und sieben Töchtern und wagte gar, sich geringschätzig über Leto zu äussern, die nur zwei Kinder habe. Diese allerdings waren Kinder von Zeus: Apollo und Artemis. Die Frauen von Theben sahen voraus, dass diese Lästerung schlimme Folgen haben müsse und versuchten, Leto und ihre Kinder zu beschwichtigen mit Gebet und Weihrauch. Umsonst. Apollo und Artemis nahmen für die Kränkung ihrer Mutter fürchterliche Rache: Apollo tötete mit seinen treffsicheren Pfeilen die Knaben, die er auf der Jagd überraschte, Artemis die Töchter im Palast beim Spinnen.

Die auf uns gekommene Niobide zeigt den Augenblick, wo sie auf der Flucht vom Pfeil der Artemis in den Rücken getroffen wird, wie sie in die Knie fällt, der Peplos ihr von der Schulter gleitet, wie sie mit der linken Hand das Gewand zu halten versucht und gleichzeitig mit der Rechten das tödliche Geschoss erlangen will. Die Plastik zeigt ergreifend den aussichtlosen Kampf des jungen Mädchens gegen den unerbitterlichen Tod, ganz unpathetisch, ohne die theatralischen Mittel, die spätere Epochen bei solchen Darstellungen einsetzen werden - eben griechisch, mit *»edler Einfalt und stiller Grösse«,* wie J.J. Winckelmann es formulierte.

Die verwundete Niobide, ein Bild griechischer Klassik
Obschon unschuldig, nimmt sie ihr Schicksal als von den Göttern verfügt, entgegen.
Museo Nazionale Romano

Am Fundort der verwundeten Niobide bei der Piazza Sallustio kamen noch zwei ihrer Schwestern zum Vorschein, die heute in Kopenhagen stehen, außerdem ein bogenschiessender Apollo bei seinem Tempel neben dem Marcellustheater, den der Konservatorenpalast bewahrt.

Stilistisch passen alle diese Statuen genau zusammen, so dass sie sehr wohl aus dem gleichen Giebelfeld eines Tempels in Griechenland stammen. Wann sie nach Rom kamen und ob zur gleichen Zeit oder unabhängig voneinander, ist nicht herauszufinden.

Das Erbe der Etrusker

Das rätselhafte Volk der Etrusker ist eines der letzten großen Geheimnisse europäischer Archäologie. Wir wissen nicht, woher sie kamen, wissen nicht, wann sie kamen; wir können ihre Schrift nicht lesen und kennen ihre Sprache nicht. Nicht einmal ihren Namen wissen wir, denn »Etruski« wurden sie nur von den Römern genannt. Aber sie waren da. Sie haben Beispiele hinterlassen von ihrer Architektur, bewundernswerte Zeugnisse ihrer hohen Kultur, goldene Schmuckstücke von unübertroffener Schönheit. Sie haben Italien beherrscht von Latium bis hin in die Poebene, vom Tyrrhenischen bis zum Adriatischen Meer. Für unsere Forscher waren sie plötzlich da. Wo eben noch kleine, einfache Dörfer der Urbevölkerung standen, wachsen Städte aus dem Boden, bewehrt mit Mauern und Toren. Und sie nutzen diesen Boden, schürfen seine Schätze und errichten eine bedeutende Metallindustrie. Die Insel Elba und die Toscana lieferten Eisen, Kupfer, Zinn und Blei. In Piombino gegenüber Elba entstand eine Industriestadt mit Verschiffungsanlagen. Es ist die einzige Stadt unmittelbar am Meer, sonst baute man im Landesinnern, geschützt gegen Überfälle durch Piraten.

Die Etrusker haben Handel getrieben mit Griechenland und seinen Kolonien in Kleinasien, Süditalien und Sizilien, hatten Kontakt mit Ägypten und Nordafrika, rivalisierten mit den Karthagern, - und sie beherrschten Rom während Generationen.

Die antiken römischen Schriftsteller reden ungern von der Überlegenheit der Etrusker und noch weniger davon, dass ihre Stadt von den Etruskern besetzt wurde. Sie haben eine andere Version von den Ereignissen: Zur Zeit von Aeneus Marcius, dem vierten König von Rom, kam ein Jüngling namens Lucomo, ursprünglich ein Korinther, aus dem ertruskischen Tarquinia nach Rom, wo er durch Liebenswürdigkeit und Weisheit bald die Herzen der Menschen eroberte, und der König machte ihn gar zum Vormund seiner zwei Söhne. Nach des Königs Tod eroberte er sich durch eine List die Herrschaft und nannte sich fortan Lucius Tarquinius; und etruskische Namen tragen auch seine Nachfolger, die beiden letzten Könige von Rom: Servius Tullius und Tarquinius Superbus, bevor die Stadt die Fremdherrschaft abzuschütteln vermochte.

Das meiste, was wir über die Etrusker wissen, hat uns ihr aufwendiger Totenkult übermittelt. Zu jeder Siedlung gehörte eine abgesonderte Totenstadt, oft größer als diejenige der Lebenden, bestimmt aber dauerhafter. Sie schlugen Grabräume in den Felsen, bauten künstliche Hügelgräber, manchmal mit mehreren Räumen. Sie schmückten sie mit farbenfrohen Wandmalereien und plastischen Verzierungen, und sie gaben dem Toten alles mit, was er an Kostbarkeiten und Liebgewonnenem besaß, auch Geräte für den täglichen Gebrauch, damit ihm im Jenseits nichts mangle. Keramik ist besonders viel ans Tageslicht gekommen, einheimische Ware und Import aus Griechenland - die besonders prächtigen attischen Amphoren und Schalen in derart großer Zahl, dass man ihren Besitzern Sammelleidenschaft zuschreiben möchte.

Besonders bewundert wird die Kleinkunst der Etrusker. Da ist vor allem der Goldschmuck, Armringe, Gewandschliessen usw. von derart feiner, getriebener und granulierter Technik, dass die Kunstwerke nur unter der Lupe richtig gewürdigt werden können. Dazu kommen die zahlreichen Bronzearbeiten, Handspiegel und Zisten (Schmuckkästchen) mit Zeichnungen und mythischen Szenen. Jede italienische Stadt auf etruskischem Boden hat ein Museum mit Schätzen aus jener Zeit; Rom deren zwei von Bedeutung: das Museo Gregoriano Etrusco im Vatikan und das Museo Nazionale Etrusco di Villa Giulia.

Die Villa Giulia hat ihren Namen von Papst Julius III. (1550-1555), der im Norden der Stadt Ländereien besaß und dort ab 1552 von Vignola und Ammanati eine ausgedehnte Villenanlage bauen ließ, mit zwei prunkvollen Innenhöfen, eine Kombination von Architektur, Skulpturen, Wasserspielen und überraschenden Durchblicken. Wann immer möglich ließ sich der Papst in seine Villa führen, umgeben von Dichtern und Gelehrten. Ende des 19. Jahrhunderts wurden dem Hauptgebäude seitlich zwei parallel verlaufende lange Flügel angefügt und darin das Etruskische Museum eröffnet, 1955/60 vorbildlich modernisiert.

Der Apoll von Veji
Ein etruskisches Kunstwerk des 6. Jh. v. Chr., Terracotta
Villa Giulia

Aufs Eindrücklichste führt es uns die Welt des geheimnisvollen Volkes vor Augen, auch die der befreundeten Griechen. Die gravierten Verzierungen auf Schmuckkästchen und Handspiegel, die plastischen Darstellungen auf den Sarkophagen belegen, wie gut sie sich auskannten in der griechischen Mythologie, und deren Götterfiguren haben sie in Terrakotta geformt und in Bronze gegossen.

Für die praktisch veranlagten Römer waren nicht die bewunderungswürdigen Leistungen der Goldschmiede und anderer Kunsthandwerker das Wichtigste. Sie schätzten und kopierten vor allem die großen Leistungen der Ingenieure. Das etruskische Haus mit Atrium ist Vorbild geworden für das italienische. Den für den römischen Tempel typischen hohen Sockel mit Freitreppe kannten schon die Etrusker. Die kreisrunden, künstlich geschaffenen Tumulusgräber hatten zum großen Teil unechte Gewölbe, bei denen jede Schicht über die untere hinausragt, bis sich der Bogen schließt, aber sie bauten auch echte Gewölbe und vor allem Torbogen aus Keilsteinen, von denen viele noch bestehen. Zusammen mit den aus zugehauenen Quadern hochgezogenen Mauern haben sie die Vorbilder abgegeben für die größeren Bauten der römischen Architektur. Vorläufer waren auch die etruskischen Straßen und Brücken, die ober- und unterirdischen Kanäle, die Dämme und Umleitungen, sogar Durchstiche durch Berge. In Rom hat sich ein Beispiel aus jener Zeit erhalten: die Cloaca Maxima, die nach zweieinhalbtausend Jahren noch immer das Forum Romanum entwässert und die Quellen der umliegenden Hügel in den Tiber leitet.

Prunkvoll ausgestattete Gewandfibel, 7. Jh. v. Chr.
Aus Goldblech getrieben und mit Granulation verziert
Vatikanische Museen

Heilkunst aus dem Osten - Aesculap

Immer wieder in seiner langen Geschichte ist Rom von Seuchen heimgesucht worden; so auch im Jahre 293 v. Chr., als eine furchtbare Pest zahlreiche Opfer forderte. In der Not befrug man die Sibyllinischen Bücher, und diese rieten, den Heilgott Asklepios in Epidauros nach Rom zu bitten. Aesculap, wie er bei den Römern heißt, ist der Sohn des Apollon und der böotischen Königstocher Coronis. Die Mutter starb jedoch bei der Geburt, und der Säugling wurde von einer Ziege ernährt. Aufgezogen hat ihn der weise Kentaur Chiron, der ihn die Heilkräuter kennen lehrte und in der ärztlichen Kunst unterwies. Auch Apollon hatte den Beinamen »der Heilende«, wurde von den Römern als Apollo Medicus verehrt, doch trat er diese Eigenschaft immer mehr dem Sohne ab.

Die Epidaurier überließen den Bittstellern aus Rom allerdings nicht den Heilgott selber; sondern wie in allen anderen Fällen, wo ein Filialkult errichtet wurde, bekam die römische Delegation eine heilige Schlange. Die Aesculapschlange, wie sie einen Stab umringt, ist noch heute das Symbol der Ärzte.

Die Heimfahrt verlief ohne Zwischenfall bis Antium. Dort verließ die Schlange, wie Ovid erzählt, für drei Tage das Schiff und besuchte den Apollotempel, der vielleicht auch damals schon Aesculap mitgeweiht war. Die Reise führte weiter nach Ostia und tiberaufwärts nach Rom. Die Flußfahrt gestaltete sich zu einer wahren Triumphprozession, und wiederum ist es Ovid, der uns das Ereignis schildert:

»Hier strömt Menschengewoge entgegen: Mütter und Väter
Eilen herbei, auch sie, o troische Vesta, die deine
Flammen bewahren, und grüßen den Gott mit fröhlichem Zuruf.
Überall, wo man das Schiff stromaufwärts rudert, das schnelle,
Stehn an den Ufern Altäre gereiht, und Schwaden von Weihrauch
Knistern zur Rechten und Linken: es duften von ihnen die Lüfte,

Der Heilgott Aesculap, erkenntlich an seinem Schlangenstab
Vatikanische Museen

Und es dampfen die Messer vom Blut geschlachteter Opfer.
Jetzt, im Bereich von Rom, dem Haupte der Welt, da erhebt sich
Steil die Schlange: den Nacken gelehnt an den Gipfel des Mastes,
Dreht sie den Kopf und schaut in die Runde nach passendem Wohnsitz.
In zwei Läufen zerteilt der Strom in der Stadt sich - man nennt dort
Insel die Stelle: - zur Rechten und Linken erstreckt sich gleiche
Zwillingsarme nach vorn und umfließend ein Lager in der Mitte.
Hier ist das Ziel: es steigt vom latinischen Segler die Schlange,
Phoebus' Sprössling; und wieder in Göttergestaltung verwandelt,
Setzt er ein Ende dem Leid: so kam er als Retter der Hauptstadt!«

Als die Schlange die Tiberinsel entdeckte, glitt sie vom Schiff und schwamm zur Insel, selber den Standort ihres Heiligtums bestimmend.

Tatsache ist, dass dort, wo die Kirche S. Bartholomeo steht, 289 v. Chr. ein Aesculaptempel geweiht wurde. Wie in Epidauros arbeiteten die Priester mit Tempelschlaf, während dem der Patient Anweisungen erhielt, mit Suggestion und psychologischen Praktiken, die zweifellos gewisse Krankheiten beeinflussen konnten. Gefundene Votivtafeln, Weihgeschenke und Inschriften zeugen davon.

Der Insel, die durch ihre langgestreckte Form ohnehin an ein Schiff erinnert, gab man Bug und Heck, in dankbarer Erinnerung an jenes Schiff, das einst in kühner Fahrt den heilenden Gott herüberholte aus Griechenland. Und noch sieht man an einer Wand des »Schiffes« aus Travertin das Bild Aesculaps und die den Stab umwindende Schlange.

Als Kaiser Otto III. ums Jahr 1000 dreimal nach Rom kam und in jugendlicher Begeisterung das Heilige Römische Reich glaubte wieder errichten zu können, da war die alte Stadt bereits in Trümmer gefallen, ausgenommen einige wenige Tempel, die in christliche Gotteshäuser umgewandelt wurden - die beiden Tempel auf der nahen Piazza della Verità, das kostbare Pantheon auch, das Papst Bonifaz IV. von Kaiser Phokas geschenkt bekam. Die rechtzeitige Taufe hat sie vor dem Untergang gerettet.

Das Krankenhaus der Fate-bene-fratelli auf der Tiberinsel

Der Aesculap-Tempel aber war im Jahre 1000 zerstört, die vom Kaiser gegründete Kirche steht auf seinen Fundamenten, auch vierzehn Säulen des Kirchenschiffes stammen noch von ihm. Das Gotteshaus wurde dem heiligen Adalbert geweiht, Bischof von Prag und Freund des Kaisers. Die Benennung nach dem heiligen Bartholomäus rührt daher, dass die Kirche schon früh Reliquien des Apostels erhielt.

Bereits 1113 unter Paschalis II. waren erste Restaurationen notwendig, größere 1557 nach einer Überschwemmung; die heutige Gestalt entstand 1624. Nur der Glockenturm stammt noch aus romanischer Zeit und außerdem als Kostbarkeit die Brunnen im Innern der Kirche.

Vor der Apsis, über der Quelle des einstigen Aesculap-Tempels, steht ein kleiner, reichgeschmückter Marmorbrunnen. Seine Reliefs zeigen Christus, den Bischof Adalbert, den Apostel Bartholomäus und Kaiser Otto III., die Figuren voneinander getrennt durch gedrehte Säulen, deren pflanzengestaltige Kapitelle und verzierten Bogen die ottonische Herkunft belegen. Die Kerben am Brunnenrand lassen erahnen, wie oft die Seile über ihn gescheuert haben, mit Schöpfeimern Wasser aus der Tiefe zu holen; denn noch weit in die christliche Zeit hinein hat man der Quelle übernatürliche Heilkraft zugetraut.

Als die antike Weltmacht Rom unterging und damit auch deren Anstalten und Einrichtungen, übernahm die erstarkende Kirche von ihr mancherlei lebensnotwendige Funktionen, ganz besonders auch karitative Aufgaben, die Betreuung der Armen, die Pflege der Kranken, getreu den Weisungen ihres Gründers. So wurde auf der Insel die Krankenpflege, jetzt unter christlichem Vorzeichen, beinahe nahtlos weitergeübt. Im 9. Jahrhundert jedenfalls bestand berreits ein Nosocomium, ein den Quattro Coronati, den »Vier Gekrönten« geweihtes Hospital. Die vier Märtyrer sind gemäß der Legende auf der Insel hingerichtet worden. Ihre Kirche auf dem Caelius stammt ebenfalls aus früher Zeit, geht auf Papst Leo IV. (847-855) zurück.

Die Kirche S. Bartolomeo steht auf den Fundamenten des Aesculap-Tempels.

Heute erstreckt sich ein großes Spital über die halbe Insel und gehört zu den besten der Stadt: S. Giovanni Calabita, so benannt nach einer kleinen Kirche, die schon im Mittelalter im nördlichen Teil der Insel stand. Das Spital wird verwaltet von den »Brüdern des heiligen Johannes von Gott« - Fate-bene-fratelli heißen sie im Volksmund. Ihr Begründer hieß Johannes Cuidad, wurde am 8. März 1495 als Sohn armer Eltern in Portugal geboren. Mit acht Jahren sei er von zu Hause davongelaufen, nach anderer Version soll er entführt worden sein; jedenfalls wurde er Hirte auf einem Bauernhof in Spanien, und weil man anscheinend keinen Familiennamen kannte, habe man ihn »von Gott« geheißen. Später verdingte er sich als Landsknecht, führte ein unstetes Leben und wurde schwer verwundet. Auf dem Krankenbett besann er sich eines Besseren, betrieb in Spanien eine Handlung mit Devotionalien und religiösen Büchern. Endgültig auf einen neuen Weg kam er, als er 1539 eine Predigt des berühmten Kanzelredners Johannes von Avila hörte. Sie hatte ihn derart erschüttert, dass er sich wie wahnsinnig gebärdete. Er wälzte sich auf dem Boden, zerrss die Kleider, und völlig aufgewühlt landete er für einige Monate im Irrenhaus. Er verließ es als neuer Mensch, eines der vielen Beispiele der Kehrtwende um 180 Grad im Leben der Heiligen. Ab sofort verschrieb er sich der Krankenpflege und gründete schon im folgenden Jahr das erste Spital. Mit für damals revolutionären Erkenntnissen, psychoanalytischen Methoden, Aussprachen mit den Patienten, wurde er zu einem Vorläufer der Psychologen und erntete viel Spott, weil er sich den seelisch Kranken besonders widmete. Er gründete einen Orden nach der Regel des heiligen Augustinus, den Papst Pius V. 1572 bestätigte.

Die »Barmherzigen Brüder vom hl. Johannes von Gott« sind ein Laienorden. Es gehören ihm immer auch bekannte Ärzte an, während die wenigen Priester nur der Spitalfürsorge dienen. Heute ist der Orden mit rund zweihundert Spitälern in siebzehn Provinzen der bedeutendste unter den der Krankenpflege verpflichteten Männerorden. Im mit dem Inselspital verbundenen Kloster befindet sich auch das Generalat.

Religion aus dem Orient - Mithras

An der Via di S. Giovanni in Laterano, die vom Kolosseum hinaufstrebt zur Lateransbasilika, liegt linkerhand die Kirche S. Clemente, nicht auf dem Besuchsprogramm der Gesellschaftsreisen und ihrer Führer, aber trotzdem eine der besuchenswertesten Kirchen der Ewigen Stadt, gleichermaßen wichtig für die Freunde der Antike wie der christlichen Zeit, für Vertreter der Kunst wie der Religion.

Die erste Überraschung wartet schon auf den aufmerksam Eintretenden: Da wachsen aus dem Fußboden Bogen heraus, die normalerweise hoch oben über unseren Köpfen die Kapitelle der Säulen miteinander verbinden - das taten sie auch tatsächlich vor tausend Jahren; aber seither ist vieles passiert in und um S. Clemente. Wir ziehen es vor, die zweitausendjährige Geschichte dieses Ortes chronologisch zu erleben und steigen hinunter auf immer enger werdenden Treppen bis zu seinen Ursprüngen.

Der Anfang vor 2000 Jahren

Zu allerunterst, auf dem gewachsenen Grund, durch Grabungen erforscht, aber nicht zugänglich, hat man die Überreste zweier Gebäude aus dem frühen 1. Jh. n. Chr. gefunden, einen größeren öffentlichen Bau unbekannter Verwendung und, westlich davon, nur durch eine schmale Gasse von ihm getrennt, ein vornehmes Privathaus. Beide Häuser sind beim großen neronischen Brand vom Jahre 64 zugrundegegangen. Damals entstand auf den Fundamenten des größeren Baues ein neuer, unterscheidbar durch Tuffsteinblöcke besserer Qualität. Er besitzt eine ausgedehnte Außenmauer, an deren Längsseiten in regelmäßigen Abständen Quermauern ins Innere abzweigen, so dass zwei Reihen von gleich großen, etwa vier Meter breiten Kammern entstehen. Auch die Schmalseiten besaßen derartige Unterteilungen, von kleineren Ausmaßen. Der Zweck des Ganzen ist unklar. Es könnte ein Getreidespeicher sein, wie diejenigen von Ostia, eine Markthalle, aber auch eine Münzstätte, denn eine solche muss in der Region bestanden haben; man hat einen Altar gefunden, der von kaiserlichen Münzbeamten im Jahre 119 gestiftet worden ist.

Über den Trümmern des Privathauses ist gegen Ende des 1. Jh. ein neues komfortables Wohnhaus errichtet worden mit einem großen Hof, gegen den sich die Zimmer öffneten. Ein späterer Besitzer hat hier in der ersten Hälfte des 3. Jh. ein Mithräum eingerichtet. Es regierte damals die syrische Dynastie der Severer. Ihr Begründer war Septimius Severus (193-211), ein Punier zwar; aber seine Frau, die einflußreiche und hochgebildete Julia Domna, die Tochter des Baal-Priesters von Emesa, eine der bedeutendsten Frauen der Kaiserzeit, förderte östliche Kultur in Rom. Die nachfolgenden Kaiser aus ihrem Geschlecht überboten sich an Grausamkeit und Wahnsinn; aber den Mithraskult, wenn auch ihrer Gedankenwelt weit überlegen, werden sie als östliche Religion geschont haben. Das Mithräum präsentiert sich als ein langgestreckter, schmaler Raum, an den Längsseiten je eine Bank für die Gläubigen, dazwischen ein Altar. An die Rückwand gehört meist eine Darstellung des Stieropfers, in S. Clemente steht dort die Statue des felsenentstiegenen Gottes.

Mithras

Der iranische Gott hatte eine lange Geschichte, bevor die Römer auf eine seltsame Weise mit ihm bekannt wurden: Sie führten Krieg gegen kleinasiatische Seeräuber, und die nach Rom gebrachten Gefangenen waren Mithrasanhänger, pflegten dort ihren Glauben weiter - die Römer waren in der Regel sehr tolerant gegenüber Andersgläubigen - und machten ihre neue Umgebung mit Mithras bekannt.

Dies geschah zu einer Zeit, als die Römer aufnahmebereit waren für neue religiöse Impulse. Schon längst war der Götterglaube der Alten zur Staatsreligion im negativen, wörtlichen Sinne geworden. Der Staat besorgte den Gottesdienst, bat um den Schutz der Götter, dankte ihnen für gewährte Gnaden. Vom Staate angestellte Priester erfüllten Zeremonien in Vertretung des Volkes.

Die Legende berichtet, Mithras sei an einem 24. Dezember aus einem Felsen zur Welt gekommen, und in Felsenhöhlen werden später seine Kulträume gebaut. Wo solche nicht vorhanden sind, behilft man sich mit künstlichen Höhlen, Räumen ohne Fenster.

Mithras tötet den Urstier

Die gewölbte Decke, verziert mit Sternen, wird zum Himmelsgewölbe. Schon bei der Geburt ist der Gott ausgerüstet mit Pfeil und Bogen für seine Heldentaten, hält oft auch schon einen Globus in die Höhe. Als Felsengeborener - unter S. Clemente hat man seine Figur gefunden, stehend auf Felsbrocken - ist er der Lichtgott, der die Menschen lehrte aus Feuerstein Funken zu schlagen, Feuer und Licht hervorzurufen. Später wird er zum Sonnengott, zum Sol invictus werden, ja zum Herrscher über den ganzen Kosmos, zum Kosmokrator.

Hirten erkannten und verehrten den Neugeborenen als erste; zwei von ihnen werden besonders ausgezeichnet. Es sind dies Cautes und Cautopates, die aufgehende und die niedergehende Sonne versinnbildlichend. Dementsprechend hält Cautes seine Fackel freudvoll in die Höhe, Cautopates die seine zur Erde gesenkt: sie symbolisieren Leben und Tod. Die beiden seitlichen Flächen des Altares im Mithräum von S. Clemente zeigen die beiden Figuren als Relief. Mit Mithras zusammen bilden sie eine Dreieinigkeit. Im Mithräum von S. Prisca sind die Drei als Dreieck dargestellt mit einem Globus in der Mitte des Feldes.

Die größte Heldentat des strahlenden Gottes ist die Tötung des Urstieres. Auf Befehl der Sonne sucht er ihn, führt ihn in seine Höhle und tötet ihn mit dem Dolch. Die Tat steht für die Schöpfung der Welt. Aus dem Leib und dem Sperma des Tieres entstanden alle Pflanzen und Tierarten, obwohl die Mächte der Unterwelt dies zu verhindern versuchen: Ein Skorpion überfällt seine Hoden und versucht den Samen zu trinken. Andere Wesen setzen sich fürs Gelingen ein: Eine Schlange kriecht zum hervorquellenden Blut - man sieht sie auf der vierten Seite des Altares - , und weil sie die Erde darstellt, wird sie durch dieses Trinken befruchtet. Fünf Ähren an des Stieres Schwanz symbolisieren die künftige Vegetation.

Weniger bekannt ist das Wasserwunder; man findet es vor allem im Balkan dargestellt, wie der Gott mit Pfeil und Bogen auf eine Felswand schießt und eine Quelle erschließt. Meist kniet bereits eine Gestalt vor dem Felsen, weiß also zum voraus, was sich ereignen wird. Ebenfalls im Osten kommt Mithras als Reiter mit Pfeil und Bogen vor, eine Verwandtschaft mit dem reitenden Sonnengott Helios.

Anschließend an die Erlegung des Urstiers fand ein Festmahl statt, an welchem Mithras und Sol teilnehmen. Manchmal sind sie allein dargestellt, oft zusammen mit Menschen. Diese werden hinfort dieses Ereignis allein, als Erinnerungs- und Liebesmahl nachvollziehen, das Fleisch des Stiers durch Brot, sein Blut durch Wein ersetzend - Gaben, die ja erst durch den Opfertod des Stieres wachsen konnten.

Als Mithras sein Erdenleben erfüllt hatte, fuhr er auf Helios' Sonnenwagen zum Himmel. Auf manchen Abbildungen werden die Beiden von weiteren Gestalten begleitet, zum Beispiel von Hermes dem Seelenführer, erkennbar an seinem Flügelhelm.

Die Einweihung

Gegenüber dem Mithräum unter S. Clemente betritt man einen größeren Raum, der ringsum mit Bänken versehen ist und als Schulungsraum gilt. Zweifellos mussten die Kanditaten ein Noviziat durchlaufen, dass sie nach und nach in die Geheimnisse einführte. Wie im Falle von Eleusis irren wir im Dunkeln, denn strengstes Stillschweigen war auch hier Gebot. Ein Papyrus hat den Eid überliefert: *»Im Namen Gottes, der die Erde vom Himmel geschieden hat, das Licht von der Finsternis, den Tag von der Nacht, die Welt vom Chaos, das Leben vom Tod und das Werden vom Vergehen, schwöre ich nach bestem Wissen und Gewissen, die Mysterien geheimzuhalten...«*

Vage Hinweise auf die Prüfungen glaubt man aus den Fresken lesen zu können, die in einigen Mithräen erhalten geblieben sind, in Rom hauptsächlich unter S. Prisca, wo Adepten vor einem Mystagogen knien, liegen oder von ihm geführt werden. Vorsicht wird dagegen vor den Zeugnissen christlicher Autoren geboten sein, wenn sie von Folterungen aller Art berichten, denn sie sind Partei. Eine Brandmarkung auf der Stirn oder dergleichen ist immerhin möglich, dafür glaubt man Hinweise zu haben.

Mithras – Christus

Zu den vielen Verwandtschaften mit dem Christentum gehören die aufsteigenden Einweihungsgrade in die Mysterien, ähnlich den niederen und höheren Weihen eines Prie-

sters. Die Beförderung erfolgte über sieben Stufen, benannt als Rabe - Verlobter - Soldat - Löwe - Perser - Sonnenläufer - Vater. Hieronymus übermittelt dies, und von Inschriften und Darstellungen wird es bestätigt.
Wenn so manches an die christliche Kirche erinnert, so fehlt es auffälligerweise an einer vergleichbaren Organisation der Gläubigen. Jede Gemeinde, und es konnten sich nur wenige in den kleinen Mithräen versammeln, scheint in sich geschlossen gewesen zu sein. Von einer Hierarchie, einer übergeordneten Führung ist nichts zu bemerken, und das mag mit ein Grund gewesen sein, dass der Kampf der beiden Erlöserreligionen mit dem Sieg des Christentums geendet hat.

Die Religion des Mithras war eine ausgesprochen männliche, eine kämpferische, Mutproben heischende. So ist es nicht verwunderlich, dass sie besonders unter den Legionären großen Anhang hatte und durch sie über ganz Europa verbreitet wurde. Wo immer die Legionen Roms hinkamen, finden sich auch die Mithräen.

S. Clemens

Wenige Jahre nach der Gründung des Mithräums wurde die ihm benachbarte »Münzstätte« bis zu den Tonnengewölben hinauf zugeschüttet und darauf ein basilikaähnliches Gebäude errichtet, ein großer Raum, durch zwei Säulen- oder Pilasterreihen in drei Schiffe unterteilt. Man vermutet, dass dies von Anfang an ein christlicher Versammlungsraum gewesen sein könnte - aber warum gerade neben dem Heiligtum derjenigen Religion, die damals das Christentum zu überflügeln drohte? Es müssen wichtige Gründe vorhanden gewesen sein. Das Privathaus, so glaubt man, habe vor seiner Mithräumszeit christlichen Versammlungen gedient, sei eine Hauskirche gewesen, und zwar soll es T. Flavius Clemens gehört haben, Consul des Jahres 96, Vetter von Kaiser Domitian (81-96), auf dessen Befehl er den Märtyertod erlitt. Seine Gemahlin Flavia Domitilla wurde verbannt.

Mithräen sind kleine, finstere Räume, beidseits eines Altars Sitzbänke

Papst Clemens I. (ca. 88-97) ist kaum mit ihm identisch; man denkt beim dritten Nachfolger Petri eher an einen Freigelassenen aus der Familie des Consuls oder des flavischen Kaiserhauses, der aus Dankbarkeit den Namen seines Gönners angenommen hatte, wie dies üblich war. Sicher ist, dass hier im 4. Jh. eine Basilika bestand, erwähnt vom hl. Hieronymus (420) in seiner Biographie des hl. Clemens. Sie ist neben Konstantins Salvatorkirche, der heutigen Lateranbasilika, die älteste größere Basilika Roms. Als 395 der Mithraskult aufgehoben wurde, vergrößerte man die Kirche durch eine Apsis, die hinüberreichte auf das Gebiet des Privathauses.

Nach der Legende ist Papst Clemens I. unter Trajan in die Marmorbrüche auf der Krim verbannt worden. Er starb dort als Märtyrer, indem man ihm einen Anker umhängte und im Schwarzen Meer ertränkte. Auf das Gebet seiner Anhänger sei an seinem Todestag das Meer zurückgewichen und habe einen von Engeln gebauten Sarkophag freigelegt. Der Slawenapostel Cyrillus hat die Reliquien nach Rom geholt, wo sie von Papst Hadrian II. (867-872) zusammen mit den Reliquien des hl. Ignatius von Antiochien unter dem Hochaltar beigesetzt wurden. Jetzt ruhen sie in der Confessio der Oberkirche zusammen mit den sterblichen Überresten des hl. Flavius Clemens.

Kirchengeschichtlich äußerst wichtig ist der berühmte Clemensbrief an die Christengemeinde von Korinth. Er ist ein frühes Zeugnis für den Primat des Bischofs von Rom. Unter den Korinthern waren schwere Zerwürfnisse ausgebrochen, und der Papst ermahnte sie energisch, und in einer Art, die nur eine dazu autorisierte Person wagen konnte.

Christliche Kunst

Die Fresken der Unterkirche sind eine Schatzkammer romanischer Malerei des 5. bis 11. Jh., dank dem Umstand, dass sie während Jahrhunderten zugeschüttet und den »Restauratoren« früherer Zeit entzogen waren. Die Bilder zeigen unter anderem Szenen aus dem Leben des hl. Clemens, auch eine Himmelfahrt Christi mit Aposteln und Papst Leo IV. (847-855), letzteren mit einem rechteckigen Heiligenschein, als Zeichen dafür, dass er noch lebte, als das Bild geschaffen wurde.

Apsismosaik von S. Clemente, Ausschnitt

Ihre gute Erhaltung verdanken die Fresken dem Normannensturm von 1085 unter Robert Guiscard, bei dem die ganze Gegend von S. Clemente niedergebrannt wurde. Wieder füllte man nach der Katastrophe das ganze Kirchenschiff mit Schutt auf, schützte dadurch die Bilder und errichtete darüber die heutige Oberkirche, in welche die Bogen der Unterkirche noch knapp hineinragen.

S. Clemente ist das Beispiel einer intakten Basilika: Das Atrium mit ringsumlaufender Säulenhalle, der Eingang zum Vorhof in der Längsachse der Kirche und mitten im Hof der Reinigungsbrunnen, der Kirchenfassade vorgelagert die schmale Vorhalle (Narthex).

Im Innern fällt bald der große Sängerchor auf. Seine Marmorumschrankung stammt aus der Unterkirche. Die Evangelien- und Epistelambonen sind dagegen erst für den Neubau geschaffen worden. Aus der Unterkirche gerettet hat man auch den Thron des Titularkardinals in der Apsis, dabei allerdings die Rückenlehne zerbrochen. So stammt der Stuhl aus dem Jahre 1125, die Ersatzlehne dagegen aus einer Marmorplatte, gemäß dem Rest einer Inschrift aus der Zeit von Papst Siricius, der von 384 bis 398 regierte.
Die größte Kostbarkeit der Oberkirche ist das Apsismosaik mit der »Verherrlichung des Kreuzes«, der Befreiung der Menschen von Leid und Tod. Der Kreuzesstamm wächst aus Akanthuspflanzen heraus und entläßt Ranken nach allen Seiten, zwischen denen Blüten aller Art und Menschen jeden Standes zu entdecken sind. Die zwölf Tauben, am Kreuz verteilt, bedeuten wohl die Apostel. Zu Füßen des Kreuzes entspringen Quellen, an denen sich Schafe, Pfauen, Pelikane und andere Tiere erquicken. Bescheiden stehen Maria und der Evangelist Johannes beidseits des Kreuzes. Der Triumphbogen zeigt im Gegensatz zum Kreuz tatsächlich den Triumph Christi: Christus mit Segensgestus und Buch, umgeben von den Evangelistensymbolen, den Heiligen Petrus, Clemens und anderen.
Aber auch in der Frescomalerei bietet die Oberkirche Höhepunkte mit Masolinos und Masaccios Bildern in der Katharinenkapelle. Die Forscher werden sich noch lange streiten, welchen Anteil der Lehrer, welchen der Schüler an den Werken hat. Auch in der Brancacci-Kapelle von S. Maria del Carmine in Florenz haben die Beiden zusammengearbeitet, die großen Vorläufer Michelangelos in der räumlichen Gestaltung mittels Perspektive, Farbe und Licht.

So wie die beiden Florentiner Maler der Basilika frühe Beispiele der Renaissance geschenkt haben, finden wir in den kostbaren Marmorintarsien des Fußbodens eines der ersten Werke der Cosmaten.

Die Dominikaner von S. Sisto Vecchio, die im 17. Jh. aus Irland geflüchtet waren, verwalteten auch S. Clemente, bis ihnen nach der napoleonischen Zeit die Basilika zur dauernden Residenz übergeben wurde.

Römische Herrscher

Caesar und die Rednertribünen

Wer das Forum Romanum besucht, betritt meist das kleine Gelände mit der großen Vergangenheit beim Tempel des Antoninus Pius und der Faustina und sieht direkt vor sich einige unauffällige niedere Ruinen, Grundmauern nur, anscheinend ohne jede Bedeutung. Und doch steht er unversehens mitten in den Erinnerungen an dramatischste Ereignisse der Weltgeschichte. Er steht vor den Überresten der jüngsten der Rednertribünen des Forums, errichtet zur Erinnerung an Julius Caesar. Hier wurde seine Leiche von der aufgebrachten Menge ganz unprogrammgemäß vorzeitig verbrannt, während auf dem Marsfeld das offizielle Rom vergebens auf den Trauerzug wartete. Unmittelbar hinter der Tribüne errichtete Augustus seinem großen Vorgänger einen Tempel.
Im spitzen Winkel der beiden Schenkel der Sacra Via liegt die Regia, der Sitz von Roms zweitem König Numa Pompilius, später der des Pontifex Maximus. Von hier hatte sich Julius Caesar mit der Sänfte in die Curia des Pompeius tragen lassen, von wo er nicht mehr lebend zurückkommen sollte.

Die Geschichte der Rednertribünen beginnt aber nicht hier, sondern an der Nordwestecke des Forums, wo in der Frühzeit der Stadt sich die Ältesten der umliegend angesiedelten Sippen zur Beratung gemeinsamer Probleme fanden. Als 338 v. Chr. die Römer die kleine Seestadt Anzio eroberten und damit auch die im Hafen liegende Flotte, brachten sie die Schiffsschnäbel nach Rom und hängten die Trophäen an die Rednertribüne. Es war, ohne dass man es ahnte, der Beginn von Roms Seeherrschaft. Damals entstand für die Tribüne die Bezeichnung Rostra, »Schiffsschnäbel«.

Julius Caesar, 100-44 v. Chr., der Vorbereiter der Monarchie
Vatikanische Museen

Der ersten Rednertribüne aus frührepublikanischer Zeit folgte zur Zeit Caesars anläßlich einer größeren Umgestaltung des Platzes ein Neubau, einige Meter weiter südlich, mit Front nach Osten, fast die ganze Forumsbreite einnehmend. Diese Rostra war gerade erst fertig geworden, als ihr Erbauer an den Iden des März 44 v. Chr. tot an ihr vorbeigetragen und in der Regia aufgebahrt wurde.

Der Ermordete, der seinen Stammbaum bis auf den trojanischen König Aeneas und auf die Göttin Venus zurückführte, war in jeder Hinsicht ein Genie, nicht nur als Staatsmann und Feldherr. Ebenso erfolgreich war er in Angelegenheiten des Geldes. Einst hatte er derart große Schulden, dass seine Gläubiger ihn an der Ausreise nach Spanien, wo er ein Amt hätte antreten sollen, zu hindern versuchten. Ein Freund bürgte für ihn, und als Caesar von Spanien zurückkehrte, beglich er nicht nur alle seine Verpflichtungen, sondern konnte noch eine derart hübsche Summe dem Staate abliefern, dass ihm der Senat einen Triumphzug bewilligte. Für uns am bedeutendsten sind seine Feldzüge in Gallien, die den Völkern nördlich der Alpen römische und griechische Kultur vermittelten. Bei seinen Soldaten genoß er derart unbeschränktes Vertrauen, dass sie in Perioden finanzieller Knappheit ihm den bereits ausgeteilten Sold wieder zurückbrachten. Solche Treue vergaß er nicht und ließ seine Legionäre zu besseren Zeiten großzügig an der Beute teilhaben. Von seinen kaltblütigen militärischen Operationen gab er schon als Vierundzwanzigjähriger eine Kostprobe, als er nach Rhodos fuhr, um sich in Sprachen und Rhetorik weiterzubilden. Er wurde von Seeräubern gefangen, konnte sich mittels Tricks und Geld befreien, verfolgte die Gauner bald darnach mit einer schnell zusammengestellten Flotte, fing sie ein und kreuzigte sie kurzerhand.

Ob er tatsächlich nach der Königskrone strebte, wie die Verschwörer behaupteten? Vielleicht wäre er am Leben geblieben, wenn er sein eigenes Leben wichtiger genommen hätte oder wenn er abergläubischer gewesen wäre. Vielleicht hätte er dann auf das Flehen seiner Frau gehört, die eines blutigen Traumes wegen ihn beschwor, daheim zu bleiben, oder er hätte die Prophezeiung Spurinnas, des Sehers, ernster genommen, der ihn vor den Iden des März warnte. Er sah ihn noch während der Sitzung und soll, so will es Sueton wissen, ihm triumphierend vorgehalten haben, der lebensbedrohende Fünfzehnte sei angebrochen und er lebe immer noch. *»Angebrochen, aber noch nicht zu Ende«* habe die Antwort gelautet.

Forum Romanum, die Regia (Königsburg),
davor die Stelle, wo die Leiche Caesars verbrannt wurde

Auf der zweiten Rednertribüne des Forums muss es gewesen sein, wo wenige Tage nach dem Mord Marc Anton jene zündende Rede hielt, die Shakespeare uns so dramatisch nacherleben läßt. Ebenso aufwühlend muss sie vor zweitausend Jahren geklungen haben, als die versammelte Menge vernahm, was das Testament offenbarte, das die Vestalinnen aus dem nahen Tempel brachten. Jedem Bürger hatte Caesar dreihundert Sesterzen vermacht, seine Gärten am Tiber für das Volk geöffnet, seine späteren Mörder befördert. Und als Marc Anton begann, die lange Liste der Siege aufzuzählen, die der Ermordete für Rom erkämpft, die ebenso lange der Ehrungen, die Volk und Senat ihm verliehen – da konnten die Zuhörer sich nicht mehr beherrschen. Sie liefen mit Brandfackeln zu den Häusern der Verschwörer, auf dem Forum wurde Holz zusammengetragen, der Leichnam daraufgebettet, das Feuer entfacht. Soldaten warfen dem Toten ihre Waffen nach, Frauen schenkten ihm ihren Schmuck. Die Mörder mussten ihre Untat büßen, auch viele Unschuldige.

An der Stelle wo der Leichnam Caesars eingeäschert wurde, baute sein von ihm erwählter Nachfolger Augustus einen Tempel und die dritte Rednertribüne des Forums, eben diejenige, die wir als unansehliche Ruine mit dem Blick nur streiften, die uns nun aber bedeutend mehr Ehrfurcht abverlangt.

An Julius Caesar erinnert auch die Basilica Julia, die er um 54 v. Chr. zu bauen begann, die Augustus vollendete, und von deren Dach herab Caligula Münzen unter die Menge warf, sich an deren Rauferei um die Beute zu erfreuen.

Caesar hat als erster die Grenzen des Forums erweitert mit seinem Caesar-Forum, das sich der Curia und dem Secretarium Senatus – auf dessem Fundament die Kirche SS.Luca e Martina steht – anschloß, und das späteren Imperatoren zum Anlaß diente, sich ebenfalls ein architektonisches Denkmal zu setzen. Cäsar errichtete der Mutter seines Geschlechts, der Venus Genitrix, einen Tempel, ihr hatte er vor der Schlacht bei Pharsalus dies gelobt; davor stellte er zusätzlich sein eigenes Standbild, als Triumphator hoch zu Roß.

Augustus - der Friedensfürst

»Als ich aus Spanien und Gallien nach meinen Erfolgen in diesen Provinzen
unter den Consuln Ti. Nero und P. Quintilius nach Rom zurückkehrte,
beschloß der Senat einen Altar des Augustusfriedens
aus Anlaß meiner Rückkehr weihen zu lassen, und zwar auf dem Marsfeld;
Dort sollten die Beamten, die Priesterschaft und die vestalischen Jungfrauen
nach seinem Befehl alljährlich ein Opfer darbringen.«

Diese Worte entstammen den berühmten »Res gestae«, dem Tatenbericht des Kaisers Augustus, mit welchem er im 76. Lebensjahr einen Rechenschaftsbericht ablegte. Er wurde auf Bronzetafeln, die leider nicht erhalten sind, an seinem Mausoleum auf dem Marsfeld festgehalten. Gefunden hat man dagegen eine Abschrift auf der Wand eines Roma- und Augustus-Tempels in Ankara, der durch die Umwandlung in eine christliche Kirche auf uns gekommen ist, samt der kostbaren Inschrift.

Offiziell war die Ara Pacis dem augusteischen Frieden geweiht, und der Kaiser fährt in seinem Bericht fort, dass während seiner Regierungszeit der Tempel des Ianus Quirinus dreimal geschlossen werden konnte, als Zeichen dafür, dass im ganzen Reiche der Friede eingekehrt sei, ein Ereignis, das in der ganzen vorhergehenden Geschichte Roms nur zweimal vorkam.

Der Altar stand in der Antike an der Via Flaminia, an bevorzugtem Platz, wo sowohl die nach Norden ausziehenden und von dort zurückkehrenden Truppen wie auch ein großer Verkehr vorbeizogen. Und dort ist der Altar unter den Fundamenten des Palazzo Ottoboni-Fiano und an der Via in Lucina im Verlaufe der vergangenen vierhundert Jahre bruchstückweise aufgefunden worden. Die Teilstücke gelangten in die verschiedensten Sammlungen, auch ins Ausland, kamen aber zur Rekonstruktion zum größten Teil nach Rom zurück. Seit 1938 steht der Altar, um 90° gedreht, unmittelbar neben dem Mausoleum des Augustus. Am antiken Ort blickte der Opfernde zur Straße, also Richtung Osten, heute ist der Altar nach Norden orientiert.

Doppelseite: Der Augustusfries der Ara Pacis,
die Familie des Kaisers

A B C

A *Augustus, als Leiter der Opferhandlung an der Spitze des Zuges.*

B *Die Opferpriester der Hauptgötter, erkenntlich an den Spitzen auf ihren Hüten.*

C *Agrippa, Jugendfreund und Schwiegersohn des Augustus.*

E F G H

D *Julia, die Tochter des Kaisers, von hinten die Hand auf ein Kind legend.*

E *Livia, die Gemahlin des Kaisers.*

F *Tiberius, Stiefsohn des Kaisers und sein Nachfolger.*

G *Drusus, Stiefsohn des Kaisers mit seiner Gemahlin Antonia minor, Tochter von Oktavia; vor ihnen ihr Sohn Germanicus.*

H *Antonia maior, die ältere Tochter Octavias mit ihrem Gemahl Ahernobarbus. Im Vordergrund ihre Kinder Ahernobus minor und Domitia Lepida.*

Zu allen Zeiten haben die Mächtigen dieser Welt versucht, ihrem oft allzu kurzlebigen Ruhm mittels monumentaler Bauten Dauer zu verleihen. Auch Augustus zählt in seinem Tatenkatalog lange Reihen von Tempeln und anderen Bauten auf, die er in der Hauptstadt und anderswo zum Teil auf eigene Kosten erstellt habe. Stolz verkündet er, Rom aus einer Stadt von Ziegelsteinen in eine solche aus Marmor verwandelt zu haben. Die Ara Pacis übernahm neben der Rolle als Schmuckstück – alle sichtbaren Teile bestehen aus Carrara-Marmor – noch eine wichtigere Aufgabe als Repräsentant des Imperiums.

Der eigentliche Opferaltar auf einem hohen Sockel ist durch eine rechtwinklig ihn umschließende Mauer von der Umgebung abgetrennt, wie es in der Antike gefordert war, den Temenos, das Eigentum des Gottes, aus der profanen Welt der Menschen »herausschneidend«. Diese Mauer trägt auf der Innenseite eine Verzierung, die entfernt an einen Bretterzaun erinnert, vielleicht deswegen, weil in alter Zeit diese Abschrankung tatsächlich eine einfache Holzkonstruktion war. Darüber ziehen sich Früchtegirlanden hin, Symbole der Fruchtbarkeit, des überbordenden Reichtums der Natur, wie er eben im Gefolge des Friedens genossen werden kann. Außer dem Haupteingang von Westen her, den der Priester benützte, besaß die Mauer noch eine Öffnung auf der Gegenseite, wohl um den Passanten auf der Via Flaminia den Blick auf den Altar freizugeben, aber auch um die Opfertiere heranzuführen.

Auch die Außenseite der Mauer ist zweigeteilt. Die untere Hälfte ist überwachsen von aus Akanthusblättern aufsteigendem Pflanzenwerk; dazwischen tummelt sich allerlei Getier. Damit aber kein Chaos entsteht, wacht darüber Apoll, der ordnende Lichtgott, dessen Schwäne das Ganze überfliegen. Über diesen Flachreliefs ist auf beiden Längsseiten der Umfassungsmauer mittels Hochreliefs die Prozession vom 4. Juli des Jahres 13 v. Chr. dargestellt, als der Senat den Friedensaltar gelobte und man auf einem Provisorium das erste Opfer darbrachte. Die Prozession, von der Via Flaminia herschreitend, teilte sich vor dem Altar; der eine Zug, den Altar rechts umwandelnd, besteht aus Priestern, Senatoren und anderen Würdenträgern, während der zweite aus der kaiserlichen Familie unter Führung Augustus´ sich zusammensetzt. Dieser »Augustuszug« bildet eine eindrückliche Demonstration der julisch-claudischen Dynastie. Und dies war bestimmt die Absicht des Princeps, die primäre Aufgabe, die er dem Altar zugedacht hat. Denn zum Zeitpunkt, als das Werk geschaffen wurde, waren erst 18 Jahre seit der Entscheidungsschlacht von Actium vergangen. Augustus führte die Machtkämpfe mit äußerster Brutalität und noch lebten Brüder und Söhne der vielen gefallenen Feinde.

Die Prozession der kaiserlichen Familie

Die Spitze des Zuges ist leider nur in Fragmenten erhalten, immerhin ist feststellbar, dass die Prozession von *Lictoren* mit ihren fasces angeführt wird, ein Brauch, der aus Etrurien nach Rom kam. Es gab genaue Vorschriften, welche Amtspersonen solche Begleiter bei ihren Ausgängen beanspruchen durften und in welcher Zahl. Laut Cassius Dio sollen Augustus ab 19 v. Chr. deren zwölf zugestanden haben. Die fasces bestanden aus Rutenbündeln von Ulmen- oder Birkenholz mit einem Beil in der Mitte und wurden auf der linken Schulter getragen. Die Lictoren des Kaisers trugen außerdem den Lorbeerkranz. Auf dem Fries gut erhalten ist die Figur des Lictor primus, des Anführers dieser Ehrenbegleitung. Augustus streckt ihm die Hand entgegen, als sollte er etwas empfangen. Vielleicht die Gründungsurkunde des Altars?

Augustus

Glücklicherweise ist von der Gestalt des Kaisers wenigstens das Haupt erhalten. Ernst und gesammelt blickt er auf den Lictor primus. Als Opfernder hat er die Toga hochgezogen.
Fünfundvierzig Jahre lang hat **Julius Caesar Oktavianus** das Römische Reich regiert, hat nach einer Epoche erschreckender Grausamkeit und Mordlust sich nach Erringung der Macht plötzlich in den großen Friedensfürst verwandelt, schuf mit der Pax Augusta die glücklichste Zeit des Imperiums, höchstens Hadrian durfte sich mit ihm vergleichen. Die von Augustus geschaffene Regierungsform, der Prinzipat, war keine Diktatur, sondern die »Herrschaft des ersten Bürgers«. Eine seiner Hauptaufgaben sah er in der unbestechlichen Rechtsprechung. Sein Ziel war, als Schöpfer der bestmöglichen Verfassung in die Geschichte einzugehen.

Sicher denkt er jetzt an seine Erfolge, auch an all die Ehrungen, die ihm Volk und Senat verliehen haben. Nach dem Sieg über Antonius wurde ihm ein dreitägiger Triumph zugestanden. Auf Antrag des Senators Munatius Plancus, einst Statthalter von Gallia Comata und Gründer von Augusta Raurica, bekam er am 16. Jan. 27 v. Chr. den Titel Augustus der «Erhabene« verliehen, als Antwort des Senats auf seinen Verzicht auf die ausserordentlichen Vollmachten, die man 43 v. Chr. den Triumvirn verlieh und die später auf Oktavian allein übergingen.

Die purpurne, goldverzierte Toga und den Goldkranz trägt er schon seit 29. Der Monat Sextilis, auf welchen die Kapitulation Aegyptens fiel, wurde auf seinen Namen umbenannt. Seit dem Jahre 36 übte er die tribunizische Gewalt auf Lebenszeit aus, lehnte dagegen die 23 angebotene Diktatur ebenso ab wie das Consulat: *»Ich habe kein Amt, das mir gegen die Sitte der Vorfahren angetragen worden war, übernommen«,* rechtfertigt er sich in seinem Lebensbericht. Viel wichtiger war ihm die Erringung der religiösen Führung.

Nach dem Untergang des Königtums, während welchem der König die weltliche und die religiöse Macht auf sich vereinigte, trennten sich die zwei Gewalten. Augustus strebte schon früh nach sakralen Ämtern, seit 42 war er Augur und ab 6. März des Jahres 12 v. Chr., als der bisherige Amtsinhaber starb, Ponitfex maximus. Das hob seine Person eindrücklicher empor als jede andere Funktion. Im Fries der Ara pacis ist Augustus allerdings als Rex sacrorum dargestellt, als Leiter der Opferhandlungen.

Die Flamines

Dem Rex folgen im Rang die Flamines, die Opferpriester der verschiedenen Götter. Aus ihnen hervorgehoben sind, ihrer Gottheiten wegen, die **Flamines maiores:** die Flamines Dialis, Martinalis und Quirinalis, und diese sind es, die in der Prozession dem Kaiser auch tatsächlich als nächste folgen. Sie sind erkenntlich an den eigentümlichen, mit Spitzen - vielleicht Ähren - versehen Mützen. Ihr Anführer ist der dem Juppiter geweihte Flamen Dialis. Er ist samt seiner Familie dem Gott gehörig. Seine Ehe musste sakral (confarreatio) geschlossen sein und konnte nicht geschieden werden; der Tod der Frau führte zum Verzicht auf das Amt. Der Flamen Dialis war dispensiert von allen bürgerlichen Pflichten, und sein Leben war durch mancherlei Vorschriften eingeengt. Bei seinem Gang zum Opfer ging ihm ein Lictor voran, die Leute fernzuhalten, Arbeitende aufzufordern, ihre Tätigkeit zu unterbrechen. Etwas weniger eingeschnürt war das Leben des Flamen Martialis und des Flamen Quirinalis, die den Göttern Mars und Quirinus dienten.

Augustus-Fries, Detail:
Agrippa, Julia, Livia

Den Schluß der Priestergruppe bildet ein junger Mann mit geschultertem Opferbeil. Das eigentliche Schlachten der Tiere war nicht Sache der Priester, sondern von Ministri, wie auch das Zerlegen des Fleisches.

Agrippa

Die Reihenfolge der dargestellten Würdenträger entspricht bis jetzt genau dem Ordo sacerdotum, der Rangordnung der Priester, wie Festus sie nennt, und es sollte nun nach dieser der Pontifex Maximus folgen. Als Pontifex Maximus kommt nur die würdevolle Gestalt in Frage, die sich dem letzten der Flamines anschließt und überraschend die Züge von **M. Vipsanius Agrippa** trägt. Überraschend deshalb, weil er schon Ende März des Jahres 12 v. Chr. starb, bevor man mit der Arbeit am Fries begann, und außerdem bekleidete er dieses Amt nie. Möglicherweise hat Augustus seinen Jugendfreund postum ehren wollen. Die finstere Miene des Dargestellten hat man mit der Trauer um seinen Tod in Verbindung gebracht.

Agrippa war Oktavians zuverlässigster Kampfgenosse in gefährlichen Zeiten, ebenso wild und unerbittlich wie er selber damals. Ihm hat er seine militärischen Erfolge zu verdanken, denn der Kaiser war zwar ein brillanter Planer und Menschenführer, jedoch kein blendender General. Entscheidend beteiligt war Agrippa an der Reorganisation des Heeres, an der Vermessung des Reiches. Dank seines großen Vermögens baute er auf eigene Kosten Straßen und Wasserleitungen, schenkte Rom die ersten öffentlichen Thermen und das Pantheon, den Vorgänger des jetzigen Baues. Als M. Claudius Marcellus, der Schwiegersohn und designierte Nachfolger des Kaisers, kinderlos starb, zwang Augustus seinen Freund, sich von seiner geliebten Frau Marcella zu trennen und verheiratete ihn mit der Witwe, wohl kaum um ihn zum Nachfolger zu befördern, sondern der erhofften Söhne wegen. Agrippa, der seit jeher immer nur des Freundes und des Staates Wohl vor Augen hatte, brachte auch dieses Opfer.

Julia

Über die Identität der Frau, die aus dem Hintergrund sorgend die Hand aufs Haupt eines Kindes legt, herrscht nicht Einstimmigkeit. Die meisten sehen in ihr **Julia**, die

Tochter des Princeps aus seiner dritten Ehe mit Scribonia, und dann müßte der Kleine **Gaius Caesar** oder **Lucius Caesar** sein, Söhne aus ihrer dritten Ehe mit Agrippa, geboren 20 und 17 v. Chr. Der Knabe faßt auch wirklich nach der Tunika des Vaters.

Nichts wäre natürlicher, als dass Augustus sein einziges Kind Julia in dieser repräsentativen Versammlung der Familie dargestellt haben wollte, zusammen mit dem Enkel und wahrscheinlichen Thronfolger, hätte er sich nicht mit ihr ihres liederlichen Lebenswandels wegen überworfen. Zum fraglichen Zeitpunkt allerdings, so vermutet man, hat er noch nicht die ganze Verworfenheit der Tochter durchschaut. Später, als er von den ausschweifenden Orgien und intimen Freundschaften mit Hochverrätern erfuhr, verbannte er sie nach Pandateria, später nach Rhegium und verbot jeden Kontakt mit ihr. Sueton schildert ergreifend den Kummer des Vaters, der sich lange Zeit aus Scham nicht mehr öffentlich zeigte und oft in Abwandlung des homerischen Verses (Ilias III, 40) geklagt habe: *»Wäre ich doch nie geboren oder kinderlos gestorben.«* Auch beim zweiten Kaiser Tiberius fand Julia keine Gnade, wurde gar unter Hausarrest gestellt. Sie starb im Jahre 14 an Hunger und Entbehrung. Julia war immer nur Spielball um die Erhaltung der Dynastie; keine Entschuldigung dafür, dass sie als Dirne auf die Straße ging, aber mildernde Umstände müßten ihr zugestanden werden. So rücksichtsvoll und versöhnlich der Kaiser nach Konsolidierung der Macht war – wenn es um die Zukunft seines Staates ging, gab es keine Rücksichtnahme.

Andere Forscher sehen in der dargestellten Frau eher eine Barbarenfürstin aus einem unterworfenen östlichen Staat, mit ihrem Kind. Solche Gäste wurden öfters am Hof zu Rom gehalten – offiziell als Ehrenbezeugung gegenüber dem betreffenden Land, dessen Söhne römische Erziehung genossen. Ebenso aber waren sie bei eventueller Unbotmäßigkeit des Landes willkommene Geiseln.

Livia

Sicher zuschreibbar ist dagegen die folgende Frauengestalt; als einzige Frau in der Prozession trägt sie den Lorbeerkranz – es ist **Livia Drusilla**, die Gemahlin des Kaisers, in ihrer Funktion als Regina sacrorum. Ihr zu Ehren ist die Ara Pacis an ihrem Geburtstag, dem 30. Januar, geweiht worden. Gefeiert wurde auch der Stiftungstag, der 4. Juli.

Augustus war sich bewußt, wieviel er seiner Gemahlin verdankte. Sie stammte väterlicherseits aus der berühmten Familie der Claudier; allerdings war ihr Vater, M. Livius Drusus Claudianus, Republikaner, der Selbstmord verübte, als seine Partei nach der Schlacht von Philippi unterlag. Ihre Herkunft aus dem erlauchten Haus ermöglichte es der Kaiserin, nach Oktavians rücksichtslosen und grausamen Kämpfen um die Herrschaft aufs Neue Fäden zu knüpfen zu den Patriziern, die Voraussetzungen zu schaffen für die künftige friedliche Zeit.

Kaum 16 Jahre alt wurde Livia mit ihrem Vetter Claudius Nero verheiratet und gebar im November 42 v. Chr. den späteren Kaiser Tiberius, im April 38 den Drusus. Aber bei der zweiten Geburt war sie bereits Frau des Oktavian, der sie trotz der Schwangerschaft zur Scheidung zwang, sich selber von seiner dritten Frau Scribonia trennte und Livia am 17. Januar 38 heiratete. Oktavian muss die hervorragenden Fähigkeiten dieser Frau erkannt haben; kühl und berechnend verstand sie es, aus dem Hintergrund ihren Einfluß auszuüben, war die ideale Partnerin des Herrschers. Sicher war sie es, die bei ihm die rätselhafte Umwandlung vom blutrünstigen Haudegen zum gemäßigten, rücksichtsvollen Imperator der späteren Jahre vollbrachte. Maßgeblich beteiligt war sie an den Gesetzen zum Schutze der Ehe und Sitten. Bekannt war sie als tüchtige Hausfrau, als Organisatorin des großen, aber ohne Luxus geführten Haushaltes, bei gesunder Nahrung, selbstgewobener Kleidung – ein Vorbild für die Untertanen. Daneben betreute sie mancherlei soziale Werke, zog Waisenkinder auf, unterstützte kinderreiche Familien und verhalf armen Mädchen zu einer Mitgift. Bei Cassius Dio ist zu lesen, wie sie die Bändigung ihres Gemahls bewerkstelligte: *»Ich lebte in Zucht und Ehren, tat alles was ihm angenehm war mit Freuden, mischte mich nicht ungefragt in seine Geschäfte, zankte nicht wegen seiner Liebesabenteuer, sondern tat, als wüßte ich nichts davon.«* Und Augustus dankte es ihr, bevor er in ihren Armen starb: *»Gedenke, Livia, immer unserer glücklichen Ehe. Leb wohl!«*

Augustus-Fries, Detail:
Antonia minor mit ihrem Sohn Germanicus und Drusus maior

Tiberius

Livia ist begleitet von ihrem Sohn **Tiberius Claudius Nero**, geboren am 16. November 42 v. Chr. Der junge stattliche Mann gleicht seiner majestätischen Mutter. Im Alter von vier Jahren musste der Kleine miterleben, wie seine Mutter sich scheiden ließ, um Oktavian zu heiraten. Dieser machte von Anfang an kein Hehl aus der Abneigung, die er gegen den Stiefsohn empfand und zog den jüngeren Bruder Drusus ihm vor. Er ahnte zur Zeit der Entstehung des Friedensaltares noch nicht, dass er einst gezwungen sein würde, den Verachteten zum Schwiegersohn und Thronfolger zu erküren, nachdem fünf Kandidaten durch Tod ausgefallen waren.

Livia jedoch scheint schon früh mit der Möglichkeit einer Thronbesteigung für ihren Sohn gerechnet zu haben. Sie setzte durch, dass Tiberius sich 11 v. Chr. von seiner Frau scheiden ließ und Julia heiratete. Nach dem Tode Augustus' übernahm Tiberius erst nach langem Zögern die Nachfolge.

Tiberius lebte äußerst genügsam und übertrug dies auf einen sparsamen Staatshaushalt. Er war erfüllt von Gerechtigkeitssinn und Hilfsbereitschaft. Im Jahre 26 flüchtet er vor den immerwährenden Streitigkeiten und dem Terror des Sejan, Kommandant der Prätorianergarde, nach Capri. Über die Geschehnisse jener düsteren letzten Jahre, die der Kaiser in Gesellschaft Caligulas verlebte, rätseln seither die Historiker. Tiberius endete an 16. März 37 in Misena durch Mord.

Drusus und Antonia minor

Es folgt eines der sympathischsten Paare der ganzen julisch-claudischen Dynastie: **Antonia minor**, die Tochter von Augustus' Schwester Oktavia, und ihr Gemahl **Drusus maior**, der jüngere Bruder von Tiberius.

Antonia minor wird von den antiken Schriftstellern als schöne und tugendhafte Frau geschildert. Sie war nach dem Tode der Livia Priesterin des vergöttlichten Augustus, und es gibt ein berühmtes Kunstwerk, das sie in diesem Amt vorstellt: bekannt unter der Bezeichnung »Juno Ludovisi«, die von den Archäologen des 19. Jahrhunderts viel bewundert und als Kopie eines griechischen Werkes des 5. oder 4. Jahrhunderts gehalten wurde. Goethe hatte sich, kaum einen Monat in Rom anwesend, eine Kopie davon gekauft: *»Zu meiner Erquickung habe ich gestern einen Ausguß des kolossalen Junokopfes, wovon das Original in der Villa Ludovisi steht, in den Saal gestellt. Es war dieses meine erste Liebschaft in Rom, und nun besitz´ ich sie. Keine Worte geben eine Ahnung davon. Es ist wie ein Gesang Homers.«*

Drusus maior (Nero Claudius Drusus Germanicus) hatte die ganze Zuneigung seines Stiefvaters Augustus, war ein erfolgreicher Feldherr, kämpfte vor allem an der Rheinfront und stieß, zu Wasser und zu Land, bis zur Wesermündung vor. Er starb 9 v.Chr. durch einen Sturz vom Pferd.

Antonia minor hält an der Hand ihren 15 v.Chr. geborenen Sohn **Germanicus Julius Caesar**. Er war als Heerführer ebenso erfolgreich wie sein Vater und bei den Legionen äußerst beliebt – was ihm des Tiberius Mißtrauen eintrug. Denn dieser hatte ihn seinerzeit auf Anordnung von Augustus adoptieren müssen und damit seinen eigenen Sohn von der Nachfolge ausgeschlossen. Germanicus starb nach langer Krankheit 19 n. Chr. in Antiochia. Zu seinen Kindern zählen Caligula, der dritte Kaiser und Agrippina minor, die Mutter Neros.

Zwischen den Häuptern von Antonia und Drusus ist im Hintergrund eine ältere Frau sichtbar, die mit dem Finger auf dem Mund Stillschweigen gebietet. Man glaubt in ihr die greise **Oktavia minor** zu erkennen, Augustus' ältere Schwester, die sich ob des Geplauders ärgere.

Antonia maior und Ahenobarbus

Es folgt eine zweite Familiengruppe: **Antonia maior**, die ältere Tochter Oktavias, mit ihrem Gemahl **Lucius Domitius Ahenobarbus**. Dieser kämpfte erfolgreich in Germanien und hatte das Vertrauen des Kaisers. Augustus ernannte ihn zum Testamentsvollstrecker. *»Aber er war auch anmassend, verschwenderisch und grausam«,* ergänzt Sueton die Liste der Eigenschaften.

Die beiden Kinder sind **Cn. Domitius Ahenobarbus** und **Domitia Lepida**. Der Sohn kommt bei Sueton noch schlechter weg als der Vater: Er sei in jeder Beziehung verdammenswürdig gewesen, habe aus purer Mordlust getötet, auf der Via Appia mit Absicht einen Knaben überfahren, Bankiers betrogen und Rennfahrern die Siegerpreise nicht ausbezahlt. Er war der erste Mann der Agrippina minor und hatte einen Sohn: Nero Claudius Caesar, der fünfte und letzte Kaiser der Dynastie.

Domitia Lepida heiratete M. Valerius Messalla Barbatus und ist die Mutter der berüchtigten Valeria Messalina, der dritten Frau des Claudius.
Zwischen Antonia und Ahenobarbus fällt im Hintergrund ein Gesicht im Profil auf.
Die Züge des Greises sind derart markant, dass es sich um eine bestimmte Person handeln muss. Man tippt auf **Gaius Maecenas**, den Freund und Berater des Kaisers. Er war befreundet mit Horaz und Vergil, förderte sie und andere nach Kräften und hat so als Mäzen seinem Namen Dauer verliehen. Der Kaiser schenkte ihm eine weitläufige Villa auf dem Esquilin, der damals noch nicht überbaut war, und der Beschenkte bestimmte den Kaiser zum Universalerben seines großen Vermögens.

Will man die Aussage der Ara Pacis vollumfänglich würdigen, sind auch die vier Reliefplatten seitlich der beiden Eingänge zu beachten. Links neben dem Haupteingang, fragmentisch nur erhalten, säugt die Wölfin die Zwillinge Romulus und Remus unter der Aufsicht des Pflegevaters Faustulus. Gegenüber ist Aeneas mit seinen Getreuen beim Opfer. Er dankt den Penaten, die er aus dem brennenden Toja gerettet hat, für die neue Heimat, so wie Augustus ihnen opfern wird für die Gewährung einer glücklichen Heimkehr aus der Schlacht.

Auf der Ostseite zeigt die linke Platte die Erdgöttin Tellus als Spenderin alles Guten, umgeben von den Personifikationen des Meeres und des Süßwassers, von Früchten und Pflanzen – Köstlichkeiten wie nur der Friede sie schenkt. Rechts neben der Türe, leider stark zerstört, sitzt Roma auf einem Haufen ruhender Waffen, denn die Pax Romana ist eingekehrt.

Ara Pacis Augustae, das Tellus-Relief:
Die Erdgöttin Tellus, Spenderin alles Guten,
und Personifikationen des Meeres und des Süsswassers

Derart zeigt die Front des Altares dem Römer die mythische Vergangenheit seiner Stadt, jedes Detail in seiner Bedeutung ihm wohlvertraut, die Gegenseite den in der Gegenwart erreichten Höhepunkt: Friede und Wohlstand. Und die beiden Säulen, auf denen dieses Glück ruht, zeigen sinnfällig die beiden Prozessionen, die auf den Haupteingang zustreben: einerseits das julisch-claudische Kaiserhaus mit Augustus an der Spitze, andererseits das römische Volk, vertreten durch seine Senatoren und Würdenträger. Denn nicht als unumschränkter Herrscher will der Kaiser verstanden sein, sondern als Princeps, als primus inter pares, der infolge seiner auctoritas den Willen aller Mitbürger in Einheit umschließt.

Dass er es verstand, dieses Zusammengehörigkeitsgefühl zu schaffen, in dem Einzelnen den Stolz, römischer Bürger zu sein, ist das größte Verdienst des genialen Politikers. Dass dieser von ihm erbaute Organismus, trotz unfähiger und verbrecherischer Nachfolger alle Gefahren überwunden hat, unter würdigeren Herrschern sofort wieder Perioden der Blüte erreichte, beweist, wie nahe er seinem erstrebten Lebensziel kam, den bestmöglichen Staat zu formen.

Vespasian –
ein Imperator muss stehend sterben!

Wenn von römischen Kaisern die Rede ist, denken viele an mordende Tyrannen, größenwahnsinnige Brandstifter und geistesgestörte Verbrecher. Solche gab es. Aber daneben ebensoviele großartige Charaktere, menschenfreundliche Beschützer der Schwachen, geniale Organisatoren, bescheidene Diener des Staates. Von diesen einer war Flavius **Vespasianus** Titus, der Begründer des flavischen Kaiserhauses.

Es war bei seiner Geburt am 17. November des Jahres 9. n. Chr. im abgelegenen Dörfchen Falacrine bei Rieti in den Abruzzen nicht vorauszuahnen, dass er einst der Beherrscher fast des ganzen bekannten Erdkreises werde. Sein Vater war Zöllner, und der Historiker Sueton behauptet, er habe später in Helvetien, wahrscheinlich in Aventicum-Avenches, ein Bankgeschäft geführt und sei dort gestorben. Wichtiger für die große Zukunft des Sohnes war wohl die Mutter Vespasia, eine jener ehrgeizigen Mütter, deren die Weltgeschichte mehrere verzeichnet, wie sie mit zielbewußtem Streben ihre Söhne zum Erfolg treiben. Sabinus, der ältere, brachte es derart zum Stadtpräfekten von Rom, und der jüngere Vespasian wurde Offizier. Seine Laufbahn als Feldherr begann er in Britannien, wo er für Claudius Südengland eroberte. Die nächste wichtige Etappe war die Verwaltung der Provinz Afrika, wo er dadurch auffiel, dass er sich nicht bereicherte, was in diesem Amt fast ein Wunder war; er setzte vielmehr sogar sein eigenes Vermögen ein, so dass er seine Güter dem Bruder verpfänden musste. Später finden wir ihn im Gefolge Neros, der ihn auf seiner »Konzertreise« durch Griechenland mitschleppte. Weil er aber bei den Darbietungen regelmäßig einschlief, geriet er in Ungnade, allerdings nur vorübergehend, denn als in Judäa der große Aufstand ausbrach, war selbst ein Nero nüchtern genug – oder eher ein vernünftiger Ratgeber? – den tüchtigen Vespasian zum Oberkommandierenden der römischen Truppen im Osten zu ernennen.

Während Vespasian in Begleitung seines ältesten Sohnes Titus nach Osten zog, überstürzten sich im Westen die Ereignisse. Am 9. Juni 68 endete Nero durch Selbstmord: Gallische Truppen unter Servius Galba waren entschlossen, das unwürdige Geschehen in der Hauptstadt zu beenden und ernannten ihren Führer zum Kaiser. Sein Fehler war, die Staatsfinanzen in Ordnung bringen zu wollen und die von Nero verteilten Geschenke wieder einzuziehen. Er wurde am 15. Januar 69 mitten auf dem Forum Romanum ermordet. Nicht zuletzt deshalb, weil ein bankrotter Senator Marcus Salvius Otho, seinen Gläubigern erklärte, die Schulden nur zurückzahlen zu können, wenn er Kaiser würde – ein überzeugendes Argument für eine Kaiserwahl.

Aber auch der neue Kaiser regierte nur 95 Tage, obwohl seine Freigiebigkeit vorteilhaft vom Geize des Vorgängers abstach, eingedenk dessen Schicksals. Denn unterdessen hatten die Legionen Gefallen am Erküren von Weltherrschern gefunden. Jetzt waren es die Truppen am Rhein, die ihren Führer Aulius Vitellius zum Kaiser ausriefen, eine ebenso verkommene Figur wie seine Vorgänger. Begonnen hatte seine Karriere auf Capri, als Lustknabe von Tiberius; bei Caligula war er Wagenlenker, bei Claudius sein Partner im Würfelspiel, und Neros Gesang und Musikvorträge fand er, im Gegensatz zu Vespasian, himmlisch! So schmeichelte er sich durch die ganze julisch-claudische Dynastie; kein Wunder, dass er Erfolg hatte. Galba selber sandte ihn als Legat zu den Rheintruppen, vielleicht weil er dachte, der unförmige Dicksack könne kaum gefährlich sein. Aber ein Jahr später kam er als Kaiser zurück. Zum Regieren hatte er zwar wenig Zeit, seine Tage waren fast ausschließlich dem Essen gewidmet.

Zur gleichen Zeit, als Vitellius Kaiser wurde, anfangs Juli 69, ernannten auch die Truppen des Ostens ihren Imperator: Vespasian. Warum sollten sie nicht, ihr Kandidat war des Amtes würdiger und fähiger als die vorangegangenen sechs Kaiser zusammen. Der bauernschlaue Fuchs hatte jedoch keine Eile. Aus der Ferne schaute er gelassen den Ereignissen in der Hauptstadt zu, wo der wütende Vitellius Nero zu seinem Vorbild erklärte. Vespasian versäumte es nicht, sich vorerst der Treue seiner Soldaten zu versichern, und sie schenkten ihm Zuneigung, ja Liebe. Vorab maschierten sieben Legionen aus Ungarn unter Antonius Primus Richtung Italien. Ein furchtbares Blutbad hätte entstehen können, denn die Rheintruppen Vitellius' waren die besten des Reiches. Aber sie kämpften nicht. Sie liefen zu Vespasian über. Allzu groß war der Vorzug des untadeligen Soldaten gegenüber der Kreatur in Rom.

Vespasian, 69-79, der Begründer der Flavischen Dynastie
Kapitolinisches Museum

Jetzt endlich brach Vespasian, von seinen Legionen immer stürmischer gedrängt, selber nach Rom auf, den unvollendeten Judäakrieg seinem tüchtigen Sohn Titus überlassend. Der ließ die Zeit für sich arbeiten und die unter sich zerstrittenen jüdischen Parteien.

Mit Vespasian auf dem Kaiserthron begann ein Aufstieg des Reiches, an den man sich erst gewöhnen musste nach all dem Irrsinn der vergangenen Jahre. Nicht dass er ein Genie gewesen wäre, aber ein Mann mit ehrlichem Willen und gesundem Verstand. Und so war auch sein Äußeres: vierschrötig, robust und einfach.

Am dringendsten war der Wiederaufbau des stark zerstörten Rom. Jedermann durfte auf einer Trümmerstätte einen Bau errichten, wenn der rechtmäßige Besitzer des Grundstückes nichts unternahm. Das spornte an, besonders die Eigentümer! Der Kaiser selber nahm sich das zerstörte Kapitol vor und legte selber Hand an. Sein berühmtester Bau ist das Amphitheatrum Flavium, später Kolosseum genannt, nicht wegen seiner kolossalen Ausmaße, sondern weil es neben der Kolossalstatue Neros zu stehen kam.

Vor allem ging es darum, die enormen Staatsschulden abzutragen, und Vespasian war gar nicht wählerisch in den Methoden.Wäre die Habgier nicht einzig zum Wohle des Staates gewesen – nichts floß in seine eigene Tasche –, hätte sie ihm leicht den Untergang bedeuten können. Sueton behauptet, er habe gewisse Waren in Mengen eingekauft, bis sie knapp wurden und die Preise stiegen, um sie dann durch den Detailhandel wieder auf den Markt zu werfen. Die Verwalter der Provinzen ließ er weiter ihr Amt für die eigene Bereicherung mißbrauchen... um sie im geeigneten Augenblick auszupressen wie einen Schwamm. Die Soldaten von Ostia mussten regelmäßig nach Rom marschieren und versuchten eine Zulage für den Schuhverbrauch zu erhalten. Vespasian ordnete an, dass sie künftig barfuß gingen. Sogar auf den Urin erhob er eine Steuer, denn er war unentbehrlich für das Gerben der Häute. Titus, der ihm deswegen Vorwürfe machte, hielt er nach den ersten Steuereinnahmen ein Goldstück unter die Nase, ob es nach Urin rieche.
Es war die Geburtsstunde eines der bekanntesten geflügelten Worte:

»Non olet – Geld stinkt nicht«.

Der Titusbogen erinnert an die Zerstörung Jerusalems durch Titus zur Regierungszeit seines Vaters Vespasian

SENATVS
POPVLVSQVEROMANVS
DIVOTITODIVIVESPASIANIF
VESPASIANOAVGVSTO

Vespasian konnte auch großzügig sein. Im ganzen Reich durften Städte auf Unterstützung hoffen, wenn ein Brand sie heimsuchte, ganze Provinzen, wenn Erdbeben Unheil anrichteten. Unverschuldet in Not Geratenen wurde geholfen. Die mittellose Tochter seines unterlegenen Feindes Vitellius erhielt bei der Heirat eine großzügige Mitgift. Freigebig unterstützte er die Künstler und förderte das Schulwesen. Und es war dieser rohe Soldat ohne besondere Schulbildung, der als erster in der Antike staatliche Erziehungsinstitute schuf und begabte Lehrer durch den Staat besoldete.

Erzählt wird auch ein neuzeitlich anmutender Fall von Arbeitslosenbeschäftigung: Ein Ingenieur führte dem Kaiser eine Erfindung vor, wie man die schweren Säulen für den Wiederaufbau des Kapitols rationeller in die Höhe schaffen könnte. Vespasian anerkannte die Brauchbarkeit des Vorschlages und belohnte den Erfinder – verzichtete aber auf die Anwendung der Erfindung. Der Mann möge ihm erlauben, auch das arme Volk verdienen zu lassen.

Verweichlichung und Luxus waren ihm verhaßt. So wie er selber spartanisch lebte, erwartete er es auch von seiner Umgebung. Einen jungen Mann, der sich für die Übertragung eines militärischen Kommandos bedanken kam und dachte, er müsse sich für die Audienz herausputzen und parfümieren, tadelte er: *»Mir wär's lieber, du stinktest nach Knoblauch!«* und machte die Beförderung rückgängig.

Nachtragend war Vespasian nicht, erlittenes Unrecht konnte er selbst als Kaiser vergessen. Als er seinerzeit bei Nero in Ungnade fiel, wurde er von einem Hofbeamten am Zutritt zum Palast gehindert und mit den Worten verjagt, er solle sich zum Teufel scheren. Nun kam dieser reumütig vor den einst Gedemütigten gekrochen, um Verzeihung zu flehen und war aufs Schlimmste gefaßt. Aber der Kaiser beschränkte sich darauf, ihn mit den gleichen Worten fortzujagen, die er einst selber hören musste. Witze erzählen war seine Stärke, und am meisten konnte er über seine eigenen Schwächen lachen – eine seltene Eigenschaft unter den Herrschern. Sueton schreibt, dass Vespasian selbst in Lebensgefahr noch fähig war, Witze zu machen und beim Ausbruch seiner letzten Krankheit meinte: *» Oh weh, ich glaube ich werde ein Gott!«*

Den Senat, durch Hinrichtungen der Besten geschwächt, während andere Senatoren ihres Amtes unwürdig waren, säuberte er und gliederte ihm fähige Männer aus dem

Volke, sogar aus den Provinzen an, trotz der Proteste der Aristokraten. Das kann nicht hoch genug gewertet werden; aus diesen Kreisen sollten noch mehrere Kaiser, und von den besten, gewählt werden.

Während seiner ganzen Regierungszeit blieb Vespasian der zugängliche, schlichte, erste Bürger des Staates. Zur Erholung zog er sich am liebsten in das kleine Häuschen seiner Großmutter in den Bergen zurück, an welchem niemand etwas ändern durfte. Sein Leben lang trank er aus dem kleinen, silbernen Becher, den sie ihm als Knaben geschenkt hatte. Nie verbarg er seine einfache Herkunft.

Schon früh ernannte er Titus zu seinem Mitregenten und übergab ihm nach und nach die meisten Regierungsgeschäfte. Zum ersten Male seit langem war wieder Friede und Ordnung im ganzen Reich. Statt der 40 Milliarden Sesterzen Schulden bei Regierungsantritt hatte der Staat wieder Vermögen. Getrost konnte Vespasian dem Tod entgegensehen. Noch im Sterben, am 24. Juni 79, fügt er den vielen von ihm bekannten Aussprüchen ein weiteres Bonmot hinzu. Schon fast ohnmächtig, richtete er sich mit letzter Kraft nochmals auf und seine letzten Worte waren:

»Ein Imperator muss stehend sterben.«

Hadrian - der Weltreisende und Architekt

Der Weltreisende

Es war eine revolutionierende Tat, als Kaiser Nerva sich entschloß, nicht einen Angehörigen seiner Familie zum Nachfolger zu bestimmen, nicht einmal einen Römer aus dem Mutterlande, sondern den Spanier Trajan, weil er ihn für den Fähigsten für das höchste Amt im Staate hielt. Damit begann die fruchtbare zweite Blüte des Imperiums, die Zeit der Adoptivkaiser.

Trajan seinerseits adoptierte im Jahre 117, nicht ohne Druck seiner Gemahlin Plotina, den Sohn eines Vetters, den 41jährigen Aelius Trajanus **Hadrianus.** Es wird wohl immer ein Geheimnis bleiben, ob der unentschlossene Trajan sich selber zu dieser Wahl durchrang oder ob Plotina, nachdem der Kaiser ohne sich auszusprechen starb, Hadrian eigenmächtig als erwählt vorgab. Für sie stand jedenfalls schon lange fest, wer einst Nachfolger werden müsse, hatte sie doch schon 27 Jahre früher die Heirat des Jünglings mit Sabina, einer Großnichte des Kaisers, betrieben.

Hadrian verlor schon mit zehn Jahren den Vater, Trajan wurde sein Vormund und ließ ihm die bestmögliche Erziehung angedeihen. Dazu gehörte neben den verschiedenen Fächern in römischer Staaatskunde und der militärischen Laufbahn gleichwertig die Einführung in die griechische Kultur. Denn Rom hatte zwar mit seinen Legionen Griechenland erobert, die Hellenen ihrerseits aber hatten den nüchternen Eroberern ihre bewundernswürdige Kunst, ihre Philosophie, ihre Sprache geschenkt. Kein Römer von Rang, der auf sich hielt, verzichtete auf griechische Privatlehrer für seine Kinder. Und Hadrian wurde zum begeisterten Griechenfreund, zum Verfechter der Liebe zur Schönheit, der Liebe zum Menschengeschlecht. Platon wurde sein Leitstern. Panhellenios nannten ihn die Freunde, als Graeculus verspotteten ihn die Mißgünstigen. Dieser Schwärmer sollte das Lebenswerk eines Feldherrn und Eroberers weiterführen? Trajan, der dem Reich durch seine Eroberungen die größte Ausdehnung verliehen hatte, war nicht ohne Grund im Zwiespalt zwischen Zuneigung und Vernunft.

Hadrian, 117-138, der Griechenlandfreund und Förderer des Weltreiches

Die Wahl war gut. Hadrian eroberte keine neuen Königreiche, gab im Gegenteil alle östlich von Euphrat und Tigris gelegenen Gebiete als schwer zu verteidigen auf – Assyrien, Babylonien, Teile des Partherreiches. Ein Friedensreich wollte er schaffen, ohne blutige Grenzkämpfe. Tatendurstige Generäle im Geiste Trajans murrten, das Volk aber schenkte ihm sein Vertrauen.

Im vierten Jahr seiner Herrschaft begab er sich auf eine Inspektionsreise; solche sollten seine Hauptbeschäftigung bleiben. Ein großer Tross von Ingenieuren, Technikern und Architekten begleitete ihn, Fachleute auf allen Gebieten; und wo immer er Mängel oder Mißstände vorfand, blieben die zuständigen Spezialisten zurück oder gaben ihre Anweisungen. Denn der Kaiser selber hielt sich in der Regel nicht lange am Orte auf, zog weiter auf den Straßen des riesigen Reiches.

Die erste Reise führte 121 an den Rhein, den er schon aus seiner Soldatenzeit kannte, dann flußabwärts ins heutige Holland und hinüber nach Britannien. Kein anderes Volk hatte Hadrians Vorgängern solch große Schwierigkeiten bereitet wie diese stolzen Inselbewohner, die sich auch nach zweihundert Jahren Besetzung nicht als Römer fühlten. Hadrian verzichtete auch hier auf verlustreiche Kämpfe, sondern baute an der engsten Stelle, an der schottischen Grenze, den berühmten Hadrianswall, den romanisierten Süden vom wilden Norden zu trennen. Die Expedition ging dann weiter in die Provence (Winter 121/122), wo Avignon gegründet wurde. In Nimes erreichte ihn die Nachricht vom Tode Plotinas, wahrscheinlich die einzige Frau, die er je geliebt hat. Ihr weihte er einen Tempel, dessen Fundamente bis heute nicht gefunden wurden. Den Winter 122/123 verbrachte man in Spanien und durchzog dann die nordafrikanischen Provinzen Africa (Tunesien), Numidia (Algier) und Mauretania (Marokko). Zurück nach Spanien und per Schiff nach Ephesus in Kleinasien. Ephesus war der leuchtende Stern der Provinz Asia, eine von Hadrians Lieblingsstätten. Auf die Inspektion der Schwarzmeerküste verzichtete er, sandte jedoch seinen gelehrten Freund Arrian, der einen ausführlichen Rapport verfassen musste. In Bithynien traf der Kaiser auf den legendären Jüngling Antinous, der ihm zum Schicksal werden sollte.

Antinous, 130, Freund von Kaiser Hadrian, ertrank auf ungeklärte Weise im Nil

Im Jahre 125 traf man in Athen, dem Zentrum des Griechentums, ein. Vom einstigen geistigen und materiellen Reichtum war nicht mehr viel vorhanden. Die Stadt hatte unter der römischen Herrschaft gelitten, Sulla gab sie zur Plünderung frei, in Mengen wurden Statuen und Säulen nach Rom entführt, Caligula und Nero setzten den Raub fort. Hadrian entwarf sofort ein umfassendes Aufbauprogramm. Östlich der Stadt entstand Neuathen mit dem Tempel des Zeus Olympos als Mittelpunkt; eine Bibliothek, ein Gymnasion entstehen und – immer sehr wichtig – eine leistungsfähige Wasserleitung. In Eleusis empfängt Hadrian die niederen Weihen, beim zweiten Besuch wird er ganz in die Mysterien eingeweiht werden.

Auf der Rückreise nach Rom besuchte der Kaiser das Apolloheiligtum von Delphi, auf Sizilien die Griechenstädte, bestieg den Aetna, den Sonnenaufgang zu erleben – für römische Stadtmenschen eine Verrücktheit, für Hadrian eine religiöse Feierstunde. In seiner Hauptstadt konnte der Imperator feststellen, dass seine Anordnungen zuverlässig befolgt werden, Bauunternehmen gedeihen, wie der Venus-und-Roma-Tempel, das Pantheon. An der Reform des Rechts- und Verwaltungssystems wird gearbeitet. Einen derart zuverlässigen Beamtenstab hatte selbst Augustus noch nicht.

128 wird ein zweites Mal die Provinz Africa aufgesucht, ein unruhiges Land, aber äußerst wichtig als Kornkammer der Hauptstadt. Er überzeugt sich von der Kampftüchtigkeit der Legio III Augusta, nimmt an Manövern teil, Strapazen in glühender Sommerhitze. Und er will Karthago sehen, den einstigen Todfeind des jungen Rom, auf dessen Trümmer das nach ihm benannte Hadrianopolis entsteht. Wieder verlangt es ihn nach Athen, seine zweite Heimat. Dort kleidet er sich griechisch, spricht griechisch... und läßt sich den Bart wachsen, um auch äußerlich ein griechischer Philosoph zu sein. Seine Nachfolger werden die Tracht beibehalten. Er wird Vorsitzender der panhellenischen Spiele, empfängt die höchste Stufe der eleusinischen Weihen.

Im Frühjahr 129 reist er wieder in Kleinasien, in den Provinzen Asia, Lycia und Cilicia, es wird ein Triumphzug. Von Samosata aus beendet er den jahrhundertealten Kriegszustand mit den Parthern und bringt einen dauerhaften Waffenstillstand zustande, dem sich alles anschließt bis hinauf zum Kaukasus. Das wird in Kürze einen schwungvollen Osthandel nach sich ziehen – seltene Hölzer und Gewürze, aus China kostbare Seide.

Villa Adriana, Hadrians Alterssitz bei Tivoli, mit Nachbildungen ägyptischer Bauten

Über Phönizien trifft Hadrian anfangs 130 in Palaestina ein. An der Stelle des darniederliegenden Jerusalem will er eine prächtige neue Stadt bauen namens Capitolina, in Anlehnung an das Capitol in Rom, und auf den Trümmern des salomonischen Tempels gar einen Tempel des Kaiserkults! Dafür hatten die Juden kein Verständnis.

Es folgte der Besuch Ägyptens. Erste Station war das glänzende Alexandria mit seiner berühmten Bibliothek. Dann segelte man nilaufwärts, genoß ahnungslos die milde Herbstsonne, als das unfaßbare Unglück geschah: Antinous ertrank im Nil. War es ein Unfall? Mord aus Eifersucht unter Höflingen? Fand ein Römer alten Schlages das Liebesverhältnis unhaltbar? Am ehesten kommt Selbstmord in Frage, dass der schwärmerische Jüngling sein Leben den Göttern zum Opfer brachte, um sie seinem Gebieter gnädig zu stimmen.
Hadrians Trauer um den Verlust war unstillbar. Ab diesem 30. Oktober 130 war er nicht mehr der souveräne, umsichtige Herrscher. Schwermut, ja Menschenhass senkte sich über sein Leben. Am Orte des Unglücks ließ er eine Stadt Antinopolis bauen. Hunderte von Statuen des Lieblings mit seinem melancholischen Blick entstanden und wurden in den Tempeln aufgestellt – denn wer im Nil ertrinkt, wird zum Gott, und der Kaiser soll sogar einen neuen Stern am Firmament erblickt haben.
Schon ab 125 ließ Hadrian zu Füßen von Tibur eine 300 ha große Villa bauen. Auf einer Fläche von jetzt noch 70 ha präsentiert sich ein Konglomerat unterschiedlichster Gebäudegruppen: Prunkräume, Bibliotheken, Gästehäuser, zwei Thermen. Es finden sich Nachbildungen griechischer und ägyptischer Bauten, die der Kaiser auf seinen Reisen bewunderte: die Akademie und die Poikile von Athen, der Kanopos von Alexandria. Eine Insel inmitten eines Teiches entpuppt sich als Refugium für den menschenscheu gewordenen Kaiser, betretbar nur über eine Zugbrücke.

Hadrians letzte Jahre waren erfüllt von Krankheit und unerträglichen Schmerzen, von Selbstmordversuchen und unbegründeten Todesurteilen. Das letzte Gebäude, das er schuf, war sein eigenes Grabmal, jedem Rombesucher bekannt als die heutige Engelsburg. Zu seiner letzten Wohnung wählte er nicht, wie zu erwarten wäre, einen griechischen Säulentempel, sondern kehrte zurück zum archaischen italischen Rundbau. Andere Forscher führen die Form der römischen Mausoleen auf das Grabmal des Königs Mausolos in Halikarnassos zurück, das schon Augustus als Vorbild gedient habe.

Die Engelsburg, eigentlich das Mausoleum Hadrians,
war lange Zeit die uneinnehmbare Fluchtburg der Päpste.

Hadrian hatte natürlich nicht an eine Festung gedacht, sondern an ein baumbewachsenes Kuppelgrab und reich geschmückt mit Statuen. Diese sind später von den Belagerten als Wurfgeschosse verwendet worden.
Hadrian adoptierte Titus Aurelius Hadrianus **Antoninus** mit dem Beinamen **Pius** (der Fromme, Gerechte) mit der Auflage, seinerseits den jungen **Marcus Aurelius** zu seinem Nachfolger zu bestimmen, eine Entscheidung, die dem Imperium zum Segen gereichte. Sich diesen Entschluß bestätigen zu lassen, trat der Totkranke ein letztes Mal vor den Senat.

Zum Sterben ließ er sich nach Bajae führen, ans Meer, das ihn so oft an ferne Gestade seines Reiches trug. Eines seiner letzten Gedichte lautet:

Seele du, schweifende, zärtliche,
Leibes Gefährtin und Gast,
Nun führt ins düstre Reich
Fröstelnder Schatten dein Weg,
Und nie scherzest du fürder wie einst...

Das Pantheon

»La Rotonda« heißt das besterhaltene Bauwerk der Antike, auf das der Wanderer im Zentrum des alten Rom immer wieder trifft. Aber vorerst sieht er nichts Rundes, wenn er den Platz vor dem Pantheon betritt, sondern horizontale und vertikale Linien, einen Giebel auch – eine griechische Tempelfassade. Das Runde erlebt er, wenn er den mächtigen Säulenwald durchschreitet und den Innenraum besucht. Dann überwältigt ihn Rundung in höchster Vollendung, eine nicht zu übertreffende Harmonie. Der kreisrunde Raum ist überwölbt von einer Halbkugel, ruhend auf einem Zylinder, dessen Höhe dem Radius der Wölbung entspricht. Ergänzte man die Halbkugel nach unten zu einer ganzen Kugel, stünde sie genau auf dem Zentrum des Fußbodens. Das Überwältigendste aber ist das Licht. Es dringt einzig durch eine Öffnung im Zenit der Wölbung in den Raum. Nicht verfälscht durch Glas, schaut der römische Himmel herein; der Lichtstrahl der wandelnden Sonne tastet sich im Verlauf des Tages der Wand entlang, läßt eine farbige Säule für kurze Zeit aufleuchten, wandert weiter zu einer Goldverzierung, dringt in das Dunkel einer Nische. Jede Wolke, vor die Sonne sich schiebend, jede Tageszeit überrascht mit neuen Stimmungen; auch der spärliche Schnee darf ins Heiligtum eindringen.

Das heutige Pantheon hatte zwei Vorgänger. Unmittelbar neben seinen Badeanlagen baute Agrippa einen Tempel mit rechteckigem Grundriß von 20 x 44 m, ausgerichtet nach Süden. Nach einem Brand entstand unter Domitian um das Jahr 90 ein Neubau, von dem nichts Genaues bekannt ist. Man vermutet einen Rundtempel mit Zeltdach, auf dem möglicherweise der kolossale bronzene Pinienzapfen den Abschluß bildete, der jetzt im Vatikan steht. Die Fußböden der beiden Vorgängerbauten liegen zwei und drei Meter unter dem heutigen.

Den auf uns gekommenen Tempel baute Hadrian 118 bis 125, und obschon es sich um eine völlige Neukonstruktion handelt, deren Pläne wahrscheinlich vom Kaiser selber stammen, nennt er auf dem Architrav der Vorhalle Agrippa als Erbauer. Es steht geschrieben:

M(ARCUS) AGRIPPA L(UCI) F(ILIUS) CO(N)S(UL) TERTIUM FECIT.

Hadrian hat von seinen vielen Bauten einen einzigen nur mit seinem Namen versehen, den Tempel für seinen Vorgänger Trajan.

Pantheon hieß schon der erste Bau und war damit dem »All-Göttlichen« geweiht, nicht persönlichen Gottheiten also, sondern der alles umfassenden Allgewalt, in der alle Götter aufgehen. Irrtümlicherweise wird Pantheon oft übersetzt mit »allen Göttern geweiht«. Wirksam wird diese Universalkraft durch die sieben Mächte, die sich in den sieben Planeten manifestieren. Der Gedanke des »pantheion« stand im Einklang mit den Bemühungen des von Agrippa hochverehrten und bedingungslos unterstützten Augustus, die alten römischen Tugenden neu zu beleben. Dazu gehört, in Harmonie zu sein mit den Gesetzen des Kosmos, unter denen das Reich sich behütet fühlte.

Der Platz vor dem Pantheon bot sich Besuchern in der Antike anders dar als heute. Jetzt steht der Tempel an der tiefsten Stelle eines abfallenden, mittelgroßen Platzes, beinahe wie eingegraben – die Folge von mehreren Metern Kulturschutt, aufgehäuft während zwei Jahrtausenden der Zerstörung, Planierung und des Wiederaufbaus. Ursprünglich stand er, wie üblich beim römischen Heiligtum, auf einem Podest.

M·AGRIPPA·L·F·COS·TERTIVM·FECIT

Der dem Rundbau vorgelagerte Portikus ist eine Konzession an die eingewurzelte Tradition, so und nicht anders musste sich, entsprechend griechischem Vorbild, die Front eines Tempels zeigen. Außerdem ist es dem größten Philhellenen unter den Kaisern ein Bedürfnis gewesen, die etruskisch-römische Gewölbehöhlung, die er auch für sein Grabmal wählte, zu verbinden mit den griechisch empfundenen Säulen, sechzehn riesigen Monolithen aus ägyptischem Granit, mit Basen und korinthischen Kapitellen aus einst weißem Marmor. Mit dem Dreieckgiebel verdeckt der Vorbau weitgehend die Sicht auf den Rundbau.

Das um eine Säule breitere Mittelschiff führt zum Eingang des Tempels. Die schöne Marmoreinfassung des Portals mit liturgischen Symbolen ist antik, ob es auch die schwere Bronzetüre selber ist, darüber sind sich die Forscher nicht einig.
Das Bronzegebälk des Pronaos ist leider nicht mehr vorhanden. Papst Urban VIII. Barberini hat es im 17. Jahrhundert zum Bau des Baldachin über dem Hochaltar von St. Peter sowie für Kanonen auf der Engelsburg gut gebrauchen können. Für viele Leute ist der Name Barberini nur deswegen ein Begriff, weil sich der Pontifex mit seiner Tat das unsterbliche Pasquill eingehandelt hat:

»Quod non fecerunt Barbari, fecerunt Barberini!«
(Was die Barbaren nicht zerstörten, zerstörten die Barberini.)

Die Anklage darf wortwörtlich genommen werden, denn weder Alarich noch die Vandalen vergriffen sich am Heiligtum, und selbst die wilden Horden Frundsbergs scheuten vor einer Schändung zurück.
Der auf einem ringförmigen Fundament von 7,5 m Breite und 4,5 m Tiefe ruhende Tambour setzt sich aus drei Stockwerken zusammen, deren unterschiedliche Höhen an der Außenseite durch Gesimse erkennbar sind. Von unten nach oben wurde als Baustoff immer leichteres Material verwendet, entsprechend den Anforderungen an Belastbarkeit und zulässiges Gewicht.

Die sechs Meter dicke Mauer ist nicht massiv. Im Erdgeschoß buchten sich Innen sieben große Nischen ein, und die Pfeiler zwischen den Nischen besitzen Hohlräume.

Das Pantheon, erbaut durch Hadrian,
auch wenn er als Schöpfer den Namen Agrippa vorgibt

Hohl sind auch die zweite und die dritte Zone der Mauer. Von außen ist gut sichtbar, wie das Gewicht der Baumasse durch ein kompliziertes System von Entlastungsbogen auf die Pfeiler verlagert wird.

Auf die zylindrische Mauer aufgesetzt ist die in einem Stück gegossene Kuppel. Auch für sie ist die Mörtelmischung abgestuft, um das spezifische Gewicht zu reduzieren. Verkleidet war die Außenwand mit Marmor, das Dach mit vergoldeten Bronzeziegeln, beides ist schon längst verschwunden.

Als am 24. Februar 391 Theodosius alle Tempel schloß, den heidnischen Götterkult verbot, wurde auch das Pantheon verriegelt, schien dem Verfall anheimgefallen. Da verschenkte der byzantinische Kaiser Phokas, der als letzter noch auf dem ehrwürdigen Forum bauen ließ – die heute noch aufrecht stehende Phokassäule – den Tempel im Jahre 608 an Papst Bonifaz IV.

Und der Pontifex Maximus der neuen Ära reinigte das Gotteshaus laut Legende von den Erinnerungen an die alten Götter, indem er achtundzwanzig Wagenladungen Gebeine von Urchristen aus den Katakomben holen und unter dem Hochaltar bergen ließ. Und er weihte ihr neues Heiligtum am 15. Mai 609 der S. Maria ad Martyres. An dieses Ereignis erinnert seither das Fest Allerheiligen, nur wird es heute am 1. November gefeiert.

Mancherlei Unheil bedrängte im Verlaufe der Jahrhunderte das Pantheon. Die Statuen der Götter waren schon kurz nach der Schließung verschwunden; alles was aus Gold oder Bronze bestand, folgte. Im 14. Jahrhundert bildeten Kirche und Umgebung eine Festung der Sinnibaldi, 1460 die Räuberburg des jungen Kondottiere Tiburtino, der mit seiner Bande ganz Rom tyrannisierte.

Am Karfreitag des Jahres 1520 bekamen die Heiligen von S. Maria ad Martyres ehrenvollen Zuzug: Ein junger, begnadeter Künstler, trotz seiner nur 37 Jahre einer der größten Maler – Raffaelo Santo. Man gönnte ihm nur ein einfaches Bodengrab, doch

Ein Wunder römischer Baukunst, der Innenraum des Pantheons mit der Öffnung im Zenit als einziger Lichtquelle

hatte er zu Lebzeiten bei seinem Freund Lorenzo Lotti, genannt Lorenzoto, eine Marmorstatue bestellt und bezahlt, die »Madonna del Sasso«, die in die Aedikula über seinem Grab zu stehen kam. Das Grab ist wahrscheinlich nicht einmal beschriftet worden, wie hätte man sonst einen Schädel, der 1690 bei Grabarbeiten abseits von Raffaels Grab zum Vorschein kam, für den seinen halten können. Man übertrug das Haupt in die Accademia di San Luca, wohin viel gewallfahrtet wurde. Auch Goethe hat sich begeistern lassen und hat sie zweimal besucht, zuerst am 7. März 1788:
»Ein trefflicher Knochenbau, in welchem eine schöne Seele bequem spazieren konnte«, und als er in den letzten Romtagen eine Liste aufstellt, wo er sich vor der Rückkehr unbedingt noch verabschieden wollte, da ist auch die vermeintliche Raffael-Reliquie dabei, und er notiert:

»Ein wahrhaft schöner Anblick...«

1833 forschte man ernsthaft nach dem Raffael-Grab, denn mittlerweile bezweifelte man gar die Beisetzung im Pantheon, glaubte es in S. Maria sopra Minerva drüben suchen zu müssen. Aber man fand es genau am Ort, wo Vasari es in seiner Vita lokalisiert, unter der »Madonna del Sasso«. Als neue Hülle stiftete Papst Gregor XVI. einen antiken Marmorsarkophag aus den Vatikanischen Museen, aus griechischem Marmor, gefunden in Ostia. Der ohnehin schon mit Lorbeerzweigen verzierte Sarkophag erhielt am oberen Rand neu ein von Kardinal Pietro Bembo gedichtetes herrliches Distichon eingraviert:

ILLE HIC EST RAPHAEL, TIMUIT QUO SOSPITE VINCI,
RERUM MAGNA PARENS ET MORIENTE MORI

»Hier ruht Raffael, dem, als er lebte, zu unterliegen fürchtete Mutter Natur und jetzt, wo er tot ist, glaubt selber sterben zu müssen.«

Marc Aurel – Der Philosoph auf dem Kaiserthron

Als Hadrian, der große Organisator unter den römischen Kaisern, Antoninus Pius zum Nachfolger bestimmte, tat er es mit der Bedingung, dass der Erwählte seinerseits **Marcus Aurelius Antoninus** an Sohnes Statt annehme. Offensichtlich wollte der unermüdliche Baumeister des Reiches sein Werk noch zwei Generationen über seinen Tod hinaus in sichere Bahnen vorprogammieren.

Marc Aurel wurde im Jahre 121 geboren, sein Vater starb wenige Jahre nach der Geburt des Kindes, das bei seinem Großvater erzogen wurde, einem Konsul, der im Hause Hadrians oft zu Gast war. So ist dem Kaiser der lebhafte Knabe aufgefallen, und er verhalf ihm zu einer vortrefflichen Erziehung durch die angesehensten Lehrer der Zeit. Zahlreiche erhaltene Briefe aus den Knaben- und Jünglingsjahren des künftigen Herrschers geben ein deutliches Bild von seiner Empfindsamkeit, seinen Idealen und seinem Lerneifer – Briefe an Fronto zum Beispiel, Lehrer für Rhetorik, eines der wichtigsten Fächer damals.

Großen Einfluß auf den Jüngling hatten auch die Bücher des Stoikers Ariston, eines Schülers Zenons, des Begründers der stoischen Schule, die sein ganzes Leben prägen sollte. Die Stoiker betrachten das Universum als ein einziges vernunftbegabtes Wesen, in dem alle Teile in geheimnisvoller Weise miteinander verbunden sind. Das Ganze wird vom Logos, einem vernünftigen Prinzip, geleitet. Als Teil dieses Organismus ist es Pflicht des Menschen, seine Fähigkeiten zum Wohle des Ganzen einzusetzen. Denn als Teil des Weltgeistes ist er von Natur gut und zum Guten fähig. Seine Tugend, bestehend aus Einsicht, Gerechtigkeit, Tapferkeit und Besonnenheit, zeigt sich vor allem in der vollkommenen Pflichterfüllung im Dienste der Menschheit, zu der auch Sklaven und Barbaren gehören. In mancher Hinsicht ist der Stoizismus ein Wegbereiter des Christentums.

Mit achtzehn Jahren wird Markus von Antoninus Pius adopiert und gleich an den Regierungsgeschäften beteiligt. Im April 145 heiratet er Faustina die Jüngere, die Kaisertochter. Sein Studium führt der junge Mann mit aller Kraft weiter, und die Gemahlin tut begeistert mit. Im Jahre 146 wird er offiziell zum Mitregenten ernannt.

Auf Geheiß Hadrians musste Antoninus Pius gleichzeitig mit Marc Aurel noch einen zweiten Adoptivsohn annehmen, Lucius Verus, der allerdings weit hinter den Fähigkeiten und Charakterstärken seines Adoptivbruders zurückblieb.

Marcus Aurelius war vierzig, als er Kaiser wurde. Jetzt macht er entschlossen dem Studium ein Ende und wirft sich mit aller Energie in die neuen Aufgaben. Die Pflicht ruft. Später wird er dies mit einem Sokrateswort erklären:

»An dem Platz, auf den sich jemand gestellt hat, in der Meinung, dass er der Beste ist, oder auf den er von seinen Vorgesetzten gestellt ist, da muss er, wie mir scheint, ausharren und der Gefahr trotzen, indem er sich um nichts anderes kümmert, weder um den Tod noch irgend etwas anderes, außer der Schande.«

Die Philosophie hindert den Philosophen auf dem Kaiserthron nicht bei der Ausübung seiner Pflichten. Sie hilft ihm vielmehr bei der Lösung seiner großen Aufgaben.

»Gerade wie die Ärzte stets ihre Instrumente und Messer für plötzliche notwendige Operationen zur Hand haben, so habe du deine Grundsätze bereit, um die göttlichen und menschlichen Dinge zu verstehen«,
wird er sich später ermahnen, und bei allem bleibt er Realist:

»Träume nicht vom Staate Platons; laß dir genügen, wenn nur das Kleinste herausschaut und achte das Ergebnis eben hiervon nicht zu gering!«

Vorbild für die Regierungsführung ist ihm vor allem Hadrian. Dessen Rechtsformen führt er beharrlich weiter, fördert die rasche Erledigung der Gerichtsfälle durch Erhöhung der Zahl der Gerichtstage, sitzt oft selber zu Gericht, unerbittlich gegen Schwerverbrecher, nachsichtig und milde bei kleineren Vergehen. Ein großes Anliegen war ihm das Gedeihen der Städte und Dörfer Italiens. Sie waren unter Antoninus selbständig, selten aber imstande, sich gut zu verwalten. Deshalb unterstellte er sie einer sorgenden kaiserlichen Aufsicht, wie es schon unter Hadrian geschah.

Marcus Aurelius, 161-180. Jugendbildnis
Kapitolinische Museen

Die lange Friedenszeit unter Hadrian und Antoninus Pius, und vor allem das äußerst weiche Regiment des letzteren, förderte unter den Grenzprovinzen und den an das Reich grenzenden Völkern den Verdacht, Rom sei schwach geworden. Und so kam es, dass der Philosophenkaiser alles andere als seinen Neigungen leben konnte. Aber er vollführte das aufgezwungene Kriegshandwerk mit größtem Einsatz und Erfolg, obwohl er es verachtete:

»Was sind Alexander und Caius und Pompeius gegen einen Diogenes, Herakleitos und Sokrates!«

Es begann schon 162, ein Jahr nach der Machtübernahme, mit einem Aufstand in Britannien und einem Angriff der Chatten auf das römische Germanien. Gleichzeitig greifen im Osten die Parther an und erobern Syrien. Marc Aurel schickt seinen Mitregenten ins Kriegsgebiet, und wenn der Krieg nach vier Jahren gewonnen wird, ist es sicher nicht das Verdienst des Verus, sondern das seines Feldherrn Avidius Cassus, denn Verus wartet das Ende des Unternehmens in Antiochien ab und im berüchtigten Daphne, einer Art antikem Las Vegas. Das heimkehrende Heer brachte ein neues Unglück mit, die Pest. 168/169 wurde zu einem Jahr des Massensterbens. Wehrlos war die Bevölkerung der schrecklichen Krankheit ausgeliefert, und es dauerte zwanzig Jahre, bis die letzten Herde der Seuche erloschen. Es folgte eine jahrelange, ununterbrochene Abwehrschlacht gegen sämtliche Völker des Nordens, vom Rhein bis zur Wolga: Die Langobarden von der unteren Elbe erobern Böhmen und die Vandalen aus Schlesien Ungarn. Die Goten von der Ostsee stoßen ans Schwarze Meer vor, die Quaden, Markomannen und Naristen nach Österreich, die Hermunduren nach Thüringen. Eleusis wurde zerstört, das berühmte Heiligtum der eleusinischen Mysterien, in die auch der Kaiser, der glühende Griechenlandverehrer, eingeweiht war. Einmal drängten die Germanen über die Ostalpen bis nach Oberitalien vor. Tatkräftig organisiert der Kaiser die Abwehr, versteigert die Schätze und Kunstwerke des Kaiserpalastes, um die hohen Kosten zu decken; später stellte er es den Käufern anheim, ob sie die Kostbarkeiten behalten oder ihm zurückverkaufen wollten. Mit Sklaven, Verbrechern und Gladiatoren füllte er die gelichteten Reihen seiner Soldaten auf. Die Gladiatorenspiele waren ihm schon immer ein Dorn im Auge; jetzt mochten die Muskelprotze ihre Kräfte nützlicheren Zwecken widmen, auch wenn der Pöbel Roms tobt wegen des Ausfalls der Schlächtereien im Kolosseum. Seinen Mitkaiser muss Marc Aurel zwingen, mit in den Kampf zu ziehen.

In die Attika des Konstantinbogens verbaute Reliefplatten aus einem Triumphbogen für Marc Aurel

S I C X X

Erst ab 173 konnte Marc Aurel in die Offensive übergehen. Ohne Rachegelüste weist er den unruhigen Völkern Wohngebiete zu, sogar in Italien, macht sie nicht, wie bisher üblich, zu Sklaven. Nach sechs Jahren ununterbrochener Feldzüge kehrt der Kaiser 176 als Triumphator nach Rom zurück, umjubelt als Retter des Reiches. Damals wurde wohl auch der Grundstein gelegt zur Markussäule, welche, der Trajanssäule nachgebildet, die Siege des Kaisers über die Germanen verherrlicht und als das früheste Bilddokument zur Geschichte der nordischen Völker gilt. An die Stelle des Kaiserstandbildes, das schon im Mittelalter verlorenging, stellte der berühmte Tessiner Architekt Domenico Fontana 1589 eine Statue des Apostels Paulus. Auch einen Triumphbogen erhielt Marc Aurel vom Senat zugesprochen.

Im westlichen Teil des Forums, am Fuße des Kapitols, muss er gestanden haben, dort fand man im Mittelalter die seither wieder verlorengegangene Widmungsinschrift. Zur Zeit Konstantins des Großen muss man ihn abgebrochen und das Material für andere Bauten verwendet haben, denn in der Attika des Konstantinsbogen finden sich acht Reliefplatten mit Szenen aus dem Leben Marc Aurels. Man sieht an der Nordfassade die triumphale Rückkehr des Kaisers, die Begrüßung durch die personifizierte Via Flaminia, das Verteilen von Brot und Geld, die Befragung eines Gefangenen. Gegenüber sind weitere Szenen aus den Feldzügen, eine Ansprache an das Volk, eine Opferung dargestellt.

Weitere drei Platten des verlorengegangenen Bogens fand man eingemauert in der Kirche S. Martina auf dem Forum. Sie befinden sich jetzt im Konservatorenpalast auf dem Kapitol. Auf der einen von ihnen empfängt der Kaiser zu Pferde, umgeben von seinem Gefolge, zwei gefangene Barbarenfürsten, nimmt gnädig ihre Unterwerfung an. Ein anderes Relief zeigt den Triumphzug des Kaisers vom 23. Dezember des Jahres 176. Ein Triumphzug über das Forum Romanum war die größte Ehrung, die der römische Senat gewährte, nur für außerordentlich große Siege. Das seltene Schauspiel entwickelte demzufolge auch ein großes Gepränge: Voran schritten die Senatoren und Würdenträger. Dann zeigte man dem staunenden Volke die erbeuteten Waffen und Feldzeichen, Darstellungen der geführten Schlachten und der eroberten Städte. Es folgten die vornehmen Gefangenen und hinter ihnen der Triumphator selbst, auf der von vier Schimmeln gezogenen Quadriga, mit Adlerzepter und Lorbeerkranz. Dann zog das siegreiche Heer daher, in ausgelassener Stimmung, jubelnd in der Vorfreude kommender Festmähler, Trinkgelage und Geldgeschenke.

Ziel des Triumphzuges war der Jupitertempel auf dem Kapitol, wo der Triumphator seinen Kranz im Tempel niederlegte und ein Dankopfer darbrachte. Diese heilige Handlung zeigt die dritte Platte im Konservatorenpalast: um einen Dreifuß mit Opferflamme steht dicht gedrängt eine kleine Schar. Einer der Beteiligten hat die Toga über das bekränzte Haupt gezogen – Marcus Aurelius als Opfernder. Zu seiner Linken steht der Flamen Dialis, der Jupiterpriester, vor ihm ein Knabe als Ministrant, das Weihrauchkästchen in den Händen, über dem Arm ein Tuch. Dargestellt ist ferner, bis in die Details des Schmuckes, der Jupitertempel, die beste Reproduktion dieses Baues, die auf uns gekommen ist.

177 ernannte Marc Aurel seinen Sohn Commodus zum Augustus und Nachfolger, beging damit einen zweiten Fehler – den früheren aus Bruderliebe, den neuen aus Vaterliebe –, obwohl er um die Unfähigkeit seines Sohnes wußte. Vielleicht befürchtete er einen Bürgerkrieg, wenn er ihn übergangen hätte. Auf dem Feldzug nach Syrien starb Faustina, ohne die der Kaiser sich doch das Leben nicht vorstellen konnte. In allen seinen Kriegen war sie an seiner Seite, von den Soldaten zärtlich Mater Castrorum, die Lagermutter, genannt.

Nach dem Tode der Kaiserin verfiel die Gesundheit Marc Aurels zusehends. Seit langem schon war er magenkrank, ernährte sich von einer einzigen knappen Mahlzeit pro Tag. Jetzt fehlte die sorgende Pflege seiner über alles geliebten Gefährtin. Krank musste er erneut ins Feld ziehen, wollte die Nordgrenze endgültig festigen. Wahrscheinlich schwebte ihm vor, die Grenze bis an die Karpaten auszudehnen und das Gebirge als sicheren Schutzwall zu verwenden. Denn bei aller Feinsinnigkeit und Zartheit war er ein kühler Politiker und genialer Feldherr. Noch vor dem Ende des Krieges starb er am 17. März des Jahres 180 in seinem Heerlager in Wien bei einem erneuten Aufflackern der Pest.

Kein zweites Mal in der Weltgeschichte ist in einem Menschen soviel Macht mit soviel Selbstverleugnung und Bescheidenheit gepaart gewesen. Im Feldlager in Böhmen und Mähren, in einsamen Nächten im Zelt, da hatte der Herrscher über fast die ganze damals bekannte Welt seine berühmten Ermahnungen an sich selbst geschrieben.

Sie waren keineswegs zur Veröffentlichung bestimmt, allzuviel Privates, Selbstkritisches steht darin. Es sind die Selbstbekenntnisse eines Menschen, der ein Leben lang konsequent die Lehren der in seiner Jugend für gut befundenen stoischen Philosophie in die Tat umsetzte. *»Hüte dich, dass du nicht verkaiserst oder angesteckt wirst (vom Leben am Hofe)«*, mahnt er sich selber. *»Bleibe ein einfacher, guter Mensch, ohne Falsch, voll Ernst und Würde, ein Freund der Gerechtigkeit, gottesfürchtig und gütig und stark in der Erfüllung deiner Pflichten. Ringe danach, dass du so bleibst, wie dich die Philosophie haben wollte.«*

Es war ihm Ernst mit der stoischen Lehre von der Gleichheit der Menschen. *»Alexander von Makedonien und sein Reitknecht sind durch den Tod in denselben Zustand versetzt worden«* heißt es beispielsweise und *»meine Natur hat die Fähigkeit zu vernünftigem Denken und das Gefühl der Zusammengehörigkeit mit meinen Mitmenschen. Vaterland ist für mich als Kaiser Rom, als Mensch aber der Kosmos.«* Manchmal wird er allzu melancholisch, wenn er wiederholt vom Tod und der Unwiederbringlichkeit des Vergangenen erzählt: *»Alles dauert nur einen Tag, der Mensch, der sich erinnert, und das Ding, an das er sich erinnert.«*

Doch er bleibt nicht im Negativen stehen und folgert daraus, ein tätiges Leben zu führen: *»Das Leben ist kurz. Nutze die Gegenwart mit weiser Überlegung und Gerechtigkeit«*, und anderswo schreibt er: *»Das liegt im Wesen des vollkommenen Charakters, dass man jeden Tag als seinen letzten verbringt und weder tobt, noch stumpf ist, noch heuchelt.«*

Sich selber zu bessern und erst in zweiter Linie die anderen, ist ein weiterer Wahlspruch des Cäsaren: *»Es ist lächerlich, die eigene Schlechtigkeit nicht zu fliehen, was doch möglich ist, dagegen die seiner Mitmenschen zu fliehen, was doch unmöglich ist.«* Dazu paßt seine Toleranz gegen Andersdenkende und sogar gegen seine Feinde: *»Wenn ein anderer dich tadelt oder haßt, wende deine Aufmerksamkeit auf seine Seele, dringe in sie ein und sieh, wes Geistes Kind sie ist.« – »Die Menschen sind füreinander da. Belehre sie eines Besseren oder ertrage sie wie sie sind.«*

Marc Aurel zu Pferd.
Vergoldete Bronze. Heute im Capitolinischen Museum,
am ursprümglichen Standort auf dem Kapitolsplatz eine Kopie.

Die letzten Zeilen seiner Selbstbelehrungen sind nochmals zuversichtliche Worte des Trostes: *»Wann das Leben zu Ende ist, das bestimmt jener, der dich einst hat ins Leben treten lassen, wie er jetzt dein Ende beschlossen hat. Du aber bist unschuldig an beidem. Scheide darum in Güte. Denn auch er, der dich abberuft, ist voll Güte.«*

Die herrlichste Erinnerung an den Philosophenkaiser ist das majestätische Reiterdenkmal auf dem Kapitolsplatz hoch über der Stadt. Mittelalterliche Darstellungen zeigen es beim Lateran, dort wird es in der Antike gestanden haben, denn in jenem Bezirk, im Hause seines Großvaters, ist der Knabe aufgewachsen. Erst 1538, unter Paul III., bekam das Kunstwerk seinen neuen Standort vor der prächtigen Kulisse dreier edler Renaisancepaläste. Helle Streifen im dunklen Belag des Platzes zwingen den Blick unausweichlich zum Mittelpunkt, wo Michelangelo, der geniale Schöpfer des Platzes, den Reiter auf einen Marmorblock aus dem Trajansforum stellte, geschmückt mit den farnesischen Lilien des Auftraggebers. Es ist das einzige große Reiterstandbild aus Bronze, das aus der Antike auf uns gekommen ist, und auch dieses ist nur deswegen nicht eingeschmolzen worden, weil man es für ein Denkmal Konstantins des Großen hielt, des ersten christlichen Kaisers. Unzähligen Reiterbildern hat das goldengrün schimmernde Meisterwerk, das so unübertrefflich die stoische Ruhe wie die Tatkraft des Herrschers wiedergibt, als Vorbild gedient; wenige haben seine Schönheit erreicht, keines einen derart erhabenen Platz erhalten wie dieses. Keines römischen Imperators Denkmal stünde mit mehr Berechtigung auf diesem geschichtsschweren Flecken Erde als dasjenige Marc Aurels, der Zeit seines Lebens nichts sehnlicher wünschte als Friede, und der während seiner ganzen Regierungszeit ununterbrochen Krieg führen musste – und trotz allem unerschütterlich an das Göttliche im Menschen geglaubt hat.

Am 21. April 1996 hat man auf dem Kapitolsplatz eine Kopie auf den seit Jahren verwaisten Sockel gestellt, während das sorgfältig restaurierte Original im Kapitolinischen Museum hinter Glas zu besichtigen ist.

URCHRISTENTUM UND MITTELALTER

Katakombengedanken

Römisches Gesetz verbot, die Toten innerhalb der Stadtmauern zu begraben, und so wurden die Gräber längs der die Stadt verlassenden Straßen angelegt – als mächtige, prunkvolle Monumente, wie das guterhaltene Grabmal der Cecilia Metella, der Tochter des Kreta-Eroberers Quintus Cecilius Metellus Creticus, der Gattin des Triumvirn Crassus, in weitgedehnten Familiengrüften, wie diejenige der Scipionen oder als unzählige bescheidene, namenlose Grabstätten in den Columbarien. Und je teurer der Boden in der Umgebung der wachsenden Stadt wurde, umso tiefer grub man die Friedhöfe in den weichen, leicht zu bearbeitenden Tuffboden, der erst bei Luftzutritt langsam erhärtet.

Nichts war selbstverständlicher, als dass auch die Christengemeinde ihre Toten auf ähnliche Weise bestattete wie die übrige Bevölkerung; nur verbrannten sie ihre Toten nicht, sondern schlossen sich dem jüdischen Brauch der Leichenbestattung an. Da diese aber weit mehr Platz benötigt als Aschenurnen, sind es die christlichen Katakomben, die am tiefsten in die römische Erde hinabsteigen.

Weil schon sehr früh Angehörige angesehener Familien sich zum Christentum bekannten – sogar bis in die Umgebung der Kaiser – gibt es bereits aus dem 2. Jh. christliche Familiengräber, die es auch anderen Glaubensgenossen ermöglichten, ihre Toten getrennt von den Angehörigen heidnischer Religionen zu bestatten. Ein schönes, guterhaltenes Beispiel eines christlichen Familiengrabes und seiner Entwicklung zur Katakombe ist die Priscilla-Katakombe an der Via Salaria. Sie trägt den Namen ihrer Gründerin Priscilla, einer adeligen Dame aus dem reichen Senatorengeschlecht der Acilii Glabriones, das schon im Jahre 91 einen Martyrer aufweist. Priscilla nun ließ auf ihrem Landgut vor der Stadt eine Gruft für die Toten ihrer Familien anlegen und auf dem benachbarten Grundstück eine Erweiterung für andere, ihr nicht verwandte Gläubige. Im Verlaufe des 3. und 4. Jahrhunderts wurde die Grabstätte zu einer der bedeutendsten Roms; sie ist uns besonders kostbar wegen ihrer zum Teil gut erhaltenen Fresken.

Interessant ist die Priscilla-Katakombe auch, weil sie aus einem arenarium, einer Sandgrube, entstanden ist. Unterirdische Gänge zum Zwecke der Sand- oder Bausteingewinnung unterscheiden sich nämlich recht gut von denjenigen der Katakomben. Man wollte doch möglichst viel Material mit möglichst wenig Aufwand an die Oberfläche befördern. Demzufolge sind die Gänge breiter als in den Katakomben und möglichst gerade, allenfalls in langgestreckten Kurven angelegt. Dazwischen gab es auch Erweiterungen, wobei man bei Bedarf mit Stützmauern und Pfeilern arbeitete. Vielleicht sind aus diesem Grunde in der Priscilla-Katakombe schon früh Kapellen entstanden, weil die Räume dazu vorhanden waren. Die vielzitierte Capella Graeca ist eine davon. Katakombengänge dagegen sind eng oder verwinkelt.

Es ist nicht so, wie eine romantischere Zeit als die unsrige glauben wollte, dass die frühen Christen während langer Zeit in den unterirdischen Gängen sich versteckten vor der Wut der Heiden und dort ein bedauernswertes, licht- und luftloses Dasein fristeten. Christenverfolgungen gab es nur in Abständen, denn die Römer waren in religiöser Hinsicht sehr tolerant, Sekten aller Art gab es viele. Den Göttern eroberter Völker errichtete man in Rom sogar Tempel, um jene Menschen ans Reich zu binden. Die Christen machten sich vor allem verdächtig, weil sie sich weigerten, dem Kaiser göttliche Ehren zu erweisen, eine Forderung, die anderen östlichen Religionen aus ihrer Mentalität heraus fast selbstverständlich war.

Nicht immer waren es die entarteten, ihren Lüsten frönenden Kaiser, die Christenverfolgungen auslösten, sondern gerade auch pflichtbewußte, um das reibungslose Funktionieren des Imperiums besorgte Herrscher.

Fresken aus der Priscilla-Katakombe.
Oben die Verstorbene zwischen Szenen aus ihrem Leben.
Unten Erweckung des Lazarus und Anbetung durch die drei Könige

Trajan, der große Feldherr-Kaiser, der vom Wiedererrichten des Alexanderreiches träumte, aber keineswegs ein gefühlloser Eroberer, sondern ein ebenso großer Bauherr und Förderer der Kultur war, hat klargestellt, wo für ihn die Grenzen der Duldsamkeit liegen. Sein Freund Plinius d. J., kaiserlicher Legat in Bithynien, schilderte ihm, wie er sich bisher verhalten habe und bat um Stellungnahme. Und Trajan antwortete: *»Du hast, Freund Secundus, bei der Untersuchung gegen die bei Dir als Christen angezeigten Personen pflichtgemäß gehandelt. Man kann nämlich nichts allgemein Gültiges aufstellen, das gleichsam eine feste Regel bildete. Aufspüren soll man sie nicht; wenn sie angezeigt und überführt werden, soll man sie bestrafen, doch so, dass demjenigen, der das Christsein leugnet und dies durch die Tat offenbar macht, das heißt indem er den Göttern opfert – mag er in der Vergangenheit noch so verdächtig gewesen sein –, auf Grund seiner Reue Verzeihung gewährt wird. Anonyme Anklagen dürfen bei keinem Verbrechen angenommen werden. Das wäre ein äußerst gefährliches Beispiel und mit dem Geiste meines Jahrhunderts nicht vereinbar!«*

Trajans Anordnung entspricht dem römischen Strafrecht, das sich vom modernen vor allem dadurch unterscheidet, dass es keinen Staatsanwalt kannte. Zwar hatte der Richter das Recht, selber Anklage zu erheben, doch in den allermeisten Fällen kamen Anzeigen von Privaten, auf die er einzugehen hatte. Die Möglichkeit, dass man aus religiösen Gründen den Göttern und dem Kaiser den Weihrauch verweigern könnte und sich trotzdem loyal zu Kaiser und Reich stellte, war anscheinend selbst einem Trajan undenkbar.

Die Verfolgungen unter Decius (248-251) und Valerian (253-260) fallen in die Zeit der Vor-Völkerwanderung, einer Periode großer Bedrohung. Fremde Völker bestürmten die Grenzen. Ein Zusammenschluß aller Kräfte war lebensnotwendig – und da gab es diese Christen, die selbst in der Zeit höchster Gefahr sich weigerten, die Götter gnädig zu stimmen. Die größte aller Christenverfolgungen ist in einer Panikstimmung ausgelöst worden.

Der wichtigste und weitaus häufigste Grund, der die Christen zum Besuch der Katakomben veranlaßte, war der Wunsch, den verstorbenen Glaubensgenossen nahe zu sein. Und ganz besonders waren es die Märtyrer, deren Nähe sie suchten. Sie waren überzeugt, dass ein Mensch, der für seinen Glauben stirbt, ein Leben höherer Ordnung im Jenseits gewinnt. Sein Todestag galt als *Geburtstag* für ein neues Leben im Jenseits, frei vom beengenden Körper mit seinen Unzulänglichkeiten. Und indem sich die Gläubigen um die vergänglichen Überreste der Verstorbenen versammelten, vereinigten sie sich geistigerweise mit deren Seelen. Ja, sie boten den entleibten Seelen ihre eigenen, noch lebenden Körper an, damit sie weiterhin bestmöglich im Diesseits wirken sollten.

Katakombe ist übrigens eine sehr zufällige Bezeichnung. Bevor im Mittelalter diese unterirdischen Grabstätten vergessen waren, waren es diejenigen an der Via Appia, die noch am längsten von den Pilgern besucht wurden, die Gräber »ad catacumbas«, wörtlich »in der Talsenke«, bei der Sebastians-Katakombe. Sie ist eine der verehrungswürdigsten, beherbergte sie doch während längerer Zeit die Gebeine von Petrus und Paulus als Versteck. So wurde aus einem Flurnamen die Bezeichnung für alle unterirdischen Anlagen dieser Art, deren es mehrere Dutzend gibt; ihre Gesamtlänge beträgt etliche hundert Kilometer, und in regelmäßigen Abständen entdeckt man neue Gänge an der Via Latina und andernorts.

Es ist ein lang nachwirkendes Erlebnis für jeden Rombesucher, in eine für das Publikum erschlossene und gesicherte Katakombe hinabzusteigen und trotz moderner Beleuchtung und dem unvermeidlichen Touristenrummel ein wenig vom Geiste jener Zeit mitzunehmen in den Alltag. Die Wände sind übersät mit den länglichen Grabnischen, den sogenannten loculi, mehrstöckig übereinander. Dazwischen mischt sich etwa eine etwas größere Nische mit einer gewölbten Decke: ein Arkosol-Grab.

Alle Gräber liegen parallel zum Gang; so musste man nicht allzu tief in den Felsen graben, und der Leichnam, nur in ein Linnen gewickelt, ließ sich auch besser in seine letzte Ruhestätte betten. Sicher dachten die Christen dabei der genau gleichen Beisetzung ihres göttlichen Meisters im Felsengrab seines Jüngers Joseph aus Arimathäa. Es wurden dem Verstorbenen noch einige liebgewordene Gegenstände mitgegeben, auch etwa wohlriechende Öle als Konservierungsmittel, dann wurde das Grab mit einer Steinplatte verschlossen und abgedichtet. Manchmal weitet sich ein Gang zu einem etwas größeren Raum, mit Platz für zehn bis zwanzig Besucher, und statt eines Wandgrabes findet sich ein Sarkophag: Wir befinden uns in einer Kapelle, wo die Christen Gottesdienst hielten; und der Sarkophag eines Märtyrers oder Bischofs diente als Altar. So erlebten die Teilnehmer am Meßopfer den Sieg des ewigen Lebens über den zeitlichen Tod auf wohl kaum zu übersteigernde Weise.

Die obersten Anlagen, knapp unter der Erde, sind oft noch heidnische Gräber, erkenntlich an den Motiven der Fresken aus der griechisch-römischen Mythologie. Aber auch die christlichen Bilder lösen sich nicht immer ganz von der Kunst jener Zeit; so sieht man Christus auf dem Sonnenwagen, Nachfahre des griechischen Lichtgottes Helios. Wir finden Orpheus mit der Leier, der die wilden Tiere zähmte – Friedenbringer der Griechen, als Jesus-Friedensfürst auch der neuen Religion. Man wird sich bewußt, dass die Christen ihren Alltag ja mitten in der Kultur ihrer römischen Umgebung lebten und ihre Kunst sich der ihnen geläufigen Formen bediente. Selbst der Gute Hirte, den wir ganz für das Christentum zu beanspruchen geneigt sind und den wir auch in den Katakomben finden, ist schon Jahrhunderte vor unserer Zeitrechnung dargestellt worden. Daneben trifft man auch viele Szenen, die eindeutig und ausschließlich christlich sind, besonders oft solche, die auf ein Leben nach dem Tode hinweisen, wie die Auferweckung des Lazarus, Jonas im Walfisch oder die Taufe Christi.

Mehr als die oft schwer zu erkennenden Fresken interessieren mich immer wieder die unscheinbaren, in die Grabplatten eingeritzten Symbole, und es ist ein erregendes Unterfangen, ihren Bedeutungen nachzuforschen. Da sind vor allem die verschiedenen Abwandlungen des Christusmonogrammes: Immer wieder trifft man auf die Darstellung eines Fisches. Wenn er von einem Körbchen mit Broten begleitet ist, erinnert er an die wunderbare Speisung der Menschenmenge – Vorausahnung des Altarsakramentes. Meist aber ist er wiederum ein Christussymbol: Die Buchstaben des griechischen Wortes ICHTHYS (Fisch) bilden die Anfangsbuchstaben von Iesous Christos Theou Hyios, Soter (Jesus Christus, Gottes Sohn, Retter), einer Anrufung also, die dem Sterbenden in seiner letzten Stunde auf den Lippen gelegen haben mag.

Wir Heutigen haben Mühe, uns in jene Welt der Symbole hineinzufühlen, wo alles viel bedeutungsvoller war. Wir sehen das Hakenkreuz und denken spontan an eine unlängst vergangene schlimme Zeit. Das Swastika ist aber ein uraltes Zeichen, das in vielen Kulturen unabhängig voneinander vorkommt. Es ist das Symbol für die ewige Bewegung des Universums, die nur eine überirdische Macht vollbringen kann. Ein Rad rollt fast von alleine; das Swastika mit seinen Haken aber bedarf fortwährend eines neuen Anstoßes, wenn es in Gang gehalten werden soll – wie unsere Seele immer wieder eine Anstrengung von uns verlangt, will sie weiterkommen. Ähnlich gilt das Schiff vor dem Leuchturm als Abbild für die dem sicheren Hafen zustrebende Seele.

Fresken aus nichtchristlichen Gräbern: Oben aus der Domitilla-Katakombe Eros und Psyche, unten von der Via Latina Alkestis, Herakles und Admetos

Der Pfau war schon immer das Symbol für die Apotheose, sein Fleisch galt den Alten als unverweslich, und so wurde dieser Vogel auch den Christen zum Sinnbild der Unsterblichkeit. Der Hahn, der nach der finstern Nacht den Morgen verkündet, steht für die Auferstehung. Der Adler ist Sinnbild der Jugend; in den Psalmen steht, dass »die Jugend sich wie beim Adler erneuert«. Der schnelle Delphin ist Vorbild für den Eifer, mit dem die Seele nach ihrem Heil streben sollte; auch Pferde reden vom Wettlauf nach der Ewigkeit als Ziel. Die Taube mit dem Ölzweig ist noch heute das allbekannte Friedenszeichen. Der Palmzweig und der Lorbeerkranz waren auch früher Siegespreise, den Christen somit Zeichen des geistigen Sieges, ebenso der der Athena heilige Ölzweig. Die Lilie ist Symbol der Reinheit. Die Lampe, die in der Nacht leuchtet, ist das Licht Christi, das unser Dunkel erhellt. Das Dreieck dokumentiert die hl. Dreifaltigkeit.

Die Liste der Symbole ließe sich fast beliebig verlängern; und zu beachten ist ferner, dass manche mehrere Bedeutungen haben: Das Lamm versinnbildlicht nicht nur den gläubigen Menschen, sondern im besonderen die Unschuld und die Gottesfurcht. Der Hase ist nicht nur furchtsam, sondern auch sehr schnell und erinnert an den schnellen Ablauf eines Menschenlebens. Der Löwe hingegen symbolisiert Stärke und Macht, bei Augustinus steht er für Christus, Petrus spricht vom brüllenden Löwen als dem teuflischen Widersacher; jedermann weiß, dass er auch den Evangelisten Markus vertritt. Die Taube ist zwar das Symbol des Friedens, ihrer zwölf meinen sie auch die zwölf Apostel. Ähnlich verhält es sich bei den Sternen; in großer Menge können sie Kirche als Ganzes darstellen, in genau zwölf an der Zahl sind wohl in der Regel die zwölf Apostel gemeint. Vielseitig ist die Sprache der Schlange; sie ist nicht nur das Sinnbild des Verführers und des Bösen, sondern in der Gestalt der eherenen Schlange des Mose Künderin des kommenden Heilandes. Auch die Schlange Äsculaps ist in die christliche Zeit herübergekommen.

Bäume wollen eine Landschaft andeuten und versinnbildlichen das Paradies; ein verdorrter und ein gesunder Baum nebeneinander zeigen anschaulich den Unterschied zwischen dem irdischen und dem ewigen Leben. Ein einzelner, Früchte tragender Baum ist der auch unserer Kunst bekannte Lebensbaum und mahnt uns, ebenfalls Früchte zu zeitigen, statt unnütz in den Tag zu leben. Die Kunst der Katakomben ist voller SINN-Bilder, denen nachzusinnen sich lohnt.

Thronender jugendlicher Apollo-Christus
Vatikanische Museen

Spannend ist auch das Entziffern der Inschriften. Die vorchristlichen Gräber sind oft mit allen drei Namen des Toten versehen, dem meist abgekürzten Vornamen, dem erblichen Geschlechtsnamen und dem charakterisierenden Beinamen. Die Christen nennen meist nur den letzteren, und zwar sind es ganz neue mit religiöser Bedeutung: Beatus, Evangelius, Martyrius. Während die heidnischen Gräber selten das Datum des Todes nennen, tun es die christlichen viel häufiger. Wir wissen bereits: der Todestag ist ja der Geburtstag für die Ewigkeit, unendlich wichtiger als der leibliche Geburtstag. Der sicherste Beweis, dass wir vor dem Grab eines Christen stehen, sind schließlich Beifügungen wie PAX TECUM, IN PACE, IN DEO, DORMIS IN PACE oder noch bedeutungsvoller:

VIVAS IN PACE – Lebe in Frieden!

»Hier ist Petrus«

Vielerlei sind die Gründe für einen Besuch Roms, und riesig lang ist die Liste der Sehenswürdigkeiten, aus der es auszuwählen gilt, je nach dem Zweck der Reise. Aber *einen* Ort wollen sie alle gesehen haben: die Peterskirche. Bei ihr verweilen selbst die Japaner für eine Weile auf ihrem Trip *»Ganz Europa in x Tagen«*. Allerdings nehmen die meisten Besucher die Bedeutung der Kirche nur von der einen Seite zur Kenntnis, bewundern den herrlichen Bau, die kostbaren Altäre, die mächtigen Grabmäler. Am Anfang von St. Peter aber steht eine Idee, die größte in der Geschichte der Menschheit, und sie manifestiert sich hoch oben in der Kuppel des Domes in goldenen Mosaikbuchstaben:

TU ES PETRUS ET SUPER HANC PETRAM ...

»Du bist Petrus (der Fels), und auf diesem Felsen will ich meine Kirche bauen; und dir will ich die Schlüssel des Himmelreiches geben«.

Vor zweitausend Jahren lag der vatikanische Hügel, lag das ganze rechte Tiberufer außerhalb Roms. Die Abhänge des Vaticanus waren übersät mit Villen und weitläufigen Parkanlagen. Und zu ihren Füssen baute Caligula, der zweite Nachfolger von Kaiser Augustus, im Jahre 37 seine Rennbahn, eine lange, verhältnismässig schmale Anlage. Start und Ziel waren dort wo man heute den Petersplatz betritt, wo die beiden weit ausholenden Kolonnadenbogen sich einander nähern. Die Bahn verlief über die linke Seite des Platzes, entlang dem linken Seitenschiff der Kirche, weiter gegen Westen bis über die Apsis von St. Peter hinaus. Demgemäss erstreckten sich die langen Zuschauerreihen auf der Nordseite der Rennbahn unter dem linken Seitenschiff, ihnen gegenüber die südlichen Reihen unter dem Campo Santo Teutonico und in den Verlängerungen davon.

In der Antike führte eine Strasse, die Via Cornelia, von der heutigen Engelsbrücke zwischen dem Circus und dem Mons Vaticanus nach Westen. Und an dieser Strasse lag, wie an vielen die Stadt verlassenden Strassen, ein Friedhof, teilweise am bereits steilen Abhang. Es findet sich alles von der kostbaren, mit Fresken geschmückten Familienkapelle bis zur armseligsten letzten Ruhestätte eines Mittellosen unter schräggestellten Steinplatten.

Der Circus des Caligula
eingezeichnet in den Grundriss der Peterskirche

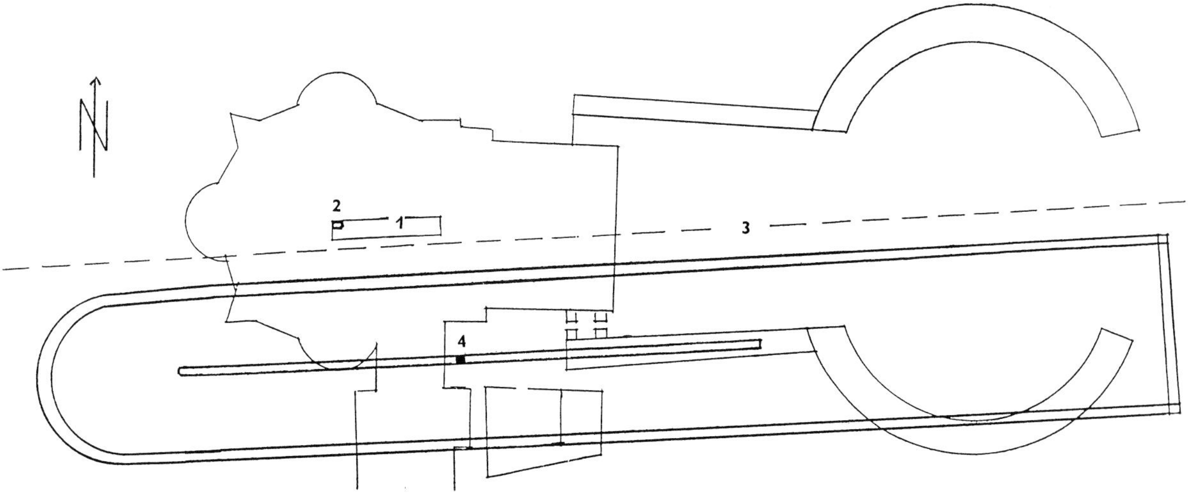

1 *Gräberstraße unter dem Mittelschiff*
2 *Petrusgrab unter dem Papstaltar*
3 *Antike Via Cornelia*
4 *Standort des Obelisken auf der Spina der Rennbahn*

Ob Nero Rom angezündet hat, wird wohl immer ungeklärt bleiben, aber dass man ihm die Tat zutraute, ist offensichtlich. Was war da für ihn naheliegender, ob er sich schuldig fühlte oder nicht, als vorsichtshalber nach Sündenböcken zu suchen. Und da eignete sich ausgezeichnet die sich seit einiger Zeit bemerkbar machende Sekte der Christen, die besonders dadurch negativ auffiel, dass ihre Anhänger sich weigerten, dem Kaiser göttliche Ehren zu erweisen. Im Zirkus des Nero - er hatte ihn umbenannt, weil er eine seiner Lieblingsstätten war - veranstaltete der Despot also ein Blutbad unter den neuernannten Staatsfeinden. Dort starb auch das Oberhaupt der Christen den Kreuzestod, nach der Legende mit dem Kopf nach unten, weil er nicht würdig sei, wie sein Meister zu sterben. Und beeerdigt wurde er von seinen Freunden gleich nebenan im Friedhof am Vatikanabhang, in einem bescheidenen Bodengrab zwischen Steinplatten. Vergessen aber wurde es nicht. Bald einmal schützte man es durch Mäuerchen vor dem bei Regen abrutschenden Hang. Unter den Archäologen ist viel die Rede von einer sogenannten roten Mauer, auf welcher die Grabbesucher Graffiti eingekritzt hatten. Da fand man die sensationelle griechische Inschrift:

(Π)ΕΤΡ*(VS)* *(P)ETR(US)*
ΕΝΙ *IST HIER*

Zum Vorschein gekommen sind auch, nach dem Fundbericht, die Gebeine *»eines Mannes im vorgerückten Alter und von robustem Körperbau«*, allerdings ohne den Schädel, was aber genau zur Überlieferung passt: das Haupt Petri sei 258 in die Sebastianskatakombe überführt worden, was dort wiederum durch Graffiti bezeugt ist. Es gibt eine umfangreiche Literatur über die Ausgrabungen unter der Peterskirche, die Pius XII. angeordnet hatte. Empfehlenswert ist das Werk von Professorin Margherita Guarducci von der Universität Rom, »Hier ist Petrus«, reich ausgestattet mit Photos und Skizzen, ergänzt durch Untersuchungsberichte und Gutachten von Fachleuten verschiedener Diziplinen*. Die Forscher kamen zum Schluss, dass das Grab Petri eindeutig gefunden sei, dass aber nicht mit letzter wissenschaftlicher Sicherheit zu beweisen sei, welche der aufgefundenen Skeletteile diejenigen des Apostels seien. Die Einschränkung verwundert nicht, sind doch die Gräber mehrfach gestört worden, z.B. durch die Sarazenen im Jahre 846 auf der Suche nach Kostbarkeiten.

* Venerando Correndi/Luigi Cardini: Osteologische Untersuchungen.
Carlo Lauro/ Carlo Negretti: Petrographische Analysen.
Maria Luisa Stein/ Paolo Malatesta: Untersuchungen von Geweberesten.

Hatte man schon bald nach der Beisetzung Petri durch mancherlei Vorkehren das Grab vor dem Untergang und dem Vergessen bewahrt, kommen früh auch schriftliche Belege hinzu. So liest man im *Liber Pontificalis*, der dritte Papst, Anaklet I. (ca. 76-88) habe über dem Grab ein Mal errichtet. Die Archäologen, die zu Recht alles in Frage stellen, was sich irgendwie bezweifeln lässt, vermuten einen Irrtum, der Autor habe Anakletus mit dem ähnlichen Namen Anicetus (155-166) verwechselt. Sie bringen die Memoria mit Ziegelsteinen in Verbindung, welche die Stempel von Marc Aurel (161-180) tragen. Ist das Grabmal also hundert Jahre jünger, so fand man unter ihm wiederum Reste eines Males mit einem Ziegelstempel von Vespasian (69-79). Zu den Ausgrabungen gesellen sich schriftliche Zeugnisse über das Petrusgrab, beziehungsweise über den Primat. Papst Clemens (ca 88-97), der dritte Nachfolger Petri, schlägt in einem Brief an die Christengemeinde von Korinth, die sich zerstritten hatte, einen derart befehlenden Ton an, klärt sie auf über Hierarchie und Gehorsam, was sich nur leisten kann, wer die anerkannte Autorität besitzt. Irenäus, der Bischof von Lyon (140-190) betont in seiner Schrift »gegen die Häretiker« den Vorrang des Bischofs von Rom. Als echt bezeichnen die Forscher sodann einen vom Historiker Eusebius überlieferten Brief des Presbyters Gaius, der zwischen 199 und 217 seinen Freund auffordert, nach Rom zu kommen, wo er am Mons Vaticanus und an der Strasse nach Ostia (wo Paulus starb) die Tropaia (Gedenkmale) sehen könne der Männer, die die Kirche gegründet hätten.

Als Kaiser Konstantin (312-337) beschloss, den Christen von Rom unter anderem eine Basilika zu Ehren des ersten Papstes zu schenken, hätte er sie doch vernünftigerweise auf die große Ebene der neronischen Rennbahn stellen können. Nein, er baute sie an den steilen Abhang des Vaticanus, musste oben 40.000 Kubikmeter Erde abgraben und unten damit auffüllen, um mühsam einen horizontalen Baugrund zu erhalten, der wenige Schritte nebenan schon vorhanden gewesen wäre. Im weiteren musste er die Grabesruhe der am Abhang Beigesetzten stören, ein großer Frevel in den Augen der Römer. Die Kapellen wurden der Dächer beraubt und danach die Innenräume von oben mit Erde aufgefüllt, bevor alles unter der planierten Fläche verschwand. Heute kann man auf Voranmeldung die Nekropole unter der Peterskirche besichtigen, die Gräberstraße zwischen dem Familiengräbern begehen und sich sogar, wenn auch etwas mühsam, bis zum Petrusgrab durcharbeiten.

Berninis Baldachin über dem Papstaltar und die von den Gläubigen hochverehrte Bronzestatue des hl. Petrus

VNA F

Warum hat Konstantin die unvernünftige Arbeit der Planierung auf sich genommen? Weil er über dem Petrusgrab bauen wollte: Und genau über dem Grab, nur einige Meter höher, kam der Altar seiner Kirche zu stehen, und wiederum über diesem, abermals einige Meter höher, steht der Papstaltar der jetzigen Kirche.

Beim Bau seiner Gotteshäuser lehnte sich Konstantin an die Basiliken, die Gerichts- und Versammlungshallen an, wie sie Rom schon seit Jahrhunderten kannte - ein rechteckiger Bau mit einem breiten Mittelschiff und kleineren Seitenschiffen. In der Apsis gegenüber dem Eingang stand der Thron des Richters oder des Kaisers, beidseits von ihm, in der Apsisrundung, waren die Bänke der Beisitzer. Etwas näher dem Publikum standen zwei Rednerpulte, zwischen ihnen ein Altar. Fast genauso sehen auch die christlichen Basiliken aus, wie sie von Konstantin geschaffen wurden. Auf dem Platze des Richters thront der Bischof, umgeben von Presbytern. Die Rednerpulte wurden zu Evangelium- und Epistelkanzel und auch der Altar blieb an seinen Platz zur Feier der heiligen Eucharistie.

Im 15. Jahrhundert stand die Peterskirche - immerhin nach tausend Jahren - vor dem Zerfall, und der große Humanistenpapst Nikolaus V. beschloss einen Neubau. Man ging dabei in Etappen vor, riss immer nur soviel vom Altbau ab, wie man gerade an Platz benötigte, so dass immer Raum genug verblieb oder neu geschaffen wurde, um Gottesdienst zu halten. Unter den Nachfolgern des Gründers kam man allerdings nur langsam vorwärts, bis 1503 der stürmische Julius II. Bramante zum Baumeister ernannte. Von ihm stammt der Plan, »das Pantheon auf die Maxentiusbasilika zu stellen«. Der Grundriß sah einen Bau vor in Form eines griechischen Kreuzes mit vier gleich langen Armen und über deren Schnittpunkt eine gewaltige Halbkugel. Über 24.000 Quadratmeter hätte die Grundfläche bedeckt; im Vergleich dazu misst die heutigen Kirche »nur« 14.000 Quadratmeter. Auf Julius II. folgte der Medici Papst Leo X., der grosse Kunstfreund, und als schon bald nach seinem Regierungsantritt Bramante starb, ernannte er den berühmten Maler Raffaello Santo zu seinem Nachfolger. Er schlug einen neuen Grundriss vor in Form eines lateinischen Kreuzes, also mit einem Langhaus. Bei diesem Plan blieb mehr oder weniger auch der 1520 folgende Antonio da Sangallo. 1546 erhielt der 72-jährige Michelangelo von Paul III. die Generalvollmacht, mit dem Bau ganz nach seinen Ideen zu verfahren.

Blick in die Innenkuppel der Peterskirche.
Der Ring unter der Laterne bezeugt, dass das Werk 1590 unter Sixtus V. vollendet wurde

S·PETRI GLORIAE SIXTVS P·P·V·A·M·D·X·C·PONTIF·V·

Nach langem Zögern erst übernahm er die Aufgabe, denn sie beinhaltete nicht nur den Kampf mit dem großen Projekt, sondern auch mit den Lieferanten und Bauunternehmern, was aus Vasaris Biographie hervorgeht, wenn er schreibt, sein Meister habe *»St.Peter von Dieben und Banditen befreit!«* So schuf sich Michelangelo, der selber auch einen aufbrausenden Charakter hatte und einen überempfindlichen Stolz, etliche Feinde. Er liess manches von seinen Vorgängern Geschaffene abreissen oder ändern, hinterließ aber bei seinem Tode ein weitgehend vollendetes Werk.

Die Kuppel allerdings war nur bis zum Tambour gediehen und wurde erst von Giacomo della Porta und dem Tessiner Domenico Fontana 1590 eingewölbt. Diese beiden Architekten überhöhten die von Michelangelo als Halbkugel geplante Kuppel - Vorbild war ihm Brunelleschis Werk in Florenz - zur heutigen Glockenform, was viel dazu beiträgt, dass sie so scheinbar schwerelos über dem Bau schwebt.

Die Befürworter des griechischen Kreuzes als Grundform waren vor allem der Schönheit des Baues verpflichtet, so auch Michelangelo, der zum ersten Plan Bramantes zurückgekehrt war. Ihnen konnten hauptsächlich die Kardinäle nicht beipflichten. Ihnen ging es vor allem um den praktischen Nutzen der Kirche, und sie sahen ihre Vision, welchen Menschenmassen St. Peter in Zukunft wird Platz bieten müssen. Also verlängerte man den östlichen Arm zur Stadt hin, und es entstand endlich das heutige Langhaus. Das hat zur Folge, dass die schöne Kuppel vom Petersplatz nur unvollkommen bewundert werden kann und hinter der Fassade verloren geht. Die abschließende Fassade war deshalb ein besonderes Problem. Die enorme Breite von 113 Metern hätte eine entsprechende Höhe gefordert, aber dann wäre die Kuppel vollends verschwunden. Carlo Maderna, ihr Erbauer, machte das Möglichste, um der zu niederen, schwer wirkenden Fassade Aufwärtsschwung zu verleihen - mit den mächtigen Travertinsäulen von 28 Metern Höhe.

Am 18. November 1626, nach einer Bauzeit von 120 Jahren, weihte Urban VIII. die größte Kirche der Christenheit. Letzter Architekt von St. Peter war der berühmte Barockkünstler Bernini: Er gestaltete den Petersplatz mit seinen Kolonnaden.

Santa Maria Maggiore

Im Jahre 352 hatte der römische Patrizier Johannes einen seltsamen Traum: Die Muttergottes bat ihn, an der Stelle, wo man am Morgen Schnee fände, solle er ihr eine Kirche bauen. Schnee fällt in Rom nicht jeden Winter, immerhin kommt es vor und er hält sich auch einige Stunden. Seinen Traum hatte Johannes aber nicht im Dezember, sondern in der Nacht vom 5. auf den 6. August, in der Zeit der größten römischen Hitze, wo alle Römer, die es sich leisten können aus der Stadt fliehen. Am frühen Morgen war trotzdem die Höhe des Esquilins, ein Gebiet, das dem Patrizier gehörte, weiß von frisch gefallenem Schnee.

Noch hatte sich der Träumer vom Staunen nicht erholt, da trafen auch schon Boten von Papst Liberius ein mit der Nachricht, den Heiligen Vater hätte Maria im Traume gebeten, dort eine Kirche zu bauen, wo... Johannes wußte die Fortsetzung der Meldung bereits – die beiden hatten genau die gleiche Aufforderung empfangen.

Dies ist die Legende über den Ursprung von S. Maria Maggiore, der Mutter aller Marienkirchen des ganzen Erdkreises, und noch heute regnet es jeweils am 5. August, zum Gedenken an jenen Schneefall, in der Seitenkapelle Salus Populi Romani während der hl. Messe weiße Blütenblätter von der Decke herunter.

Die Kunsthistoriker benennen die linke Seitenkapelle prosaischer als Capella Paolina, weil Papst Paul V. aus dem mächtigen Geschlecht der Borghese sie für seine Familie errichten ließ, als Gegenpol zur gegenüberliegenden, zwanzig Jahre älteren Capella Sistina von Sixtus V. Das römische Volk allerdings bekümmert sich wenig um das Prunkgrabmal des Pontifex, nicht um all den gemeißelten, stuckgeformten und gemalten Bilderschmuck, sondern verehrt glühend ein kleines, unscheinbares Muttergottesbild hoch über dem Altar, das es wie die ganze Kapelle *Salus Populi Romani* nennt – *Heil des römischen Volkes* – und von dem es überzeugt ist, dass der Evangelist Lukas es gemalt hat. Die Römer wissen es mit dem Herzen besser als die nüchternen Kunstexperten, die seine Entstehung ins 8./9. Jahrhundert verlegen.

Der heilige Lukas war in Antiochia, der Griechenstadt in Syrien, zur Welt gekommen, einer damals großen und reichen Stadt. Er hat sich das Wissen seiner Zeit angeeignet, sich in Griechenland und Ägypten weitergebildet und ist Arzt geworden.

In Antiochia hatte er den Apostel Paulus kennengelernt und begleitete ihn auf allen seinen Reisen auch in die Gefangenschaft in Cäsarea und in Rom. Auf den Missionsreisen lernte er die Mutter Christi kennen, die ihn von den Jugendjahren ihres Sohnes erzählt hat. Er ist tatsächlich der einzige Evangelist, der die Ereignisse von Bethlehem und Nazareth überliefert hat.

Durch die Kaiserin Eudoxia soll 439 das von Lukas gemalte Marienbild oder eine Kopie davon nach Rom gekommen sein, und dieser Ikone habe man die Kirche S. Maria Antiqua auf dem Forum erbaut, unter Verwendung der Mauern eines Minerva-Tempels Domitians. Manche Muttergotteskirche steht auf den Fundamenten eines Athenae- oder Minerva-tempels - Maria, die Mutter der Kirche als Nachfolgerin der Beschützerin Roms. Als Ersatz für die baufällig gewordene Kirche entstand um 800 im ehemaligen Venus- und Romatempel die Kirche S. Maria Nova, heute der heiligen Francesca Romana geweiht, welche die kostbare Marienikone aufnahm.

Zu diesem ihrem hochverehrten Gnadenbilde der Gottesmutter tragen also die Römer und Römerinnen seit Jahrhunderten ihre Sorgen, die persönlichen und diejenigen der Stadt; und besonders die Mütter aus allen Kreisen, Bettlerinnen und Fürstinnen, führen der Fürsprecherin, die doch selber Mutter des göttlichen Kindes und der ganzen Kirche ist, ihre Kinder zu, sie ihrem Schutze anzuvertrauen. Maria blickt mit ihren großen, schwarzen, durchdringenden Augen schweigend herab auf die Flehenden, kennt ja alle ihre Sorgen, hat alle zum voraus selber durchgelitten. Auf dem Altar zu ihren Füßen hat Eugenio Pacelli, einer ihrer großen Verehrer, sein erstes Meßopfer dargebracht – der spätere Papst Pius XII.

Die Capella Sistina beherbergt die Wandgräber zweier bedeutender Päpste: Sixtus V. ruht dort, der große Stadterneuerer, der breitere Straßen durch die engen und lichtlosen Quartiere brach, sonnendurchflutete Plätze mit stolzen Obelisken schmückte, Rom vom Banditenwesen befreite und die Kirche festigte. Er hat die Kapelle gebaut und nach ihm ist sie benannt. Seinem Grab gegenüber dasjenige des hl. Pius V., des großen Reformers der Kirche. In sein Pontifikat fällt die berühmte Seeschlacht von Lepanto, in welcher eine venezianische Flotte die Türken vernichtend schlug. Das Rosenkranzfest erinnert daran.

Das Mittelschiff von S. Maria Maggiore überwältigt den Besucher mit einem Reichtum an Marmor, Gold und Mosaiken

Viel menschliche Schwachheit und Schuld hat S. Maria Maggiore während den eineinhalbtausend Jahren ihrer Geschichte ansehen müssen. Zur Zeit der Machtkämpfe zwischen Kaiser und Papst überfielen Kaisertreue unter Führung des Aristokraten Cencius Papst Gregor VII. am Heiligen Abend während der Meßfeier. Vom Volke aus dem Gefängnis befreit, verlangte er nicht nach Erholung vom erlittenen Schrecken, sondern wollte unverzüglich nach S. Maria Maggiore zurückgebracht werden, das Meßopfer zu beenden. An Maria Himmelfahrt 1348 ließ Cola di Rienzo, der Sohn eines Schenkenwirts, sich hier unter theatralischem Pomp zum »Kaiser« krönen und wollte als Bewunderer der Antike das römische Imperium erneuern. Wenigstens im Tode erreichte der Phantast das Schicksal einiger seiner Vorbilder: Der Pöbel, der ihn während einiger Jahre des Erfolges zum Gottmenschen hochgejubelt hatte, schleifte seinen Leichnam nach dem Zusammenbruch durch die Straßen Roms.

Wer das Heiligtum Mariens durchs Hauptportal betritt, ist überwältigt vom goldglänzenden Reichtum ihres Tempels. Wie eine Triumphstraße führt das breite Mittelschiff zum Hochaltar, begrenzt durch zwei Reihen makelloser, monolithischer Marmorsäulen. Über den Architraven prangen auf der ganzen Länge, auch zwischen den Fenstern des Hochhauses, farbenprächtige Mosaiken und erzählen die Geschichten des Alten Testamentes. Stunden bräuchte man sie zu studieren; man muss sich auf einige wenige beschränken und im übrigen den Gesamteindruck auf sich wirken lassen. Überspannt wird der Raum durch eine prächtige Kasettendecke. Ihr Gold haben die Karavellen des Kolumbus, dessen Flaggschiff ja »Santa Maria« hieß, aus Amerika gebracht und es wurde von den spanischen Königen dem »Stern des Meeres« dargebracht.

Ganz vorne beim Hochaltar verbindet ein Triumphbogen die beiden Säulenreihen, und er ist es, der das Hohelied auf die Gottesmutter anstimmt. Seine Mosaiken schildern ihre Auserwählung; geschmückt wie eine Königin, assistiert vom großen Hofstaat, empfängt sie die Botschaft. Wir sehen Herodes, den Kindermord, die Flucht nach Ägypten. Die Magier aus dem Morgenlande finden nicht ein Kleinkind vor, sondern einen strahlenden König. Die Wirkung der Farben und ihre Kombination beherrschen die Künstler aus dem 4. oder 5. Jh. mit größter, kaum je überbotenen Meisterschaft.

Salus Populi Romani - Heil des römischen Volkes.
Die Ikone ist wohl das am meisten besuchte Gnadenbild der Gottesmutter

Den größten Ruhm findet Maria im Apsismosaik mit der Krönung im Himmel. Kein Aufwand ist zu groß, das Ereignis zu feiern. Sonne, Mond und Sterne sind als Zeugen geladen, Scharen von Engeln sind aufgeboten. Von beiden Seiten eilen Heilige herbei, der Himmelskönigin zu dienen. Wie schon am Triumphbogen ist in kleinerem Maßstab der Stifter abgebildet, dort Sixtus III., hier Nikolaus IV.

In der Krypta unter dem Hochaltar wird die Krippe verehrt, in welcher das kleine Jesuskind gelegen haben soll. Vielleicht kann ihre Echtheit nie bewiesen werden, aber sicher ist, dass die armseligen Brettchen ungezählten Betern geholfen haben, ein schweres Leid zu tragen.

Unter all dem Reichtum, den die Jahrhunderte der Gottesmutter gewidmet haben, mischt sich auch ein Zeugnis der Bescheidenheit. Bernini, der weltberühmte Architekt und Bildhauer, der wie kein anderer die Ewige Stadt schmückte und ein Leben in Glanz genoß, hat für sich ein einfaches Bodengrab bestimmt. Millionen von Touristen laufen über die Bodenplatte mit dem unsterblichen Namen hinweg und achten seiner nicht. Auf die Frage, warum er anderen so große und herrliche Grabmäler geschaffen habe, aber selber in einem ärmlichen Bodengrab bestattet sein wolle, soll seine Antwort gewesen sein:

»Wenn man ein großes Grabmal bewundert, schaut man zwangsweise zu ihm empor, und das macht stolz; mein Grab aber zwingt den Blick zu Boden, und das fördert die Demut«.

DAS PÄPSTLICHE ROM

Lateransbasilika, Mutter aller Kirchen

Zur Zeit des Kaisers Nero wurde eine Verschwörung gegen ihn aufgedeckt, in welche unter anderem ein gewisser Plautius **Lateranus** verwickelt war. Der Rebell gestand unter der Folter, die Besitztümer der Laterani wurden enteignet und gingen an den Kaiser. Dazu gehörte auch ein Gebäudekomplex auf dem Caelius, in welchem die kaiserliche Leibgarde untergebracht wurde. So läßt sich erklären, warum 300 Jahre später Kaiser Konstantin der Große diesen Grundbesitz, der dem jeweiligen Kaiser, nicht dem Staat gehörte, Papst Silvester I. schenken und ein Gotteshaus mit Verwaltungsgebäuden errichten konnte. Der Name der Laterani aber ist dem Ort bis heute erhalten geblieben. S. Giovanni in Laterano ist die erste christliche Basilika und entspricht architektonisch bis in die Einzelheiten der römischen Marktbasilika.

Der Kaiser stattete seine Basilika Constantiniana auf das Prächtigste aus mit Gold, Silber und Edelsteinen, entsprechend dem Prunk seines Hofes. Bei vielen hat das Freude und Bewunderung ausgelöst, bei anderen aber auch Mißtrauen oder gar Ablehnung, denn sie mochten die künftige Abhängigkeit der Kirche von der weltlichen Macht ahnen und erinnerten sich mit Wehmut der einfachen Hauskirchen der Märtyrerzeit in den einzelnen Stadtbezirken.

Die Lateransbasilika wurde zur eigentlichen Papstkirche und ist sie bis heute geblieben: *Omnium urbis et orbis ecclesiarum mater et caput* ist ihr ruhmvoller Titel – *aller Kirchen der Stadt und des Erdkreises Mutter und Haupt*. Und noch heute nimmt der neugewählte Papst nach der Krönung in feierlicher Weise Besitz von seiner Bischofskirche. Im Lateran haben auch viele der frühen Konzilien stattgefunden.

Die Basilika erlebte im Verlaufe der Jahrhunderte viele Höhen und Tiefen. Die Goten Alarichs scheinen 410 die Bauwerke der Stadt noch geschont zu haben – Plünderung war ihnen wichtiger, ebenso 455 den Vandalen und selbst 846 den Sarazenen. Zerstört wurde die Kirche erst durch das Erdbeben von 896 und blieb dann lange Zeit im Rohbau stehen, bis Ende des 13. Jahrhunderts Nikolaus IV. sich ihrer annahm. Kaum fertiggestellt, brannte sie 1308 ab. Clemens V. (1305-1314) ist es zu verdanken, dass diesmal der Wiederaufbau sofort vorgenommen wurde; er aber trägt die Schuld für das unheilvolle babylonische Exil der Päpste in Avignon. Als Urban V. 1367 endlich wieder nach Rom zurückkehrte, befand sich der Lateran in derart schlechtem Zustand, dass man sich entschloß, vorerst im Vatikan zu wohnen. Aber weil nichts so dauerhaft ist wie ein Provisorium, residiert der Papst noch heute drüben jenseits des Tibers. Übrigens waren es vor allem zwei Frauen, die es zuwege brachten, dass der Nachfolger Petri nach Rom heimkehrte. Die heilige Birgitta von Schweden, die damals schon längst in Rom lebte, und die heilige Katharina von Siena, berühmt als Friedensstifterin in vielen politischen Fehden.

Neuen Aufschwung erlebte die Lateransbasilika zur Zeit des Barocks. Das Innere, wie es sich heute präsentiert, geht zum großen Teil auf den Bernini-Schüler Francesco Borromini zurück, einem aus Bisone stammenden Tessiner. Im Auftrag seines Förderers Innozenz X. erneuerte er die Kirche aufs Heilige Jahr 1650. Er reduzierte die 14 Arkaden des Mittelschiffs auf deren 5; die 12 Pilaster (je 6 pro Seite), die dabei entstanden, schmückte er mit Ädikulen, in die später die 12 riesigen Apostelstatuen, jede aus einem einzigen Marmorblock geschaffen, gestellt wurden.

Die eindrückliche Hauptfassade von 1734/36 ist das Werk von Alessandro Galilei. Sie ist zweigeschossig, doch steigen die mächtigen Säulen und Pilaster über beide Stockwerke hinauf bis zum Architrav – die sogenannte »Große Ordnung« nennen die Architekten diese imposante Bauart. Der vorspringende Mittelteil der Fassade ist breiter als die seitlichen Abschnitte und zusätzlich betont durch den krönenden Giebel, denn als Papstkirche besitzt S. Giovanni in Laterano eine Benediktionsloggia über dem Haupteingang.

S. Giovanni in Laterano besitzt eine der eindruckvollsten Fassaden unter den römischen Kirchen. Als Papstkirche hat sie eine Benediktionsloggia.

In der Vorhalle der Lateranskirche steht eine Statue Konstantins, die man in des Kaisers Thermen auf dem Quirinal gefunden hat. Beachtenswert ist das Mittelportal aus Bronze. Es stammt von der Curia auf dem Forum Romanum, also vom Senatsgebäude, von wo einst Entscheidungen für das ganze Europa gefällt wurden. Die letzte Türe rechts ist die zugemauerte Porta Sancta, die nur im Heiligen Jahr geöffnet wird.

Im rechten Seitenschiff befindet sich ein kleines unscheinbares Fresco, aber trotzdem ein äußerst wertvolles, weil Giotto es gemalt hat, der Begründer der europäischen Malerei, berühmt durch seine Freskenreihen in Assisi und Padua. Auf unserem Bild zeigt er die Proklamation des ersten Heiligen Jahres durch Bonifaz VIII. von der Loggia der Lateransbasilika im Jubeljahr 1300. Das Fest war, jedenfalls von den Pilgerzahlen her, ein Riesenerfolg mit zwanzig- bis dreißigtausend Gläubigen pro Tag, für damals eine unglaubliche Menge, die doch nicht mit Extrazügen und Autocars, sondern zu Fuß, nur die Begüterten per Pferd oder Wagen, nach Rom gezogen kamen.

Schräg gegenüber des Giotto-Bildes die Capella Torlonia, das letzte Familiengrab dieser Art in Rom. Giovanni Torlonia, dessen Vater 1752 als Kammerdiener aus Frankreich nach Rom kam, arbeitete sich zum reichsten Bankier der Stadt empor. Ihm gehörten nicht nur viele Palazzi und Villen Roms, sondern ganze Herzogtümer. Er und besonders sein Sohn Alessandro waren aber auch großzügige Mäzene und Spender in der Not.

Wenige Schritte weiter das Grab Silvesters II., eines der größten Gelehrten auf dem Stuhl Petri. Als junger Mönch studierte er bei arabischen Gelehrten in Sevilla und Cordoba und eignete sich ein unermeßliches Wissen an als Mathematiker, Astronom, Philosoph, Naturwissenschaftler und Literat, dermaßen, dass die Legende sich seiner bemächtigte, ihn als mit dem Teufel verbunden wähnte, ein Vorläufer des Doktor Faustus. Ihm verdanken wir das arabische Zahlensystem, die Erhaltung kostbarer alter Schriften – sein größtes Ziel aber, die Vereinigung von Byzanz und Rom unter dem jungen Kaiser Otto III. blieb ihm versagt.

In der Vorhalle der Lateransbasilika steht eine Statue des Stifters Konstantin d. Gr., die man in den Konstantinsthermen auf dem Quirinal gefunden hat.

So führen uns ernsthafte Geschichte und blumenreiche Legende von Monument zu Monument, zum Beispiel zum Sakramentsaltar im linken Querschiff, vor die vier mächtigen Säulen aus vergoldeter Bronze. Die Legende erzählt, dass diese Säulen einst den Tempel von Jerusalem geschmückt hätten. Sie seien hohl, gefüllt mit Erde aus dem Heiligen Land und von Titus, dem Zerstörer des Tempels, nach Rom entführt worden. Die Historiker mutmaßen dagegen, dass die vier Riesensäulen vom kapitolinischen Jupitertempel stammen und vielleicht identisch sind mit denjenigen, die Augustus aus den bei Aktium erbeuteten Schiffsschnäbeln gießen ließ.

Liturgische Mitte des Gotteshauses ist der Papstaltar am Ende des Hauptschiffes, in welchem ein alter hölzerner Altar eingeschlossen ist; an ihm sollen nach der Legende die ersten Päpste von Petrus bis Silvester I. das Meßopfer dargebracht haben. Im Baldachin über dem Altar werden als hochverehrte Reliquien die Häupter von Petrus und Paulus aufbewahrt.

Das große Apsismosaik gibt dem Betrachter neue Rätsel auf: Zwischen die großen Gestalten Paulus, Petrus, Maria, den beiden Johannes und Andreas zwängen sich klein und bescheiden die Figuren von Franz von Assisi, Antonius von Padua und des knieenden Papstes Nikolaus IV. Die Erklärung hierfür braucht keine Legende zu bemühen: Dieser Papst stammt aus dem Franziskanerorden und hat die beiden größten Vertreter seiner Gemeinschaft ins Bild einbeziehen wollen, dazu sich selber als Hausherrn, wie dies früher üblich war. Rätselhaft ist dagegen, dass sich der den Ägyptern heilige Vogel Phönix dazugesellt hat. Er soll sich am Ende eines Zeitalters selber verbrennen und verjüngt aus der Asche zu neuem Leben auferstehen. Als das Christentum über die heidnischen Religionen siegte, gab man den alten Gebräuchen und Symbolen oft eine neue, christliche Deutung, und so wurde der sich erneuernde Vogel den Christen zum Zeichen der Auferstehung.

Die Selbstverbrennung des ägyptischen Phönix soll in Heliopolis, der Sonnenstadt am Nil stattfinden, und aus genau dieser Stadt stammt auch der große Obelisk draußen auf dem Platz.

Die Schola der Franken

Bald nachdem die Christen den Sieg über die heidnischen Götter errungen hatten, begannen die Wallfahrer aus dem nördlich der Alpen gelegenen Gebieten die heiligen Stätten Roms aufzusuchen. Manche von ihnen blieben am Ziel ihrer Pilgerreise, und es ist natürlich, dass sich die Fremden gleicher Herkunft und Sprache enger zusammenschlossen – es entstanden die sogenannten Scholen. Der Begriff kommt schon Jahrhunderte früher zur Kaiserzeit vor und bezeichnete Gebäude, in welche sich Leute mit gleichen Interessen, wohl auch verwandter Tätigkeit, zusammenfanden, ähnlich unseren Zünften und ihren Zunftlokalen.

Als Papst Leo III. am 29. November 799 aus Deutschland nach Rom zurückkehrte, sollen ihm unter anderem auch die Fremdenscholen mit ihren Fahnen entgegengezogen sein: die Franken, die Friesen, die Angelsachsen und die Langobarden. Spätestens zu diesem Zeitpunkt müssen sie also organisiert gewesen sein; von dreien glaubt man gar das genaue Gründungsdatum zu kennen. Alle diese Scholen hatten ihren Standort nahe der Peterskirche, also am rechten Tiberufer, obwohl dieses Gebiet anfänglich noch nicht ummauert, also völlig ungeschützt jedem feindlichen Angriff ausgesetzt war. Offensichtlich suchten die Gründer der Scholen die Nähe des Grabes Petri und wollten auch ihre eigene letzte Ruhestätte sich in dessen Nähe sichern; denn jede Schola besaß neben einer Kirche, einer Pilgerherberge mit Spital auch einen eigenen Friedhof. Priester des eigenen Volkes besorgten die geistliche Betreuung ihrer Landsleute, waren Führer zu den heiligen Stätten, boten Hilfeleistung verschiedenster Art.

Die wohl älteste Schola war diejenige der Angelsachsen, wurde 727 gegründet, als König Inna nach Rom zog. Sie bestand aus einer Unterkunft für fürstliche und geistliche Rombesucher und einer Marienkirche. Ihr Gebiet lag dort, wo heute das große Spital Santo Spirito sich ausdehnt. Es hieß im Mittelalter Burgus Saxonum; Saxonia, volkstümlich bald in Sassia verwandelt. Daran erinnert noch heute die Kirche S. Spirito in Sassia. Sie geht zwar nur noch in ihren Fundamenten auf jene Zeit zurück, ist dagegen kunsthistorisch äußerst wichtig: Ihre Fassade ist die erste Barockfassade Roms – genauer eine Renaissancefassade mit den ersten barocken Stilelementen – und damit die Urzelle dieses zukunftträchtigen Baustils, der in Rom sich entwickelte und nördlich der Alpen seine reichste Ausgestaltung fand.

Am interessantesten für uns ist die Schola der Franken, deren Reich zur Gründungszeit außer Frankreich und die Beneluxländer auch Westdeutschland umfaßte, unsere Vorfahren also dieses Hospiz aufsuchten, ganz besonders aber, weil diese Schola als einzige noch heute existiert. Es ist der heutige Campo Santo Teutonico neben der Sakristei der Peterskirche. Eine Dokumentation aus dem 10./11. Jh. erwähnt eine Stiftungsurkunde vom 26. Dezember 797, verfaßt vom Frankenkönig Karl und Papst Leo III., erwähnt eine Erlöserkirche (S. Salvatore), an welcher drei Priester und je vier Kleriker aus Franken, Aquitanien und Gallien gewirkt hätten. Ein Abt Merkward von Prün berichtet, wie er 844 im Auftrag von König Lothar nach Rom gereist sei, um Reliquien zu erbitten. Er bekam sie und verwahrte sie bis zur Heimkehr »in der Salvatorkirche, welche Kaiser Karl seligen Andenkens aus seinen Mitteln für die Pilger aus dem fränkischen Reiche, aber auch für andere Fremde, habe errichten lassen«.

Der Sarazenenüberfall von 846 war der Grund, warum Papst Leo IV. bald nach seinem Regierungsantritt im Jahre 847 den Vatikan und den Borgo mit der vielzitierten Leonischen Mauer umschloß; die »Leostadt« war jahrhundertelang ein Begriff.

Das ununterbrochene Leben der Scholen bezeugt sodann eine Bulle Leos IX. vom 20. März 1054, welche die Privilegien und Rechte des Kapitels von St. Peter bestätigt, daneben aber auch die verschiedensten Nationalscholen erwähnt. Sie ist nur in Bruchstücken erhalten, doch ist der vorhandene Text praktisch unverändert in eine Bestätigung Hadrians IV. von 1158 übernommen worden; und selbst Innozenz VI. (1352-1362) aus der Avignonzeit bekräftigt Dokumente seiner Vorgänger.

Im Jahre 1448 herrschte eine mörderische Epidemie in Rom, so dass Bischof Johannes Goldener, Beichtvater von St. Peter, seine Landsleute täglich inmitten der vielen frischen Grabhügel auf dem Friedhof der Franken zum Gebet versammelte. Diesen Fürbitten Dauer zu verleihen, gründete er 1448/49 eine Armenseelenbruderschaft, war auch deren Leiter, bis er 1450 zum Weihbischof von Bamberg ernannt wurde. Das Jubeljahr von 1450 brachte der noch jungen Confraternität gleich zum Beginn ihres Bestehens einen großen Aufschwung.

Der Campo Santo Teutonico neben der Peterskirche,
seit über tausend Jahren letzte Ruhestätte von Wahlrömern aus dem Norden

Als Kardinal Aeneo Silvio Piccolomini, durch mancherlei Kontakte dem deutschsprachigen Raum verbunden, z. B. als Teilnehmer am Konzil von Basel, den Stuhl Petri bestieg (Pius II.), erhielt die Gemeinschaft 1461 die kirchliche Approbation, wurde von Gregor XIII. 1579 gar zur »Erzbruderschaft unserer lieben Frau auf dem deutschen Gottesacker bei St. Peter« erhoben.

1471 beschloß man, die bescheidene Kapelle durch eine größere und schönere Kirche zu ersetzen. Geldmangel und Differenzen mit den Architekten verzögerten die Arbeiten; erst am 8. Dezember 1501, am Fest der Unbefleckten Empfängnis, fand die Einweihung statt, und dieser Muttergottestag ist bis heute der alljährliche Festtag der Bruderschaft geblieben. Seit 1876 ist der Bruderschaft von Campo Santo ein Priesterkolleg angeschlossen.

Waren, wie schon erwähnt, alle Nationalscholen darauf aus, sich in der Nähe der Peterskirche anzusiedeln, so befindet sich der Campo Santo Teutonico auf besonders geheiligtem Grund: Tief unter ihm liegt der ums Jahr 40 erbaute Circus Caligulas. Hier starb zur Zeit Neros mit vielen anderem Märtyrern der Apostel Petrus und wurde wenige Schritte entfernt in einem einfachen Bodengrab beigesetzt.

Die Legende meint, dass die hl. Helena, Mutter Konstantins, von ihrer Reise nach Jerusalem Erde vom Kalvarienberg nach Rom gebracht, in S. Croce in Gerusaleme deponiert, zum Teil über dem Friedhof der Franken ausgestreut habe. Die Sage ist nicht sehr alten Datums, und es ist die Rede von riesigen Mengen, von »vieltausend Fuhr«, anderenorts von 270 Schiffen – eben eine Legende. Man weiß dagegen, dass umgekehrt Rompilger Erde vom Campo Teutonico in ihre Heimat mitgenommen und dort auf dem Friedhof ihrer Pfarrei ausgestreut haben. Dies hat vielleicht die Legende gefördert.

Aus der Kirche tretend, und den Friedhof der Außenmauer entlang im Uhrzeigersinn umschreitend, stößt man neben dem Eingang zum Kollegium auf die Grabplatte des Tiroler Malers Josef Anton Koch, der im Frühjahr 1795 als 27jähriger nach Rom kam und bis zu seinem Tod im Januar 1839 blieb.

Aus einem Romplan von 1593. Der Camposanto beim Pfeil.
Die Peterskuppel ist gerade fertig geworden (1590), das Langschiff erst im Bau

Beluedere
PLATEA · S · PETRI
S. Caterina
Campo Santo
Cesis
S. Inquisitione
Guardia de cavalli leggieri

Er wohnte zuerst in der ehemaligen Wohnung Carstens in der Via Babuino, im Verlaufe der Jahre in einem halben Dutzend anderer Straßen des Künstlerviertels. Er war unter der Künstlerschaft beliebt, bekannt durch seine Festfreude und deshalb auch Mitglied des Senatus Consultus der berühmt-berüchtigten Ponte-Molle-Gesellschaft.

Das große Marmorgrabmal gehört der Königinmutter von Dänemark, Charlotte Friederike, geborene Prinzessin von Mecklenburg, gestorben 1840. Rechterhand trifft man auf den Grabstein von Ludwig Curtius, des Archäologen, gestorben 1954. Er war Direktor des deutschen Archäologischen Instituts in Rom, Verfasser mehrerer Werke über antike Kunst. Seit Winckelmann nehmen auf dem Gebiet der archäologischen Erforschung Roms die Deutschen den unbestritten ersten Platz ein. Das heutige Institut geht auf Bemühungen des preussischen Gesandten Bunsen in den Sechzigerjahren des 19. Jh. zurück und hatte mehrere hervorragende Wissenschaftler als Leiter.

In der Südwestecke ruht Josef Spithöver. Er kam 1841 als Buchhändler nach Rom, kaufte 1870 den Barberini die Orti Sallustiani ab und baute dort seine Villa. Durch Grundstücksverkauf an die wachsende Stadt erwarb er sich ein großes Vermögen, das er großzügig zugunsten der Künstler einsetzte. Ihm gegenüber eines der neuesten Gräber: Stefan Andres, der Schriftsteller, gestorben 1970, ein Vertreter christlicher Weltauffassung, Autor von Romanen und Novellen.

An der Westmauer ruht Joh. Martin Wagner, Bildhauer und Maler, unentbehrlicher Berater und Einkäufer für Ludwig I. von Bayern; er lebte von 1804 bis zu seinem Tode 1858 in seiner neuen Heimatstadt. Einige Schritte weiter: Anton de Waal (gestorben 1917), der erste Rektor des Kollegiums, Verfasser einer Geschichte des Campo Santo anläßlich seines elfhundertjährigen Jubiläums, eines heute gesuchten Pilgerführers, und anderer Veröffentlichungen. In der Nordwestecke fand Gustav Kardinal von Hohenlohe seine letzte Ruhestätte (gestorben 1896), der Bruder des deutschen Reichskanzler 1894-1900, ein altes Adelsgeschlecht. In der Nähe auch Augustin Theiner (gestorben 1874), Präfekt des Päpstlichen Geheimarchivs und Sibylle Mertens-Schaafhausen (gestorben 1857), Freundin der Droste und von Schopenhauers Schwestern, Förderin von Kunst und Künstlern.

Das Innenfeld des Friedhofs wird durch zwei sich kreuzförmig schneidende Wege viergeteilt. Dort findet man den Archäologen Engelbert Kirschbaum (gestorben 1970), einer der Hauptbeteiligten an den Forschungen unter der Peterskirche: »Die Gräber der Apostelfürsten« (1959). Daneben das Grab des vieljährigen Kaplans der Schweizergarde, Paul Krieg, der Verfasser eines Lebenswerkes: »Die Schweizergarde in Rom«, in dem auch immer wieder vom Friedhof und der Erzbruderschaft die Rede ist.

Der Campo Santo Teutonico ist wirklich heiliger Ort, allein schon durch seine tausendfünfhundertjährige Geschichte, durch die Gräber mit großem Namen und durch den Standort über dem Circus.

La Guardia Svizzera Pontificia

Bis vor zweihundert Jahren war der Papst nicht nur das Oberhaupt der Kirche, sondern auch weltlicher Herrscher über den Kirchenstaat, der sich wie ein Riegel von Meer zu Meer quer durch Italien legte. Und beide Ämter erfüllte er in absoluter Alleinherrschaft. Als Nachfolger Petri war er einzig dem Wohle der Kirche und dem Frieden verpflichtet, als weltlicher Monarch war er gezwungen, sich in die Wirren der Politik einzumischen; und die waren zur Renaissancezeit mit Krieg verbunden. Zwei Aufgaben also, die nicht vereinbar waren.

Unter den kriegerischen Päpsten der Renaissance war Julius II. wohl der draufgängerischste. Mit allen Mitteln versuchte er, den von allen Seiten bedrohten Kirchenstaat zu verteidigen, wenn möglich zu vergrößern. »Il Terribile«, den Schrecklichen, nannten ihn die Zeitgenossen. Es war die Zeit der Söldnerheere, die gegen Bezahlung im Dienste eines Fürsten kämpften. Und zu den begehrtesten Reisläufern gehörten die Schweizer, zum großen Teil Bauernsöhne, die auf dem väterlichen Hof neben einem älteren Bruder und Erben überzählig waren. Andere wurden von Abenteuerlust und Hoffnung auf reiche Beute getrieben. Sie alle waren berühmt für ihren unerschütterlichen Mut und für die Treue, die sie ihrem Kriegsherrn bewahrten. So war es für den Papst naheliegend, sich dieser Haudegen zu versichern, als er sich eine persönliche Leibgarde zulegte, hatte doch bereits der König von Frankreich sich eine solche aus dem Alpenlande rekrutiert.

Ganz korrekt ließ er durch Peter von Hertenstein, Kleriker aus Sitten, der früher in Rom tätig war, bei der Tagsatzung ein Gesuch einreichen, zweihundert Landsknechte zu einer Leibwache werben zu dürfen. Und der Überbringer des apostolischen Breve wußte auch gleich den geeigneten Mann für den Kommandoposten, einen weitläufigen Verwandten, Hauptmann Kaspar von Silenen, ein Nachkomme jenes Arnold von Silenen, der an der Gründung der Eidgenossenschaft beteiligt war. Nachdrücklich wurde versprochen, die kleine Mannschaft einzig zum persönlichen Schutz des Heiligen Vaters und zur Bewachung des päpstlichen Palastes einzusetzen, denn die Tagsatzung versuchte schon damals, wenn auch mit wechselndem Erfolg, die Reisläuferei einzudämmen. Trotzdem warb der französische König gerade zu jener Zeit Landsknechte für den Kriegsdienst, und der Werber des Papstes musste zur Kenntnis nehmen, dass die jungen

Schweizer wohl zu unterscheiden wußten zwischen dem erhofften leichten Leben und der Aussicht auf Beute im französischen Dienst und dem eher langweiligen Wachtdienst am päpstlichen Hof. So fanden sich vorerst nur hundertfünfzig Mann bereit, mitten im Winter über die Alpen zu ziehen.

Am 22. Januar 1506 betrat die kleine Truppe durch die Porta del Popolo die Ewige Stadt, zog direkt zum Vatikan, wurde von Julius II. persönlich willkommen geheißen und mit dem apostolischen Segen geehrt. Er muss sie hoch geschätzt haben, denn sie erhielten den doppelten Lohn als üblich, der gewöhnliche Gardist vier Dukanten pro Monat; auch die Reise wurde vergütet. Dazu kam ein Privileg besonderer Art: Sie durften den Wein zollfrei in ihr Quartier einführen. (Den kaufen sie noch heute selber oben in Frascati.) Überhaupt stieg die Garde des Heiligen Vaters schnell im Ansehen. Hatte man kurz vorher Mühe, überhaupt den Sollbestand für den Start zusammenzukriegen, so bewarben sich bald Söhne angesehenster Familien um Aufnahme, dienten zum Teil als gewöhnliche Hellebardier. Und der Papst nennt sie in einer Bulle im Jahre 1512 »Defensores Ecclesiae Libertatis« – Hüter der Freiheit der Kirche.

Im Februar 1513 verstarb Julius II., und gewählt wurde der erst siebenunddreißigjährige Kardinal Giovanni de' Medici als Papst Leo X. Es war früher fast selbstverständlich, dass in Rom während der Sedisvakanz Unruhen ausbrachen, mit Raub und Mord, bis der neue Papst für Ruhe sorgte. Nicht so diesmal, als zum ersten Mal seit der Gründung der Garde ein Konklave einberufen wurde, das unter dem Schutze der kleinen Truppe in Sicherheit tagen konnte. Beeindruckt von der Zuverlässigkeit seiner Leibwache bestätigte der neue Pontifex sofort seine Garde.

Ein größerer Gegensatz ist wohl kaum denkbar: Nach dem Haudegen aus dem Geschlecht der Rovere nun der Kunstfreund aus Florenz, der Förderer alles Schönen, Freund der Künstler und Dichter. Unter ihm entstand die farbenprächtige Landsknechtuniform, wie sie die Gardisten noch heute tragen, in den Medicifarben Rot-Gelb-Blau. Der hellglänzende Helm, mit dem sie, in Brustpanzer und Armschienen bei feierlichen Anlässen brillieren, erinnert dagegen an ihren Begründer: Die Ziselierung zeigt den Eichbaum, das Wappen Julius' II.

Auch Leo X. geriet unweigerlich in die Mühlen der Politik. Franz I. von Frankreich strebte nach der Wiedereroberung von Mailand, was den Papst bewog, der deutsch-spanischen Liga beizutreten, der auch die Eidgenossenschaft angehörte. Es kam zur berüchtigten Schlacht von Marignano vom 13./14. September 1515 zwischen einem französischen Heer von 30.000 Mann – hauptsächlich deutsche Söldner, auch Schweizer können dabeigewesen sein, verstärkt durch Reiterei und Artillerie – und 20.000 Schweizer Landsknechten. Nach zwei Tagen erbittertem Kampf, als sich das Schlachtenglück den Eidgenossen zuzuneigen begann, griffen frische feindliche Verstärkungen aus Venedig in den Kampf ein, deren sich die Erschöpften, durchnäßt und halberfroren, nicht mehr erwehren konnten. Der wechselnde Verlauf der Schlacht ist im Zusammenhang mit der Garde erwähnenswert, weil in Rom eine verfrühte Siegesmeldung eintraf, die zu fröhlichem Feiern Anlaß gab, so dass die späte Hiobsbotschaft umso vernichtender wirkte. Tatsache ist, dass der venezianische Gesandte vor der Wut der Gardisten sein Haus während Tagen nicht mehr zu verlassen traute.

Die Reisläuferei war mit dem Unglück von Marignano noch nicht beendet. Man weiß, dass unter anderem der Kommandant der Garde in die Eidgenossenschaft geschickt wurde, um sechstausend Söldner zu werben, dass aber die Tagsatzung lieber eine größere Anzahl hätte »liefern« wollen – denn ein Geschäft war es doch wohl. Zum Schluß war Kaspar von Silenen mit nur eintausendachthundert Mann auf dem Weg nach Rom, geriet bei Rimini in eine Schlacht und verlor dabei sein Leben.

Zum Nachfolger wurde Markus Röist, Bürgermeister von Zürich, bestimmt, musste aber zur Annahme des Amtes richtig überredet werden, weil er sich mit seinen 63 Jahren zu alt fühlte. Tatsächlich erkrankte er bereits auf der Reise und musste sein Amt dem Sohne Kaspar übergeben. In Rom war man anfangs enttäuscht, an Stelle des kriegserfahrenen Vaters einen Vierzigjährigen ohne Leistungsausweis vor sich zu haben. Man übergab ihm aber trotzdem das Kommando. Wie er sofort verstand, die locker gewordene Disziplin in der Mannschaft wieder herzustellen, anerkannte man ihn auch als Gesandten der Eidgenossenschaft beim Heiligen Stuhl.

Gardist in »grangala« mit Brustpanzer, Armschienen, dem silberfarbenen Helm mit dem Wappen von Julius II. und dem mächtigen Zweihänder

Am 1. Dezember 1521 starb Leo X., und die Schweizergarde bewährte sich wiederum als sicherer Schutz für das Konklave, das am 9. Januar 1522 einen neuen Papst wählte – wieder einmal nicht einen der Papabili aus den Fürstenhäusern, sondern den Sohn armer Leute aus Utrecht als Hadrian VI.

In Zürich hatte zu dieser Zeit die Reformation Fuß gefaßt, und Kaspar Röist befürchtete, der Rat könnte von ihm verlangen, das Kommando niederzulegen. Dem zuvorzukommen reiste er, begleitet duch Nuntius Filonardi, nach Zürich und erlangte die Erlaubnis, weiterhin sein Amt auszuüben, bekräftigt durch einen Brief vom 2. Juli 1523 an den Papst, der den Überbringer als »Euer Heiligkeit Hauptmann« bestätigte.

Kurz darauf, am 14. September 1523, verstarb Hadrian VI. nach einem Pontifikat von nur eineinhalb Jahren, und gewählt wurde ein Nepote von Leo X., Giulio de Medici, der am 19. November 1523 die Regierung als Clemens VII. antrat. Im Gegensatz zu seinem Verwandten war er eine ernste und arbeitsame Natur, in einer Beziehung nur glich er ihm, er wechselte die Fronten unaufhörlich, nachdem er feststellen musste, dass seine anfängliche Neutralität und die Vermittlungsversuche nichts einbrachten. Er trat der Heiligen Liga bei, in der sich der französische König, Venedig und Mailand gegen Spanien und Kaiser Karl V. verbanden. So fühlte der Papst sich abgesichert und reduzierte die Verteidigung Roms auf ganze fünfhundert Mann. Diese Gelegenheit benutzten die Colonna, von jeher kaiserfreundlich gesinnt, am 19. September 1526 mit großer Übermacht zu einem Angriff auf den Vatikan. Zwar konnte der Papst sich von den Colonna befreien, aber jetzt überstürzten sich die Ereignisse. In Gaeta setzten die Spanier Truppen an Land, zogen gegen Rom; von Norden her näherte sich ein Heer von 22.000 Landsknechten, eine wilde, ausgehungerte Räuberbande, seit langem ohne Sold, begierig darauf, sich am nach ihrer Ansicht unermeßlich reichen Rom schadlos zu halten. Ihr Anführer Georg von Frundsberg konnte sie nicht mehr bändigen und erlitt darob einen Zusammenbruch.

Der Schweizergarde bot sich die Möglichkeit, dem vorauszusehenden Untergang auszuweichen, mit guter Begründung. Denn schon am 14. Februar war aus Zürich der Meldeläufer Ueli Seiler eingetroffen mit dem Befehl des Rates, Hauptmann Kaspar Röist habe mit den dreiundvierzig Zürcher Gardisten den Dienst für den Papst sofort aufzugeben und heimzukehren.

Ein besonderer Festtag für die Rekruten: Sie haben nach der Ausbildung den Treueid geleistet und werden vom Papst persönlich begrüßt

In der Limmatstadt hatte die Reformation endgültig gewonnen. Derart geschwächt hätte sich auch der Rest der kleinen Truppen den Heimkehrenden anschließen können oder müssen. Hauptmann Röist rief seine Zürcher zusammen und las ihnen das Schriftstück vor. Man beriet und beschloß einmütig die Antwort, man wolle dem Befehl zwar Folge leisten, nur im Moment grad nicht, man könne den Papst wegen Kriegsgefahr jetzt nicht verlassen, weil er sie »in Friedenszeiten auch wohl gehalten habe«, ferner hätten sie noch alte und hilflose Kameraden zu betreuen, auch Schulden zu begleichen... Kurz, sobald Friede eingekehrt sei, die notwendigen Vorbereitungen getroffen wären, werde man zurückkehren. Die erfahrenen Kriegsknechte ahnten oder wußten gar, dass sie ihr eigenes Todesurteil beschlossen.

Am Abend des 4. Mai 1527 erschien die Vorhut des Feindes auf den Anhöhen des Monte Mario, nördlich des Vatikans. Bald wird man festgestellt haben, dass vor allem die rechtsufrige Stadt schlecht befestigt war, am wenigsten der Vatikan aus Richtung Trastevere. Und von dort griff man im Morgengrauen des 6. Mai an, bei der Porta delle Fornaci, unweit des Campo Santo Teutonico.

Ungeduldig erstieg der neue Führer der Angreifer, Bourbon, die Mauer auf einer Leiter und fiel als erster. Dies steigerte die Wut des Feindes umso mehr. Bald wurde auch Röist schwer verwundet, konnte aber ins Quartier getragen werden. Schritt für Schritt mussten sich die Verteidiger Richtung Obelisk zurückziehen, der damals noch neben der Sakristei von St. Peter stand. Sie wichen aus auf den Petersplatz, wo ihnen die Kameraden entgegenkamen, die bisher die Palasteingänge bewachten. Man formierte den altbewährten »Igel«, was den Untergang nur hinauszögerte, nicht verhinderte. Die letzten Überlebenden fielen im Innern der Peterskirche, beim Papstaltar. Wen der Wachtplan an jenem Tag zufällig dazu bestimmte, in Innern des Palastes, vor den Gemächern des Papstes Dienst zu leisten, kam mit dem Leben davon. Diese Gardisten führten den Papst durch einen Verbindungsgang in die nahe Engelsburg und entkamen so dem Blutbad.

In der Schweizerkapelle der Camposanto-Kirche:
auf einer Kreuzigungsszene der Gardehauptmann Röist als römischer Hauptmann
(rechts mit grossem Hut)

S.P.Q

Das mächtige Mausoleum Kaiser Hadrians wurde von Aurelian im 3. Jahrhundert in seine große Stadtummauerung einbezogen, erhielt im 15. Jahrhundert weitere Verteidigungsanlagen und galt für damalige Möglichkeiten der Belagerungskunst als uneinnehmbar. Längst war die Festung im Innern für einen längeren Aufenthalt mit Wohnquartieren versehen.

Draußen begann das Plündern und Morden. Im Gardequartier entdeckte man den verwundeten Röist. Zwar warf sich die Gattin Elisabeth mutig der Meute entgegen, konnte den Mord nicht verhindern und verlor selber drei Finger.

Von mehreren Zeitgenossen sind Erlebnisberichte erhalten und sie bezeugen, dass der Sacco die Roma das fürchterlichste gewesen sei, was Rom je erlitten habe – schlimmer, als was Goten und Vandalen verübten. Die Landsknechte entweihten die Kirchen, trieben ihr Spiel mit den konsekrierten Hostien und den Reliquien. Die kostbaren Manuskripte dienten als Streu für die Pferde. Die Priester wurden ermordet, die Nonnen geschändet und in die Bordelle verkauft. Man schätzt, dass zwei Drittel der Häuser zerstört wurden und dies im weiten Umkreis außerhalb der Stadt. Sechs- bis zehntausend Einwohner werden den Tod gefunden haben. Verschont blieben aber auch die Eroberer nicht. Seuchen brachen aus, weil die Aquädukte zerstört waren und frisches Trinkwasser fehlte. In kürzester Zeit starben zweitausendfünfhundert Söldner. Der kranke Frundsberg sandte einen Eilboten zu Kaiser Karl V., das Heer abzuziehen: *»Es sterben viel Knecht hie an der Pestilenz, trinken auch heftig, werden unsinnig und sterben gleich; es hat stark Wein hie...«*

Ihre letzte Ruhe fanden die Gardisten im Campo Santo Teutonico, wo ihr Todeskampf begann. Mit Vertrag vom 16. Mai 1520 wurde ihnen die linke Seitenkapelle der Kirche für ihre Meßfeiern zugeteilt, sieben Jahre später diente sie als Grab, wenigstens für Röist und die Offiziere, die Mannschaft wird draußen auf dem Friedhof beerdigt worden sein. In der Schweizerkapelle, wie sie noch heute heißt, ist ein Fresco des Raffael-Schülers Polidoro da Caravaggio zu sehen, eine Kreuzigungsszene, auf dem Kaspar Röist als römischer Hauptmann dargestellt ist – in Gardeuniform.

Schon 1548 wurde die Päpstliche Schweizergarde unter Paul III. neugegründet. Kommandant wurde der aus altem Luzerner Patriziergeschlecht stammende Jost von Meggen. Kritische Situationen hat es in den seither verflossenen vierhundertfünfzig Jahren immer wieder gegeben, glücklicherweise ohne dass die Garde wieder ihr Leben opfern musste. Dazu wäre es bestimmt gekommen, als 1798 die Franzosen Rom besetzten, hätte nicht Pius VI. in aussichtloser Lage jede Gegenwehr verboten, so nochmals 1808 Pius VII.

Und heute? Eine bloße Touristenattraktion ist die Guardia Svizzera dei Papi mitnichten, sonst wäre auch sie 1970 zusammen mit Nobel- und Palatingarde untergegangen. Diese waren nur noch zum Repräsentieren da. Die Gardisten aber tun fast nur nebenbei Ehrendienst, hauptsächlich erfüllen sie Sicherungs- und Ordnungsaufgaben, oft im Hintergrund, manchmal in Zivil. Hektisch soll es manchmal zugehen, die Freizeit wird öfters gestrichen. Sie leisten ihren Dienst mit Idealismus, mit berechtigtem Stolz, am Zentrum der Christenheit dienen zu dürfen, für den persönlichen Schutz des Heiligen Vaters.

Sixtus V –
der eiserne Papst

In der Kirche SS. Apostoli hielt 1552 ein Franziskanermönch die Fastenpredigten. Er fiel auf durch seinen wortgewaltigen Vortrag, durch seine wohlbegründeten Argumente und den Wohllaut seiner Sprache. So sammelten sich auf seiner Kanzel die Gratulationen der Zuhörer, Bittschriften aller Art, aber eines Tages war darunter auch eine Anklage – die Liste der wichtigsten Lehrsätze seiner Vorträge, und hinter jedem stand die Anschuldigung: *»Du lügst!«*

Das war gefährlich im Zeitalter der Inquisition. Unverzüglich schickte der Angeschuldigte das Schriftstück dieser gefürchteten Behörde, und bald nahm ihn der Großinquisitor in eine harte Prüfung. Aus der Befragung ging der Pater jedoch nicht nur als unschuldig hervor, sondern er offenbarte sich als glänzender Kenner der Lehre und wurde gar zum Freund des Großinquisitors. Damals wohl wurde der Keim gelegt zum erstaunlichen Lebenslauf einer der größten Gestalten der Papstgeschichte.

Der lernbegierige Hüterbub

Sein Vater Piergentili Peretti war Gärtner in Grottamare bei Fermo, südlich von Ancona. Das arme Apenninstädtchen war nur über schmale Pfade und Felsentreppen erreichbar. Hier wurde am 13. Dezember 1521 Felice Peretti geboren, entwickelte sich zu einem aufgeweckten, lernbegierigen Jungen, den die Eltern mit Gewalt vom Schulbesuch abhalten mussten, weil das Schulgeld fehlte und er außerdem den Obstgarten bewachen und die Schweine hüten musste. Dennoch fand der Kleine den Zugang zum Lesen und Schreiben, indem er sich der Schulbücher seiner Kameraden bemächtigte, während diese mit Spielen beschäftig waren.

Glücklicherweise hatte Felice im nahen Minoritenkloster von Montalto einen Onkel, der ihn weiter unterrichtete. Mir neun Jahren trat er in den Konvent ein, schon mit zwölf wurde er Novize, denn noch existierten die Vorschriften des tridentinischen Konzils nicht.

Nach seinen Studien an verschiedenen Schulen des Ordens empfing er 1547 in Siena die Priesterweihe. Als Neunzehnjähriger schon war er ein berühmter Kanzelredner, geißelte rücksichtslos kirchliche und weltliche Mißstände, machte sich so manchen Feind, aber unter den fortschrittlich Gesinnten auch ebenso viele Freunde. Zu letzteren gehörte zum Glück der Kardinalprotektor des Ordens, der ihn beschützte, auch im Rufe der Heiligheit stehende Männer, wie Ignatius von Loyola und Philippo Neri, ebenso wie Kardinal Gian Pietro Caraffa, der am 23. Mai 1555 als Paul IV. den Stuhl Petri bestieg. Es begann das, was unsere Zeit als Senkrechtstart bezeichnet. Er wurde Klosterregent mit der Aufgabe, den Orden zu erneuern, dann Inquisitor von Venedig, und prompt setzte die Stadt seine Abberufung durch. Doch die Niederlage war nur scheinbar; nach Rom zurückgekehrt wurde er zum Theologen des Konzils von Trient ernannt, wurde Konsultor des Heiligen Offiziums und Lehrer an der Sapienzia.

Auch Pius V. schenkte Peretti sein volles Vertrauen, ernannte ihn zum Generalvikar der Franziskaner und zum Bischof von Fermo, 1570 zum Kardinal. So kam er als Purpurträger in seine Heimat zurück, wo er einst Vieh hütete und keine Erlaubnis bekam, lesen zu lernen.

Gregor XIII. dagegen stellte Kardinal Montalto, wie Felice Peretti sich jetzt nannte, wegen früherer Streitigkeiten ins Abseits. Still, aber nicht untätig, wartete der Zurückgestellte auf seine Stunde, baute ein Landhaus und pflanzte Reben und Bäume, wie er es als Knabe gelernt hatte, studierte die Schriften der Kirchenväter – nicht ohne bei Gelegenheit in gehässige Äußerungen gegen den Papst auszubrechen, gegen seine Nepoten und den ganzen Betrieb im Vatikan. Denn zu seinen Tugenden gesellten sich die entsprechenden Fehler: Er war voll Unternehmungslust und dabei ungeduldig; führte ein bescheidenes Leben und geißelte den Luxus anderer; sein lebhaftes Naturell gipfelte leicht in hellem Jähzorn.

Papst wurde Felice Peretti wegen der ewigen Streitigkeiten zwischen den großen Adelsfamilien. An sich hätte Kardinal Farnese, ein Liebling des Volkes, Verwandter des spanischen Königs, am meisten Aussicht gehabt. Aber die Farnese lebten in Feindschaft mit den mächtigen Medici, diese wiederum hatten die Unterstützung der d'Este, welche ihrerseits mit Frankreich verbündet waren.

Ähnliche Symphatien und Abneigungen verbanden und trennten die herrschenden Familien, und es war vor allem das Werk der Medici, durch subtilste Verhandlungen eine Mehrheit für Felice Peretti zustande zu bringen, einen Mann der außerhalb der hohen Politik stand; doch darf man ob dieser machtpolitischen Schachzüge nicht übersehen, dass den Kardinälen wohl bewußt war, welch fähigen Mann sie zum Pontifex Maximus erkoren. Jedenfalls gehört es ins Reich der vielen Anekdoten, die sich um die Gestalt dieses Papstes ranken, wenn erzählt wird, wie er vor der Wahl gebrechlich und auf einem Stock gestützt umhergegangen sei, um sich als harmlosen Übergangspapst anzubieten, und wie er nach der Wahl frohlockend seine Krücken weggeworfen habe. Welchen Orkan sie mit der Wahl vom 24. April 1585 entfesselt hatten, das erfuhren sie und der Kirchenstaat ohne jeden Verzug.

Es war üblich, dass ein neugewählter Papst Gefangene begnadigte, und so hofften 200 Banditen, die im Gefängnis auf die Verurteilung warteten, freizukommen. Unglücklicherweise war ihr Fürsprecher Kardinal San Sisto, ein Nepot des verstorbenen Papstes. Sixtus V. erklärte ihm, die Nachsicht, die sein Vorgänger übte, hätte das Verbrechen gefördert, statt es auszurotten. Man möge die Banditen so schnell als möglich aburteilen, um Platz zu schaffen für die vielen Verbrecher, die noch frei in Rom herumliefen.

Nach der Gratulationstour der Kardinäle stellten sich die städtischen Behörden dem Neugewählten vor. Die Konservatoren erklärten, die Römer erhofften sich vom neuen Pontifikat eine gerechte Herrschaft, Frieden und Wohlstand. Ihnen antwortete der Papst, von ihnen besonders, als der Stadt höchster Behörde, verlange er vor allem Gerechtigkeit, und bei Mißbrauch ihrer Macht sei ihr hohes Amt keineswegs Schutz für ihren Kopf! Es soll das erste und letzte Mal gewesen sein, dass die Konservatoren diesem Papst gute Ratschläge zu erteilen versucht hätten.

Der Architekt Domenica Fontana unterbreitet Papst Sixtus V.
die Pläne zum Bau der Sixtinischen Bibliothek.
Fresko von P. Fachetti im Ausstellungssaal der Bibliothek

DOMENICO FONTANA DA·MILI·DIOCESE DI COMO ARCHITETTO DI S.S. AN. D'ETA D'AN. XLVI

Die Banditenschlacht

Die erste Aufgabe, die sich Sixtus V. stellte, war die Befreiung des Kirchenstaates vom grassierenden Banditenunwesen. Unmittelbar nach der Wahl verbot er das Tragen von Waffen. Vier Brüder, Angehörige einer Ordnungstruppe unter einem Sforza während der Sedisvakanz, die glaubten das Gebot nicht wörtlich nehmen zu müssen, wurden festgenommen und erhängt.
Jedermann wurde verpflichtet, bei der Bekämpfung der Banditen mitzuhelfen. Auf ihre Köpfe wurden Belohnungen ausgesetzt, und diese Prämien bezahlte nicht die Kurie, sondern die Familie des Verbrechers oder, wenn sie mittellos war, die Wohngemeinde. Die Hingerichteten wurden zur Abschreckung wochenlang hängen gelassen – soweit der Platz reichte! – vorzüglich auf der von überall sichtbaren Engelsbrücke. Die Leichen verbreiteten in der Sommerhitze einen fürchterlichen Geruch, so dass die Stadtbehörde den Papst bat, das Volk von Anblick und Gestank doch zu befreien. Dieser aber meinte, die Verbrechen hätten Regierung und Volk auch nicht sonderlich gestört, also würden sie wohl auch dieses Schauspiel ertragen.

Tatsächlich verfolgte das Volk den Kampf wie die Zuschauer im Theater, und wie man der Figur des Pasquino Pamphlete anzuhängen pflegte, zierte eines Tages ein Dialog die Gestalten von Petrus und Paulus am Eingang zur Engelsbrücke: Dem ersten Papst wurde ein Sack mit einigen Habseligkeiten angehängt und Paulus fragte ihn, warum er verreise. Petrus erwiderte, er müsse als Verbrecher außer Landes flüchten, weil er dem Malchus ein Ohr abgehauen habe!

Der Papst war in der Wahl der Mittel alles andere als zimperlich. Eine Räuberbande, die sich auf einer Anhöhe verschanzt hatte und nur unter großen Verlusten zu fassen gewesen wäre, machte er auf eine unübliche aber wirkungsvolle Weise unschädlich. Er schickte einen Warentransport auf den Weg, und was er erhoffte, geschah: Die Räuber schnappten sich die Ladung, die aus Lebensmitteln bestand. Kurz darauf waren sie alle tot – die Speisen waren vergiftet.

Titelseite von Domenico Fontanas Bericht an Papst Sixtus V. über die Versetzung des Vatikanischen Obelisken auf den Petersplatz

Hart waren die Maßnahmen des Papstes gegen das Banditenunwesen, allzuhart nach unserem Empfinden. Aber es war wohl die einzige Methode, dem Gesindel, das das ganze Land tyrannisierte, beizukommen. Schon nach wenigen Monaten besserte sich die Lage, und im zweiten Jahr seines Pontifikats gab es keine Wegelagerer mehr im Kirchenstaat. Sixtus V. war stolz, wenn nach Rom reisende Gesandtschaften die angenehme und friedliche Landschaft rühmten.

Die Gesundung der Finanzen

Die zweite große Arbeit, die sich der »eiserne Papst« stellte, war die Ordnung der Finanzen und Förderung der Wirtschaft. Völlig leer waren die Kassen beim Regierungsantritt, ja sogar die Einnahmen zum voraus verpfändet. »Die Einnahmen erhöhen, die Ausgaben drosseln« hieß seine Parole, und am Ende seines kurzen Pontifikats lagen vier Millionen Skudi in den Gewölben der Engelsburg. Und was dort einmal eingelagert war, kam so schnell nicht mehr heraus. Es war genau festgelegt, zu welchen Zwecken von diesem Kapital verwendet werden durfte: für Kreuzzüge zur Eroberung des Heiligen Landes, für den Rückkauf einer verlorenen Stadt des Kirchenstaates, bei schwerer Hungersnot und Seuchen.

Uns verständlicher sind die Bemühungen des Papstes um die Förderung der Wirtschaft. Insbesonders unterstützte er die Seidenindustrie und erließ die Vorschrift, überall dort wo kein Getreide wachse, Maulbeerbäume anzupflanzen. Auch der Wollindustrie nahm er sich an, *»damit die Armen etwas zu verdienen bekommen«*. Er schenkte seine Aufmerksamkeit sodann der Landwirtschaft, sorgte vor allem auch für die reichliche Verproviantierung Roms und begann mit der Entwässerung der Pontinischen Sümpfe. Er vergaß auch seine engere Heimat nicht, erhob Montalto, »das Unserer Herkunft ihren glücklichen Ursprung gegeben«, zur Stadt und zum Bischofssitz.

Gross ist die Zahl der Anekdoten über Sixtus V.. Einem Prior warf er vor, zu leichtgläubig mit dem Geld umzugehen. Er habe vor langem unvorsichtigerweise einem Franziskaner Geld geliehen und nie mehr zurückerhalten. *»Es geschah aus Nächstenliebe, aber tatsächlich ist der Gauner nicht mehr zurückgekommen«. – »Eben, der Gauner war ich; solchen Gestalten darf man niemals vertrauen«.*

Die Bautätigkeit

war die große Leidenschaft Sixtus' V. Noch immer dominierte damals in Rom das Stadtbild des Mittelalters mit engen, düsteren Straßen. Das Werk des Papstes, große, lichtdurchflutete Plätze, untereinander verbunden durch für damalige Begriffe luxuriöse Straßen, kann noch heute bewundert werden. Die Piazza del Esquilino mit seiner Lieblingskirche S. Maria Maggiore wurde zum Mittelpunkt eines Sternes, dessen Strahlen in alle Richtungen verlaufen: nach Osten zur Porta S. Lorenzo mit einer Verbindung zu den Diokletiansthermen, nach Süden zum Lateran mit dem Anschluss zum Kolosseum, gegen Westen die Straße zur Piazza Venezia und schließlich in Richtung Nordwesten hügelauf und hügelab, über die Piazza Barberini hinweg, die nach ihrem Schöpfer benannte Via Sistina zur Trinita dei Monti. Vier der Plätze schmückte der Pontifex mit imposanten ägyptischen Obelisken durch seinen bevorzugten Architekten Domenico Fontana aus Melide. Vom gleichen Baumeister stammen auch mehrere andere Bauten jener Zeit, unter anderem wölbte er, zusammen mit G. della Porta, die Kuppel der Peterskirche in den römischen Himmel.

Leider fehlte dem Papst die Ehrfurcht, welche die Renaissancepäpste vor den antiken Ruinen hatten, völlig, und seine Umgebung hatte alle Mühe, wenigstens das Kostbarste vor der Zerstörung zu bewahren. Damals erhielten die Trajans- und die Aurelianssäule die Standbilder Petri und Pauli anstelle der Kaiserstatuen, um den Sieg des Christentums zu demonstrieren. Um die Stadt besser mit Wasser zu versorgen, restaurierte der Papst die antike Aqua Marcia, die ihre Quelle bei Colonna in den Albanerbergen hat.

Die Kurienreform

Bis anhin standen dem Papst als Führungsinstrument die sogenannten Konsistorien zur Verfügung, eine Vollversammlung aller in Rom anwesenden Kardinäle, welche die vorliegenden Angelegenheiten besprachen, die letzte Entscheidung dem Papste überlassend. Die immer komplizierter werdenden Probleme verlangten schon seit langem nach einer Teilung der Aufgaben, nach Behandlung durch Spezialisten. Schon Gregor XIII. hatte für bestimmte Untersuchungen zeitweilige Kommissionen eingesetzt, Paul III. 1542 mit dem Sanctum Officium die erste ständige Kongregation gegründet.

Sixtus V. schuf 1588 mit der Bulle Immensa aeterni Dei eine Kirchenleitung, die, mit zeitbedingten Änderungen, bis heute sich erhalten hat. Von den 15 Kongregationen, die er gründete, wurden seither nur solche aufgegeben, die sich mit der Verwaltung des Kirchenstaates beschäftigten. Er führte auch die von seinen Vorgängern in Gang gesetzte Kirchenreform resolut weiter und setzte die Visitatio liminum durch, den regelmäßigen Rapport der Bischöfe in Rom, was ihm den engen Kontakt mit der Weltkirche sicherte.

Der Politiker Sixtus V.

operierte trotz seines politischen Weitblickes mit wechselndem Erfolg. Er hegte unter anderem den Plan, England zum katholischen Glauben zurückzugewinnen und hatte keine Bedenken, den spanischen König Philipp II. zu einem Krieg gegen Elisabeth I. aufzufordern. In der Seeschlacht vom 31. Juli bis 8. August 1588 im Kanal und besonders in den Stürmen an der schottischen und irischen Küste ging die riesige Armada jedoch zugrunde.

Sein ganzes Pontifikat haben sodann die Wirren in Frankreich ausgefüllt. Er erkannte, dass der Kirche und dem Kirchenstaat ein Gleichgewicht der Kräfte am dienlichsten sei. Das hatte zur Folge, dass er selbst dem Protestanten Heinrich IV., den er einst exkommuniziert hatte, wohlwollend gesinnt wurde, was wiederum den schärfsten Protest Spaniens herausforderte. Es entstand die seltsame Situation, dass der spanische König sich dem Papst gegenüber als Verteidiger des Glaubens erklärte, wobei die Beweggründe allerdings vor allem politischer Natur waren. In dieser Lage des Zauderns und Zögerns – ganz ungewöhnlich für den »eisernen Papst« – verstarb Sixtus V. am 27. August 1590. Er hatte schon seit dem ersten Jahr seiner Regierung durch Domenico Fontana in seiner Lieblingskirche S. Maria Maggiore die sogenannte Capella Sistina erbauen und darin das Grabmal für Pius V. und, ihm gegenüber, sein eigenes errichten lassen.

Pasquinos Pasquinaden

Während Jahrhunderten lag beim Palazzo Orsini, unweit der berühmten Piazza Navona, halb im Boden versunken, der Überrest einer antiken Statuengruppe, »Menelaos mit dem Leichnam des Patroklos«. Der Torso hätte vielleicht noch lange so im Straßenschmutz gelegen und wäre schließlich noch völlig zugrunde gegangen, hätte nicht neben ihm Maestro Pasquino gewohnt, ein Schneider nur, der sich aber zu Höherem berufen fühlte, zum Poeten nämlich, nur dass seinen Gedichten leider der Erfolg versagt blieb.

Ist es nicht verständlich, dass das verkannte Genie mißmutig wurde, seinem verständlichen Groll Luft verschaffen musste? Sicher. So schreibt sich Pasquino seine Erbitterung über den Unverstand seiner Zeitgenossen in einem aggressiven Epigramm von der Seele und klebte es mangels einer anderen Publikationsmöglichkeit an den Torso vor seiner Werkstatt. Sollen die Banausen lesen, was ein Dichter von ihnen hält. Gelesen haben es auch die Studenten der nahen Universität Sapienzia und sofort die Möglichkeiten des neuen Mediums erfaßt: denn Scholaren hatten zu aller Zeit viel zu kritisieren. Nur schrieben sie damals ihre Proteste nicht mittels Spraydosen an die Hauswände, sondern gossen sie in wohlgesetzte lateinische Verse und hängten sie dem steinernen Pasquino um den Hals. Bald nämlich nahm die Figur den Namen des Schneiders an, und seither heißen auch die Spottverse bis zum heutigen Tag Pasquinaden oder Pasquillen.

Auch die übrige Bevölkerung nahm bald Kenntnis von der neuen Veröffentlichungsart, und wer immer etwas auszusetzen hatte – am Nachbarn, an der Gesellschaft, an der Obrigkeit bis hinauf zum Papst – formte seine Anklage zu einem Pasquill und trug es zum Pasquino; und die neue Kleinkunst der Literatur steigerte sich schnell zu wahren Meisterwerken an knappster und treffender Formulierung. Die meisten Päpste waren gute Psychologen und gönnten dem Volke dieses harmlose Sicherheitsventil. Es wären gefährlichere Reaktionen möglich gewesen auf die alles andere als vorbildlichen sozialen Verhältnisse jener Zeit. Die im Palazzo Orsini wohnenden Kardinäle zeigten sich dem Pasquino wohlgesinnt. Er bekam um 1500 von Kardinal Caraffa einen vornehmen Sockel und den schönen Standort an der Westecke des Baues – Palazzo Braschi heißt er heute und ist Museum geworden. Protektion hatte Pasquino immer wieder nötig, beispielsweise zur Zeit des nüchternen Hadrian VI., den Aretino ständig mit seinen giftigen Pfeilen verfolgte.

Einst hätte der Papst Pasquino in den Tiber werfen lassen, und nur eindringliche Warnungen, wie lächerlich er sich damit mache und welche Flut von Schmähungen die Folge wäre, konnten das Unglück verhindern.

Eine beliebte Zielscheibe des Spottes war das Nepotentum, die Bevorzugung der Verwandten beim Vergeben einträglicher Ämter. So musste sich Urban VIII., der in dieser Beziehung besonders hemmungslos war, noch im Sterben Pasquinos Vorschlag gefallen lassen:

»Man schreibe auf sein Grabmal, dass er die Bienen (seine Wappentiere) mästete und die Herde (der Untergebenen) häutete.«

Paul V. aus dem mächtigen Geschlechte der Borghese schrieb stolz an die Fassade der Peterskirche:

PAULUS BORGHESIUS ROMANUS PONT.

Man beachte die gewählte Reihenfolge: An erster Stelle stehen Papst– und Familienname, es folgt der Bürger von Rom und zuletzt immerhin noch das Amt als Leiter der Kirche. Pasquino stellt fest, dass Paul V. in der Rangliste der Päpste Petrus weit übertreffe; dieser habe es nur zu einer bescheidenen Statue innerhalb seines Domes gebracht, jener aber zu einer weithin prunkenden Schrift über die ganze Fassadenbreite hinweg.

Leo X. war Kriegen abhold, versuchte politische Probleme durch die Diplomatie zu erledigen. Geld brauchte er aber als Kunstfreund und Mäzen. Als er im Alter von erst 45 Jahren starb, widmete ihm Pasquino den Nachruf: *»Wenn Leo noch länger gelebt hätte, würde er Rom, Christus und schließlich sich selbst verkauft haben.«*
Großzügig verhielt er sich allerdings auch den Armen gegenüber.
In Geldmangel konnte sogar eine Familie wie die Farnese geraten; Alessandro Farnese, der spätere Papst Paul III., hatte den Ehrgeiz, den prächtigsten Palast der Renaissance aufzurichten und musste eines Tages einen Unterbruch einschalten. Da hing prompt ein Plakat am Baugerüst: *»Elemosina per la fabbrica dei Farnesi!«*

Maestro Pasquino, die berühmteste der sprechenden Statuen, am gleichnamigen Platz, an einer Ecke des Palazzo Braschi

Nach all den Schmähungen eine beachtliche Huldigung: Als Raffael im Vatikan die berühmten Stanzen malte, wählte er als Modell für die Sappho im »Parnass« die schönste Frau des damaligen Rom, die Kurtisane Imperia. Dies empfanden Renaissancemenschen keineswegs als Ungehörigkeit:

»Zwei große Geschenke bekam Rom von zwei Göttern:
Das Imperium von Mars, von Venus Imperia!«

Pasquinos Ergüsse erregten nicht immer nur Beifall: der Angegriffene verspürte das Bedürfnis zu kontern, und eines Tages prangte am sogenannten Marforio, einer Statue zu Füßen des Kapitols, bei der Kirche S. Pietro in Carcere, eine »Gegendarstellung«. Es war die Geburtstunde der Streitgespräche zwischen den sprechenden Statuen. Der Name Marforio gilt als Verstümmelung von Forum Martis, der einstigen Bezeichnung des Augustusforums mit dem Marstempel. Es ist die Figur eines Flußgottes aus dem 2./3. Jahrhundert und steht heute im Hof des Kapitolinischen Museums. Pasquinio und Marforio hatten zahlreiche Duelle auszufechten, indem der eine höhnische Fragen stellte und der zweite wenn möglich noch bissiger zurückschlug. Man steigerte sich sogar zu veritablen Dialogen. Wie der deutsche Dichter Wilhelm Müller verwundert feststellte, bevorzugte man im Vatikan, wenn Eintrittskarten zu kirchlichen Feiern verteilt wurden, mit Vorliebe die Fremden, die zum großen Teil Protestanten waren. Darüber unterhielten sich Pasquino und Marforio folgendermaßen:

»Wo willst du hin, Bruder, im schönen Kleid und mit dem Zierdegen?«
»Ich gehe in die Sixtinische Kapelle um das Miserere zu hören.«
»Da gehst du vergebens, die Schweizergardisten werden dich zurückweisen.«
»Sei unbesorgt, ich komme bestimmt hinein, ich bin gestern Ketzer geworden.«

Madame Lucrezia steht im Winkel zwischen dem Palazzo Venezia und dem Palazetto Venezia, in der Antike wahrscheinlich eine Isis-Statue

Die beiden Freunde stehen nicht weit voneinander, so dass das interessierte Publikum genüßlich von einem zum anderen schlendern konnte und sich über die Aktualitäten unterhalten. Die Römer waren schon immer Spezialisten des Spottes, das läßt sich bis in die Antike zurückverfolgen. Damals galt als höchster Ruhm der triumphale Einzug eines siegreichen Feldherrn in die Stadt, übers Forum zum Kapitol, eine Ehrung, die nur selten gewährt wurde. Aber schon damals war es üblich, dass die im Triumphzug mitmarschierenden Legionäre Spottlieder auf ihren Führer sangen, und das jubelnde Volk stimmte mit ein.

Ein anderes Freundespaar bildeten Madame Lucrezia und Abate Luigi. Die Dame ist eine wohlproportionierte Frauenbüste, wahrscheinlich die Figur der Isis aus dem Tempel dieser orientalischen Göttin beim Pantheon. Das Volk zog es vor, in ihr die Gestalt der Liebesgöttin Venus zu sehen oder eben Lukrezia, die schöne und geistreiche Geliebte König Alfons von Aragonien. Man findet sie im Winkel zwischen Palazzo und Palazetto Venezia, abseits vom Verkehrsstrom, nur besucht von romverliebten Fremden.

Lucrezias Partner war ebenfalls eine antike Statue und befand sich früher an einer Ecke des nahen Palazzo Vidoni, der von keinem geringeren als Raffael erbaut, später aber stark verändert wurde. Heute drückt sich Abate Luigi in eine Ecke bei S. Andrea della Valle, weil auch er sich nur mit Kennern der Szene abgeben will. Die Gespräche zwischen den beiden waren in der Volkssprache gehalten, berüchtigt als besonders derb.

Auch die einst künstlerisch hochstehenden Verse Pasquinos glitten später oft ins Vulgäre ab und erfüllten die Wünsche anspruchsvoller Literaten nicht mehr. Abhilfe schaffte ein Deutscher namens Goritz, romanisiert Coricio genannt. Er bestellte bei Sansovino eine Marmorgruppe der hl. Anna für die Augustinerkirche und flankierte sie mit Anschlagtafeln. Hier nun war das Medium der gebildeten Humanisten, die nur gepflegtes Latein schrieben und ihre Werke auch signierten.

Babuino, in der Strasse gleichen Namens im Künstlerquartier, war wohl schon immer eine Brunnenfigur, vielleicht ein Silen

GALLERY

Zu den berühmten sprechenden Statuen gehörte auch Babuino, eine Brunnenfigur in der ehemaligen Via degli Orti di Napoli, die antike Figur eines Silen. Die Bewohner des Quaritiers zwischen der Piazza del Popolo und der Piazza di Spagna, die sich in der griechischen Mythologie nicht so auskennen, erblickten in der verwitterten Figur einen Affen, und wegen der fortschreitenden Popularität erhielt die Straße zur Zeit Pauls III. einen neuen Namen: Via Babuino, die Pavianstraße.

1870 musste die Skulptur vor dem Verkehr in den Hof des nahen Palazzo Cerasu fliehen, seit 1987 aber steht sie wieder an ihrer Straße, eng an eine Mauer geschmiegt, wo des Römers liebstes Kind, seine macchina, nicht hinkommt.

Die Pasquinaden können als Frühform der graphischen Medien aufgefaßt werden; und da berührt es eigenartig, dass ganz in der Nähe Pasquinos, im Palazzo Massimo alle Colonne, die erste Buchdruckerei Roms entstand. Konrad Swynheim und Arnold Pannartz, zwei Schüler Gutenbergs in Mainz, betrieben sie unter dem Schutz der Massimi. Ihre Werke gehören heute zu den bibliophilen Kostbarkeiten.

Die Familie der Massimi ist eine der ältesten römischen Geschlechter. Napoleon, aus einer armen, bedeutungslosen Familie Korsikas stammend, konnte da nicht konkurrieren und fragte einst Massimo – sicher mit einem ironischen Unterton – , ob es wirklich wahr sei, dass die Massimi von Quintus Fabius Maximus abstammen, dem erfolgreichen Gegner Hannibals. Der stolze Fürst fühlte den Neid des Korsen und meinte: *»Beweisen kann man's nicht, aber seit zweitausend Jahren wird es in unserer Familie so überliefert.«*

Die meisten sprechenden Statuen Roms sind heute verstummt; Pasquino aber kann noch immer nicht völlig schweigen. Als ich ihn kürzlich wieder einmals besuchte, hing eine Schnur mit einem Papierfetzen an seinem Hals, Zeugnis dafür, dass da vor nicht langer Zeit irgend ein Pasquill um Aufmerksamkeit warb.

RENAISSANCE UND BAROCK

Die Cancelleria erzählt

Man hört etwa die Meinung, die Hautevolée der Renaissancezeit habe sich vorwiegend dem Spiel und anderen Genüssen des Lebens hingegeben. Zeitgenössische Dichter wie Aretino, Petrarca und Boccaccio fördern dieses Bild. Das wäre wohl ein allzu pauschales Urteil, jedoch am Anfang eines der schönsten Renaissancepaläste Roms steht tatsächlich die Spielleidenschaft. Pietro Aretino behauptet, dass der junge Raffaelo Riario, ein Neffe von Papst Sixtus IV., im Spiel gegen Franscesco Cibo, einem Neffen Innozenz VIII., in einer einzigen Nacht ein großes Vermögen gewonnen habe, mit dem er einen geplanten Palast zu einem großen Teil finanzieren konnte – den heutigen Palazzo della Cancelleria. Würden doch alle auf unmoralische Weise erworbenen Vermögen zu derart bewunderswerten Meisterwerken verwendet – man käme des öftern in Versuchung, ein Auge zuzudrücken.

Entstanden ist nämlich einer der prächtigsten Frührenaissancepaläste, der selbst in Florenz, der Geburtsstadt dieser köstlichen, frühlingshaften Kulturepoche, nicht übertroffen wird. Man möchte ihn dem großen Bramante zuschreiben, der die Renaissancearchitektur der Vollendung zugeführt hat; aber Bramante kam erst um 1499 nach Rom, da war der Bau, der um 1483 begonnen wurde, schon weit fortgeschritten. Genannt wird heute als möglicher Erbauer Andrea Bregno aus Como – sein Grabmal in Santa

Maria Sopra Minerva – auch immer wieder der Architekturtheoretiker L. B. Alberti, der zwar schon 1475 starb; aber es standen von ihm verschiedene Entwürfe zu Neubauten im Borgo zur Verfügung, die man hat studieren können. Ein Vergleich mit seinem Palazzo Rucellai in Florenz unterstützt diese Vermutung.

Wie dem auch sei: Wir stehen bewundernd vor einer riesigen Wandfläche durch Fenster und Gesimse aufs subtilste unterteilt, ohne Effekthascherei vollkommene Harmonie ausstrahlend. Das Erdgeschoß mit seinen kleinen, schmucklosen Rundbogenfenstern erinnert an mittelalterliche Burgpaläste, an die frühesten Renaissancebauten, wie Florenz sie besitzt, Rom nur einen einzigen, den nahen Palazzo Venezia. Von diesem Sockel heben sich die oberen Stockwerke deutlich ab: Die Fenster im Piano Nobile sind diskret mit Arabesken und Blättern verziert, besitzen ein flaches Dach und darüber ein Medaillon mit Rose. Den Hauptakzent übernehmen die beiden, die Stockwerke trennenden Gesimse. Sie wirken als Postamente für die sehr flachen korinthischen Pilaster, welche den schwergewichtigen Gesimsen, zarte, durch ihre große Zahl aber wirksame Vertikalen entgegenstellen.

Der Ort, auf dem Riario seinen Palast errichtete, trug außer einem Wohnhaus eine Titelkirche aus dem Frühchristentum, S. Lorenzo in Damaso, die wegen des Neubaus zerstört wurde. Damasus I. ist der bedeutendste Papst des 4. Jahrhunderts. Er hat den Arianismus auf friedliche Weise überwunden. Er öffnete die seit Diocletian geschlossenen Katakomben und rettete der Archäologie wertvolle Daten. In sein Pontifikat fällt die Synode von 382, die - nicht zum ersten Mal - den Primat des Bischofs von Rom bestätigt, aber erstmals wird der Ausdruck »Apostolischer Stuhl« verwendet.

An der Stelle von Damasus altehrwürdiger Kirche und eines Hauses also ließ Raffaelo Riario einen Neubau errichten. Vermutlich wollte er nur seinen Palast ohne Kirche bauen. Erst auf die Intervention von Papst Innozenz VIII. habe man in den praktisch vollendeten Bau die Kirche eingefügt. Dies wird erhärtet durch die Tatsache, dass die Kirche nicht die Spur einer Fassade besitzt; eine schlichte Türe an der Frontseite des Palastes bildet den »Haupteingang«.

Der Palazzo della Cancelleria, ein Meisterwerk der Frührenaissance,
hat den Namen vom Cardinale Cancelliere,
dem Kardinalstaatssekretär, der 1870 dort einzog

Bescheiden ist die Kirche allerdings nur nach außen. Rechnet man den großen Palasthof ab, nimmt sie flächenmäßig fast die Hälfte des Palastes ein. Im Innern ist sie reich ausgestattet. Am berühmtesten ist ein aus dem 14. Jh. stammendes Kruzifix, das nach der Legende Zwiesprache mit der hl. Birgitta von Schweden gehalten hat, deren Kloster noch heute an der nahen Piazza Farnese liegt. Im gleichen rechten Seitenschiff finden wir das Grab des ermordeten Pellegrino Rossi, an den wir später nochmals erinnert werden.

1475 wurde die Fassade des Palastes fertig, und schon im Jahr darauf zog der Bauherr ein, obschon die Seitenflügel erst Jahre später vollendet wurden – als hätte er geahnt, dass er sein Werk nicht lange werde genießen können. Er verstrickte sich in eine Verschwörung gegen Leo X., die aufflog. Sein schönes Haus wurde konfisziert und unter anderem mit der kirchlichen Kanzlei belegt. Seither heißt das Gebäude Palazzo della Cancelleria, und noch heute residiert hier der Kardinalkanzler. Auch die Richter der Sacra Romana findet man hier, am Apellationsgerichtshof. Zu einem großen Teil sind es Ehenichtigkeitsforderungen, die zu ihnen getragen werden, nicht Scheidungen, wie wir Laien gewohnheitsmäßig sagen. Denn kirchliche Scheidungen einer gültigen Ehe gibt es nicht, aber es könnte festgestellt werden, dass die Ehe nicht rechtmäßig ist, weil zum Beispiel unter Zwang geschlossen.

Der Palast gehört zu den wenigen Gebäuden, die auch nach dem Untergang des Kirchenstaates, gemäß Lateranvertrag von 1929, exterritorialer Besitz des Vatikans geblieben sind. Zwischenhinein erlebte er jedoch die unruhigen Zeiten der Revolution und bekam dabei eher unerwünschte Bewohner: 1798/99 residierte in der Cancelleria die Regierung der damaligen Republik Rom. 1848 wurde sie zum Schauplatz eines poltischen Mordes: Der als fortschrittlich bekannte Papst Pius IX. ließ vom Volk eine Deputiertenkammer wählen und überließ ihr die Cancelleria als Tagungsort. Zum Innenminister bestellte er den als liberal bekannten Pellegrino Rossi – Versuche, das drohende Unheil abzuwenden, Gewalt zu verhüten. Den Republikanern genügten diese Maßnahmen nicht; sie ermordeten den Minister beim Betreten des Palastes. Die Cancelleria wurde Sitz des Revolutionsparlamentes.

Der Innenhof der Cancelleria ist von einer zweigeschossigen Säulenloggia umgeben. Er kann glücklicherweise immer betreten werden.

Doch mit Erinnerungen an Bluttaten wollen wir die Cancelleria nicht verlassen, viel lieber mit einer der unzähligen Anekdoten, welche die Römer in petto haben: Die große Sala di Cento Giorni bekam 1546 ihren Freskenschmuck von Giorgo Vasari, einem Schüler Michelangelos. Allessandro Farnese, der Neffe Pauls III., der damals den Palast bewohnte, gab ihm den Auftrag, die Taten seines Onkels zu verherrlichen, mit der Bedingung allerdings, die Arbeit innerhalb hundert Tagen zu vollenden, daher hat noch heute der Saal der hundert Tage diesen eigentümlichen Namen.

Vasari schaffte es und hatte danach den verständlichen Wunsch, seinem Lehrer das Werk zu zeigen: *»Und das Ganze habe ich in nur hundert Tagen geschaffen!« –*
»Man sieht's« soll die nicht gerade begeisterte Antwort des Meisters gelautet haben.

Vasari ist bekannter durch seine Künstlerbiographien als durch seine dem Manierismus verpflichteten Bilder.

Palazzo Farnese – Renaissance in Vollendung

Schon immer galt der Palazzo Farnese als der unbestrittene Höhepunkt der Renaissance-Baukunst, als die Krönung der langen Reihe römischer Paläste, die in der zweiten Hälfte des 15. Jahrhunderts mit dem Palazzo Venezia begonnen hatte. »Il Dado«, den Würfel, nennen ihn leicht spöttisch und doch unverkennbar stolz die Bewohner der Umgebung, wenn sie sich abends zu einem Plauderstündchen auf der langen Steinbank längs der Fassade treffen.

Alles was in Rom innerhalb der Aurelianischen Mauer steht, und manches darüberhinaus, erhebt sich auf den Fundamenten aus älterer Zeit. So auch der Palazzo Farnese. Bei den Bauarbeiten stieß man auf die Überreste von Kasernen der »Roten Wagenlenker«, die in der nahen, am Tiber gelegenenen Rennbahn auftraten. Die Partei der »Blauen« hatte ihre Unterkünfte etwas nördlicher, an der Stelle der Cancelleria.

Der Aufstieg der Farnese begann Mitte des 15. Jahrhunderts zur Zeit Papst Eugens IV., einem persönlich untadeligen Charakter, großen Förderer der Kirche und des kulturellen Lebens, doch fehlte ihm die damals so wichtige politische Klugheit und weitsichtige Führerpersönlichkeit. Umso kecker eroberten sich da die Farnese, wie andere machtgierige Geschlechter auch, als abenteuerlustige Heerführer und politische Waghälse ihre Positionen und festigten sie durch geeignete Heiraten.

Schnell zum Ziel kam die erfolgshungrige Familie, als die schöne Julia Farnese am Hofe von Papst Alexander VI. ihre glänzende Karriere machte, indem sie zur besten Freundin der berühmt-berüchtigten Lucrezia Borgia avancierte. Sie heiratete 1489 einen Corsini und ihre Tochter 1505 einen Neffen Julius' II., während ihr eigener Bruder Alessandro 1493, erst 25-jährig, zum Kardinal ernannt wurde und 1534 als Paul III. den Stuhl Petri bestieg.

Alessandro Farnese war ein typischer Renaissancemensch. Aufgewachsen in humanistischen Kreisen, kam er früh an den Hof der Medici in Florenz, wo Lorenzo il Magnifico herrschte, und wo er die Freundschaft von dessen Sohn Giovanni erwarb, des späteren Papstes Leo X. So war auch Alessandro ganz den Prinzipien der Zeit verpflichtet, ein Verehrer der Künstler, gebildet in griechischer und römischer Kultur. Er war es, der

1514 noch als Kardinal den Grundstein legte zum schönsten Palast der Renaissance, um augenfällig zu dokumentieren, welchen Rang dem Geschlecht der Farense zukomme. Allerdings stockte das Werk bald einmal – ganz einfach, weil sogar dem Farnese infolge der Größe des Unternehmens das Geld knapp wurde.

Weil der Bau sich in die Länge zog, waren an ihm drei Architekten beteiligt: der berühmte Antonio da Sangallo schuf die Hauptarbeit, die Fassade und zwei Geschosse des Hofes. Nach seinem Tod 1546 folgte kein Geringerer als Michelangelo in der Bauleitung und zuletzt noch Giacomo della Porta, der um 1580/81 das große Werk abschloß. Von Michelangelo stammen an der Fassade das Portal und der Balkon und vor allem das vielgepriesene, stark vorragende Dachgesims, das er erst ausführen durfte, nachdem er aus einem Wettbewerb als Sieger hervorging.

Michelangelo entwarf auch das dritte Geschoß des Hofes, der in seiner Berühmtheit der Fassade nicht nachsteht. Sangallo hatte im Erdgeschoß eine offene Arkadenhalle im dorischen, darüber eine geschlossene im jonischen Stil verwendet – eine Kopie des nahen Marcellustheaters. Das dritte Geschoß verrät bereits den kommenden Barock: Die Giebel lösen sich von den Fensterrahmen, und hohe Sockel schieben sich unter die Fenster.

Von den Innenräumen ist das Großartigste die im ersten Stock des rückwärtigen Flügels gelegene »Galerie« von zwanzig Metern Länge, ausgemalt 1596 bis 1604 durch Annibale Caracci und seinen Schülern Domenichino, Lanfranco und Guido Reni. Vorbilder waren ihm Raffael und Michelangelo, und besonders der Einfluß der Sixtinischen Kapelle ist unübersehbar. Das dominierende Fresko: der Hochzeitszug des Bacchus und der Ariane. Anfänglich war auch des Meisters älterer Bruder Agostino beteiligt – von ihm stammt der Triumph der Galathea –, doch sie zerstritten sich, und Agostino wurde verdrängt. Deshalb, so folgert das römische Volk, sei Annibale Caracci auch gebührend bestraft worden: Während der jahrelangen Arbeit sei er fürstlich mit Speis und Trank versorgt worden und habe dies harmlos als Aufmerksamkeit des Auftraggebers angenommen.

Der Palazzo Farnese bildet die Krönung der römischen Renaissance.
Die vollkommen harmonisch gestaltete Fassade ist das Werk Antonio da Sangallo d. J.
Eingang, Balkon und den mächtigen Dachfries hat Michelangelo beigetragen

Der Verwalter des Palastes, der ihm nie gewogen war, setzte durch – als es um die Bezahlung der fertigen Arbeit ging, – dass man vom Lohn alles in Abzug bringe, was der Maler im Verlaufe der Jahre gegessen und getrunken hatte. Und dies soll einen derart großen Betrag ergeben haben, dass nur noch fünfhundert Scudi auszuzahlen waren. Dies habe den Künstler derart deprimiert, dass er in Schwermut gefallen sei.
Die Prunkräume des Palastes gaben den Festen der Farnese den passenden Rahmen, denn ihre Erfolge waren mit der Wahl Alessandros zum Papst noch nicht abgeschlossen; dafür sorgte er mittels des damals üblichen Nepotismus. Für das Schicksal des Palastes und seiner unermeßlichen Kunstschätze ist vor allem wichtig Elisabeth Farnese, die zweite Gemahlin König Philipps V. von Spanien, welche ihren Söhnen Neapel und Parma verschaffte.

Gerechterweise muss festgehalten werden, dass Paul III. sich große Verdienste um die Reform der Kirche erwarb, die von seinen Vorgängern zu kraftlos angegangen wurde. Abgesehen von der Förderung seiner Verwandten hat er viele fromme Männer und bedeutende Gelehrte zu Kardinälen ernannt. Noch kaum vorher bestand der Senat der Kirche aus einer Versammlung derart fähiger Männer wie unter dem Farnese-Papst. Das wichtigste Ereignis seines Pontifikats war das endlich zustandegekommene Konzil von Trient, das zu den bedeutendsten der Kirchengeschichte zählt. Michelangelo schreibt nach dem Tode Pauls III.: *»Ich habe von ihm immer nur Güte erfahren«,* ein Zeugnis, das er keinem anderen Papst ausstellte.

Schon Mitte des 17. Jahrhunderts wohnten keine Farnese mehr in Rom, und der Palast war verwaist. Neuen Glanz und Bedeutung bekam er, als am 27. Dezember 1655 Christina von Schweden, die zurückgetretene und zum katholischen Glauben konvertierte Königin hier einquartiert wurde. Herzog Odoardo Farnese von Parma hatte ihr den Palast großzügig zur Verfügung gestellt, und wie sie abends auf dem großen Platz vorfuhr, war die ganze Fassade reich dekoriert, und vor jedem Fenster brannte eine Fackel. Christina war entzückt. Ihre Diener bevorzugten mehr das Praktische. Als erstes wollten sie einen Spielsalon einrichten um Geld zu verdienen, doch das ging selbst der gar nicht zimperlichen Monarchin zu weit.

Kardinal Alessandro Farnese, der spätere Papst Paul III.,
ist der Auftraggeber zum Farnese-Palast.

So suchte man sich auf andere Weise zu bereichern, verkaufte hinter ihrem Rücken Kandelaber, Gobelins und sogar Vorhänge aus den Räumen, die sie nicht bewohnte. Es fehlte an Brennholz, also zertrümmerte man Stühle, Tische und Türen, bis der fürstliche Hausverwalter einschritt. Die Angelegenheit erledigte sich, als die Königin am 19. Juni 1656 nach Paris abreiste; und als sie am 15. Mai 1658 zurückkam, bezog sie den auf dem Quirinal gelegenen Palazzo Mazarin, den heutigen Palazzo Rospigliosi-Pallavicini, den Carlo Maderna anfangs des Jahrhunderts für Kardinal Scipione Borghese erbaut hatte. Kein schlechter Tausch.

Nachfolger im Palazzo Farnese wurde im Juni 1662 der Gesandte des Königs Louis XIV. von Frankreich, des Sonnenkönigs. Schüchtern war sein Botschafter nicht, kam übrigens nicht, wie Alexander VII. hoffte, um bessere Beziehungen zum Heiligen Stuhl zu fördern, eher um zu spionieren und zu intrigieren. Er verlangte, dass in der Umgebung seiner Residenz kein päpstliches Militär und keine Polizei sich aufhalte, auch keine Hausdurchsuchungen stattfinden. Dies durchzusetzen, brachte er außer einer großen Dienerschaft auch gleich zweihundert Bewaffnete mit. Zwei Monate später kam es auch schon zum ersten Zwischenfall beim Ponte Sisto, wobei ein päpstlicher Soldat und ein Page der Botschafterin erschossen wurde. 1790 erlosch der männliche Stamm der Farnese, und Elisabeths Enkel Ferdinand IV. von Neapel erbte zahlreiche Kunstwerke aus dem Palazzo in Rom, entführte sie nach Neapel, so auch den berühmten »Farnesischen Stier«. Noch einmal nahm eine Königin Wohnsitz im Palazzo Farnese. Es war vielleicht die romantischste Zeit in der Geschichte des Hauses, das sonst allzuviel harte Politik und gehässige Intrigen hatte sehen müssen. Eine neunzehnjährige Königin von außerordentlicher Schönheit, Maria Sofia von Wittelsbach, verehrt von der ganzen Stadt, und ihr Gemahl Franz II. von Neapel wurden von Pius IX. in Rom aufgenommen, als sie von Garibaldi verfolgt wurden – bis die Revolutionäre auch die Ewige Stadt eroberten und dem Kirchenstaat ein Ende bereiteten.

Noch bevor der Palazzo Farnese vollendet war – an der Rückseite, gegen den Tiber hin, ist er bis heute nicht fertig geworden – ließ Paul II. vor dem Gebäude zwei riesige Wannen aus den Thermen Caracallas aufstellen, ein außerordentlich wichtiges Detail in der Konzeption des Platzes, geben doch die Brunnen mit ihrem plätschernden Wasser dem sonst allzu ernsten und majestätischen Platz die auflockernde Fröhlichkeit.

Die Renaissance endete im Manierismus, den der Palazzo Spada,
nur wenige Schritte vom Palazzo Farnese entfernt, mit seinem Figurenschmuck vertritt.

Und die wenigsten Passanten, die Einheimischen nicht und nicht die Fremden wissen, dass das kühle Nass, dass die farnesischen Hyazinthen, die immer wieder mit den florentinischen oder den französischen Lilien verwechselt werden, den mächtigen Schalen aus ägyptischem Granit spenden, aus der zweitausendjährigen Aqua Vergine stammt, die des Augustus' Schwiegersohn hatte bauen lassen, seine Thermen beim Pantheon zu speisen. Sie versorgt nicht nur diese zwei Brunnen, sondern auch so berühmte wie die drei auf der Piazza Navona und die Sturzbäche der Fontana di Trevi sowie unzählige kleine, unbekannte.

Die Entwicklung der römischen Renaissance-Architektur lässt sich auf einem angenehmen Spaziergang von wenigen hundert Metern recht eindrücklich erleben. Er beginnt auf der Piazza Venezia vor dem gleichnamigen Palast, der noch sehr an eine mittelalterliche Familienburg erinnert, mit seinem zinnenbewehrten Wehrgang und dem mächtigen Turm. Er entstand in der Mitte des 15. Jh. unter dem späteren Papst Paul II. aus Venedig. Baugeschichtlich folgt die viel freundlichere Cancelleria vom Ende des 15. Jh. mit säulenverziertem Portal und den belebenden Pilastern. Den Palazzo Farnese haben wir soeben kennengelernt als die Spitzenleistung der Epoche und man ist gespannt auf den Ausklang. Diesen zeigt uns, fast nebenan, der Palazzo Spada mit seiner manieristischen Fassade, überladen mit Statuen römischer Helden und Kaiser, mit plastischen Verzierungen und Girlanden. Ähnlich ist der Hof gestaltet. Beachtenswert ist der Kolonnadengang Borrominis, der mit nach hinten immer leicht kleiner werdenden Säulen die Perspektive verändert. Sein Lehrmeister Bernini hat es ihm in der Scala Regia vorgemacht.

Die Farnesina – ein Renaissance-Märchen

Im Jahre 1486 gründete der Sienese Agostino Chigi in Rom ein Bankhaus und erwarb sich in kürzester Zeit einen großen Reichtum - er soll mehr Silbergeschirr und Schmuck besessen haben als der ganze römische Adel, - und er war den Päpsten Julius II. und Leo X. ein unentbehrlicher Finanzier. Zum Unterbringen seiner Schätze standen ihm ein Dutzend Paläste und Villen zur Verfügung, und als letztes erbaute er sich 1508 ein besonders hübsches Schlößchen am rechten Tiberufer, die heutige Farnesina.

Architekt der Sommervilla war Baldassare Peruzzi, wie der Bauherr aus Siena stammend. Er war ursprünglich Maler, ausgebildet bei Sodoma und Pinturicchio und auch noch in Rom als Maler tätig, zum Beispiel unter Raffael in den Stanzen des Vatikans. Auch in S. Maria della Pace finden sich von ihm Szenen aus der Bibel, gleichwertig neben den Sibyllen Raffaels, geschaffen um 1517. Im gleichen Jahr holte Chigi den berühmten Raffael samt seinen Schülern in seine Villa.

In der Gartengalerie finden sich entzückende Fresken nach dem Entwurf Raffaels, ausgeführt von Francesco Penni und Giulio Romano. Dargestellt ist die Fabel von Amor und Psyche, wie sie uns der römische Schriftsteller Apuleius erzählt: Ein König hatte drei Töchter, von denen die jüngste, Psyche, ihrer Schönheit wegen die Eifersucht der Venus erregte. Um sich zu rächen, bat die Göttin ihren Sohn Amor, Psyche in die Liebe für den verächtlichsten aller Menschen zu verstricken. Doch Amor verliebte sich selbst in das schöne Mädchen, besuchte sie aber nur des nachts und verbot ihr, sich nach seiner Herkunft zu erkundigen. Doch Psyche konnte ihre Neugier nicht unterdrücken, zündete eine Lampe an, während er schlief, ließ sogar einen Tropfen Öl auf den Schläfer fallen, so dass er erwachte und in Zorn davonlief. Venus setzte ihn gefangen und verlangte von Ceres und Juno, seine Geliebte zu suchen. Diese aber weigerten sich, und sie musste Jupiter um Beistand bitten. Der Göttervater sandte Merkur aus, der Psyche findet. Venus quälte das Mädchen auf jede erdenkliche Art und verlangte sogar, dass sie Proserpinas Büchse aus der Unterwelt hole. Mit Amors Hilfe, der unterdessen der Haft entfloh, gelang ihr sogar das unmöglich Scheinende. Amor war es auch, der sich bei Jupiter für sie einsetzte: Psyche wurde die Unsterblichkeit verliehen und in den Olymp aufgenommen, damit die zwei Verliebten auf ewig vereinigt seien.

Der ungeduldige Hausherr stellte fest, das Raffael immer wieder von der Arbeit weglief wegen der in der Nähe wohnenden Geliebten, die Tochter eines Bäckers. Also ließ er das Mädchen in die Villa kommen, damit Raffael bei der Arbeit blieb. Es ist die bekannte »Fornarina«, deren Portrait heute im Palazzo Barberini hängt.

Zur gleichen Zeit wie die lebenslustigen Götter der Farnesina malte Raffael Madonnenbilder, die zum reinsten gehören, was christliche Kunst hervorgebracht hat. Etwas von seinen Madonnen lebt auch in der berühmten »Galathea« trotz ihrer Diesseitigkeit weiter, die im anschließenden Saale auf uns wartet. Dieses Fresco aus dem Jahre 1514 stammt von Raffaels eigener Hand. Die Meeresgöttin steht in einer Muschel, Tritonen und Nymphen treiben in den Wellen ihr Spiel, Delphine ziehen das merkwürdige Schiff, während Liebesgötter aus der Höhe ihre Pfeile verschießen. Neben dem weltberühmten Meisterwerk kommen die Werke Peruzzis und Sebastiano dei Piombos – wunderbare Verwandlungen im Reiches des Himmels und der Lüfte darstellend – beim Betrachten zu kurz. Peruzzi malte Sternbilder, Zeichen des Tierkreises und die Planeten, die zusammen das astrologische Horoskop Agostino Chigis ergeben.

Einmal kam Michelangelo in den Saal, die Arbeiten seines Schülers Volterra zu besichtigen, fand ihn aber menschenleer. So stieg er aufs Gerüst und zeichnete in eine noch unbemalte Lünette mit schneller Hand einen Satyrkopf, wie er traurig auf das lebensfreudige Treiben im Galathea-Bild blickt: die kostbare Visitenkarte des melancholischen Genies.

Im oberen Stockwerk malte Sodoma Szenen aus dem Leben Alexanders des Großen. Besonders geschätzt ist die »Hochzeit des Königs mit Roxane«, einer persischen Prinzessin. Schamhaft sitzt die Braut im Schlafgemach, während Alexander, begleitet von seinem Freund Hephaiston und von Hymen, dem Gott der Hochzeit, sich nähert und der Braut seine Krone reicht. Berühmt ist auch der »Saal der Perspektiven« mit gemalten Architekturen und raffinierten Durchblicken auf Landschaften, von Peruzzi und seinen Schülern.

Die Farnesina wurde im Auftrag des Bankiers Agostino Chigi gebaut; den Namen bekam sie, als sie bald darauf an die Farnese kam

Im Jahre 1518 wurde der Sommersitz mit einem glänzenden Fest eingeweiht. Vielleicht war es damals, dass nach jedem Gang das kostbare Silbergeschirr hoch im Bogen in den Tiber geworfen und neues vorgelegt wurde, zum großen Erstaunen der Gäste. Sie ahnten nicht, dass heimlich im Tiber Netze ausgespannt waren, die man hinterher samt Inhalt wieder hochzog. Ein andermal leistete sich der Gastgeber ein Vergnügen, das allerdings teurer zu stehen kam: Jeder geladene Gast erhielt die Speisen auf besonders für ihn hergestelltem Silbergeschirr, verziert mit seinem Wappen; und jedem wurden andere Speisen serviert, gewählt aus den Spezialitäten seiner Heimat. Noch größere Summen hat Agostino Chigi für die Förderung der Künstler ausgegeben. Reichtum mochte man damals jedermann gönnen – unter einer Voraussetzung, dass sein Besitzer großzügig damit umging.

Lange konnte sich der Krösus der Renaissance seiner herrrlichen Villa nicht freuen. Am 15. April 1520 starb er, wenige Tage nach seinem jungen Freund Raffael und eineinhalb Jahre vor dem anderen großem Mäzen, Papst Leo X. Chigis Grabkapelle befindet sich in S. Maria del Popolo, ausgeschmückt 1516 durch Raffael, ein zweiter Ort neben der Sommervilla, der die beiden Namen untrennbar verbindet. Um 1580 wurde die Villa Chigi an Kardinal Alessandro Farnese verkauft und heißt seither Villa Farnesina, in Anlehnung an den Palazzo Farnese auf dem gegenüberliegenden Ufer des Flußes.

Michelangelo wollte eine Verbindungsbrücke bauen über den Tiber; der Anfang dazu, die Brücke über die Via Giulia, ist auch ausgeführt worden. Wie so mancher Plan des Vielbeanspruchten ist auch dieser nicht vollendet worden.

Amor zeigt den Grazien seine Geliebte Psyche.
Detail aus dem Deckenfresko der Farnesina

Zwei Skulpturen Michelangelos

Michelangelo wurde 1475 als Sohn einfacher Eltern in der Nähe von Florenz geboren. 13jährig begann er eine Lehre als Maler bei Domenico Ghirlandaio, der damals die Fresken in Santa Maria Novella schuf. Des Jünglings Verlangen galt jedoch der Bildhauerei und dank der mächtigen und alle Künste fördernden Familie der Medici wurde ihm sein Wunsch erfüllt: Lorenzo il Magnifico nahm ihn in seine Kunstschule auf und liess ihn in seinem Stadtpalast wohnen, wo der Lernbegierige Kontakt hatte mit den Familienangehörigen und den dort verkehrenden Grössen der Stadt. Damals entstand als erstes grösseres Werk die »Madonna an der Treppe«, heute in der Casa Buonaroti.

Als die Medici 1494 vor den anrückenden französischen Truppen aus der Stadt verbannt wurden, floh Michelangelo nach Bologna und Venedig. Nach Florenz zurückgekehrt schuf er den »schlafenden Cupido«, um aus dem Erlös eine Reise nach Rom zu finanzieren. Die Statue gelangte jedoch schneller als sein Schöpfer nach Rom, wurde von einem Kunsthändler für 200 Goldstücke betrügerisch als Werk der Antike an Raffaele Riario, Kardinal di San Giorgio verkauft; Michelangelo zahlte er 20 Dukaten. Der Schwindel kam bald ans Licht, und der Kardinal sandte nach Florenz, den Schöpfer des Liebesgottes ausfindig zu machen. Der Beauftrage erkannte, dass nicht Michelangelo der Betrüger war und überredete ihn, mit nach Rom zu kommen, wo viele Auftraggeber seiner harrten.

Am 25. Juni 1496 kam Michelangelo in Rom an und wurde vom Kardinal freundlich empfangen. Der Cupido übrigens gelangte in den Besitz des Herzogs von Urbino, dann zu den Borgias, zu den Gonzagas in Mantua, bis seine Spur in England verlorenging. Michelangelo wurde von Kardinal Riario sehr gefördert und lernte seinen wichtigsten Auftraggeber kennen, den Bankier Jacobo Galli, für den er den »Bacchus« schuf, der heute in Florenz steht, im Museo Nazionale.

Die Pietà der Peterskirche

Dem Bankier Galli verdankte Michelangelo den Kontakt zum französischen Gesandten beim Heiligen Stuhl, Kardinal Jean de Villiers de la Groslaye. Der Botschafter wünschte sich eine Pietà, und der Vertrag vom 27. August 1498 zwischen Galli, Michelangelo und dem Auftraggeber ist noch vorhanden. Galli als Vermittler garantierte darin dem Monsignore, *»dass genannter Michelangelo das Werk in einem Jahr vollendet, und dass es die schönste Marmorskulptur sein wird, die es heutigentags in Rom gibt, und dass kein Meister von heute sie würde besser machen können«.* Das ist ein erstaunlich grosses Wort über einen jungen Künstler von 23 Jahren. Und es heisst weiter: *»Und ich verspreche andererseits dem genannten Michelangelo, dass der hochwürdige Kardinal die Bezahlung so ausführen wird, wie es niedergelegt ist«.* Diese Bezahlung umfasste 150 Golddukaten zum voraus – Michelangelo war schon im Frühjahr 1498 in Carrara, den Marmor zu brechen –, nach Arbeitsbeginn alle vier Monate 150 Dukaten.

Die Darstellung der Gottesmutter mit dem toten Sohn auf dem Schoß kannte die italienische Kultur ursprünglich nicht, und es ist kein Zufall, dass das erste derartige Werk in Mittelitalien von einem Franzosen in Auftrag gegeben wurde. Das Vesperbild, wie es im deutschen Sprachgebiet genannt wird, kommt erstmals im 14. Jahrhundert in Deutschland vor, im Gefolge der Mystik. Die Szene bezieht sich auf den Abend (lat. Vesper = Abend) nach der Kreuzigung Jesu, als man den Leichnam auf den Schoss der trauernden Mutter legte. Die Kunsthistoriker unterscheiden eine Entwicklung in der Darstellung der Gruppe, von der Sitzstellung des Toten über Liegen und Abwärtgleiten bis schliesslich zum auf dem Boden liegenden, an das Knie der Mutter gelehnten Körper. In Deutschland verläuft dies vom 14. bis Mitte des 16. Jahrhunderts. Im 15. Jahrhundert findet man es auch in Frankreich, von wo der Kardinal es natürlich kannte, nicht aber Michelangelo, was unsere Bewunderung noch erhöht.

Auf den nächsten zwei Seiten:
Michelangelos Pietà in der Peterskirche ist das erste großformatige Werk des jungen Künstlers.

Bewundert hat den Künstler auch sein Schüler Giorgio Vasari, der als Biograph bekannter ist denn als Maler: *»Kein Bildhauer noch sonst ein ausgezeichneter Künstler darf glauben, ein solches Werk in Zeichnung und Anmut oder durch Aufwand von Mühe und Feinheit, Glätte und kunstreicher Bearbeitung des Marmors, wie Michelangelo dies alles hier bewies, erreichen zu können. Die Liebe zu jener Arbeit und die dabei aufgewendete Mühe bewogen den Künstler, was er sonst niemals tat, seinen Namen quer durch den Gürtel, der das Gewand der Madonna unter der Brust umschliesst, einzugraben. Die Veranlassung war folgende: Er kam eines Tages an die Stelle, wo das Werk aufgestellt war, und fand dort eine Anzahl Fremder aus der Lombardei, die es sehr rühmten und von denen einer auf die Frage, wer es gearbeitet habe, entgegnete: 'Unser Gobbo aus Mailand'.*
Michelangelo schwieg still, doch dünkte es ihm unrecht, dass seine Mühen einem anderen abgerechnet wurden. Deshalb schloss er sich, mit Licht und Meissel versehen, eines Nachts in Sankt Peter ein und grub seinen Namen in den Gürtel der Madonna«. Es ist das einzige Werk, das Michelangelo eigenhändig signierte:

MICHAEL A(N)GELUS BONAROTUS FLORENT FACIBAT.

Wenn andernorts sein Name vermerkt ist, muss er von Späteren angebracht worden sein.

Kunstkritiker beanstanden etwa, die Gestalt Jesu sei im Vergleich zu Maria zu klein geraten. Andere jedoch begründen den scheinbaren Fehler als gewollt, der Künstler habe den Toten absichtlich derart klein und hilflos dargestellt, weil doch der Erlöser das Los der Menschen als vergängliches Geschöpf bis zum bitteren Ende durchleiden wollte. Sie können sich auf Michelangelos eigene Worte berufen, die uns ein Zeitgenosse überliefert hat. Michelangelo habe ihm erklärt: *»Es sollte gezeigt werden, dass der Sohn Gottes den wirklichen Leib des Menschen anzunehmen hatte, wie er es tat, und alldem unterworfen zu sein, dem ein gewöhnlicher Mensch unterliegt, ausser der Sünde.«*

Kurz nach der Vollendung der Pietà kehrte Michelangelo nach Florenz zrüück, wo er bald darauf als nächstes weltberühmtes Werk der »David« entstand.

Papst Julius II., der 1503 den Stuhl Petri bestieg, forderte 1505 Michelangelo auf, nach Rom zurückzukehren. Der grösste Auftrag, den er je erhielt, wartete auf ihn: ein überdimensioniertes Grabmal für den Papst in der Peterskirche, völlig freistehend, nicht eines der üblichen Wandgräber. Innerhalb eines Monats legte Michelangelo seinem Herrn einen Plan vor, wie es den beiden übermenschlichen Titanen entsprach. Vorgesehen war ein Monument über einer Grundfläche von rund 7x11m, gegen neun Meter hoch. Vierzig Figuren hätten es schmücken sollen, daneben Bronzereliefs. Fünf Jahre Bauzeit wurden Michelangelo bewilligt und ein Honorar von zehntausend Dukaten. Ungeduldig verlangte der Papst, dass Michelangelo unverzüglich nach Carrara reite, die Marmorblöcke auszuwählen.

Im Januar 1506 trafen die ersten Blöcke in Rom ein, werden auf dem Petersplatz gelagert, in der Nähe von Michelangelos Werkstatt. Der Papst besucht den Künstler dort, zeigt ihm sein Interesse. Aber es beginnen auch die Intrigen. Da ist vor allem Bramante, der leitende Architekt am Bau der Peterskriche, der misstrauisch den neuen Günstling seines Herrn beobachtet. Befürchetet er die Zurücksetzung seines Baues gegenüber dem Grabmal aus finanziellen Gründen oder ahnt er gar, dass dieses Universalgenie mühelos ihn ablösen könnte, die größte Kirche der Christenheit ebenso gut vollenden wie er, der Architekt? Jedenfalls pressiert das Grabmal plötzlich nicht mehr, und man will kein Geld mehr vorschiessen zum Kauf weiterer Marmorblöcke. Nun kommt ein neuer Plan ins Gespräch: Die Sixtinische Kapelle, so genannt nach des Papstes Onkel Sixtus IV. Sie prangt zwar mit herrlichen Fresken an ihren Seitenwänden von der Hand der größten Frührenaissancemaler, unbemalt aber ist die große gewölbte Decke. Sie zu schmücken wird Michelangelo übertragen, Michelangelo, dem Bildhauer? Ein Riesenwerk, das selbst einen geübten Maler ein halbes Leben lang beschäftigen könnte? Ob da nicht wieder Bramante dahinter steckt, der damit zwei Ziele auf einen Schlag verwirklichen könnte? Michelangelo wäre aus der Peterskirche entfernt und müsste sich bestimmt bei der ihm fremden Aufgabe mit einem Misserfolg blamieren. Michelangelo beharrt darauf, sein Grabmal schaffen zu dürfen, der Papst verweigert ihm das Geld dazu. Wutentbrannt flüchtet der Beleidigte ins heimatliche Florenz. Ebenso erzürnt hetzt Julius ihm einige Reiter nach. Sie holen ihn ein in Poggibonsi, jener Kleinstadt zwischen Siena und Florenz, wo die Strasse abzweigt hinauf ins bekanntere San Gimignano. In Poggibonsi verlief damals die Grenze zwischen dem Kirchenstaat und der Republik Florenz, und im letzten Augenblick entwischte der Flüchtende.

Am 21. Februar 1513 starb Julius II., und ab 6. Mai konnte Michelangelo auf Grund seines Vertrages mit den Testamentvollstreckern seine Arbeit am Grabmal wieder aufnehmen. Jetzt war nur noch ein Wandgrab vorgesehen, allerdings viel reicher geschmückt als was sich heute präsentiert. Dazu hätten gehört die zum Teil unvollendeten »Sklaven« in Florenz und Paris sowie der »Sieger«, ebenfalls in Florenz.

Was 1545 endlich in S. Pietro in Vincoli errichtet wurde, ist trotz der Reduktion auf wenige Figuren in den Augen vieler Kunstfreunde immer noch das schönste Grabmal der Welt. Aber es ist nicht nur das Kenotaph für Julius II., sondern ebenso das Zeugnis einer vierzigjährigen Leidensgeschichte. Nur drei der Figuren stammen von der Hand Michelangelos: Die mächtige Gestalt des »Moses« stellt den Führer der Israeliten dar, wie er, vom Sinai herabgestiegen, den Frevel seines Volkes erkennen muss. Die Entrüstung des Enttäuschten spricht nicht nur aus dem flammenden Blick, kommt auch zum Ausdruck durch die aufgewühlten Gewänder, sogar durch den wilden Bart, die nervigen Arme und Hände. Den denkbar größten Gegensatz zu diesem Sturm des Protestes bilden die Figuren von Rahel und Lea, die ihre Gefühle völlig nach innen richten. Sie sind aber auch dreißig Jahre später entstanden, gehören zu den Spätwerken des beinahe achzigjährigen Künstlers, sind Geschwister der »Pietà Rondanini« in Mailand, an der er noch wenige Tage vor seinem Tod gearbeitet hat. Alle anderen Gestalten, auch die Liegefigur des Papstes, sind von Künstlern aus seiner Umgebung geschaffen worden.

Der »Moses« von Michelangelo
hätte an einem Grabmal für Julius II. den übermenschlichen Tatendrang des Papstes symbolisieren sollen

Berninis Triumph

»Groß ist Euer Glück, Cavaliere, den Kardinal Maffeo Barberini als Papst zu sehen,
aber weit größer ist Unser Glück,
dass der Cavaliere Bernini während Unseres Pontifikats lebt.«

Als Papst Urban VIII. kurz nach seiner Thronbesteigung Giovanni Lorenzo Bernini mit diesen Worten empfing, kannte und schätzte er ihn schon seit Jahren.

Pietro Bernini, der Vater des Künstlers, war ebenfalls Bildhauer, kam 1604 mit dem am 7. Dezember 1598 geborenen Sohn von Neapel nach Rom und trat in den Dienst von Papst Paul V. Borghese. Sie müssen sich gut verstanden haben, denn bald ging auch der kleine Gianlorenzo im päpstlichen Palast ein und aus. Anscheinend sein Vergnügen war es, zeichnerisch antike Skulpturen sowie Gemälde zu kopieren. Der eifrige Zeichner muss auch dem Papst aufgefallen sein, denn eines Tages bat er ihn, ihm ein Bild des Apostels Paulus zu zeichnen. Das Resultat wird ihn sehr beeindruckt haben, denn spontan bat er den zufällig anwesenden Kardinal Maffeo Barberini, einen großen Kunstfreund und Mäzen, sich um die Ausbildung des Kleinen zu kümmern.

Schon als Zehnjähriger schuf Gianlorenzo für seinen Gönner die Figurengruppe mit der Ziege Amalthea, wie sie den Zeusknaben und einen Faun nährt. Der Knabe ahmte dabei die Technik der Antike nach, wie er sie in den Kunstsammlungen des Kardinals beobachtete, und dies derart gut, dass man sein Erstlingswerk noch zu Beginn des 20. Jh. für antik hielt. Immer noch im frühen Jünglingsalter lieferte er einen weiteren Beweis seines Könnens mit einer Büste für das Grab des Bischofs Giovanni Battista Santoni in der Kirche S. Prassede, die leider neben den Wunderwerken der mittelalterlichen Mosaikkunst im gleichen Gotteshaus meist nicht beachtet wird.

Bernini, »David mit der Schleuder«, Detail

Die Hauptwerke des jungen Bernini findet man in der Galleria Borghese, in der gleichnamigen Villa, die Scipione Borghese für seine Kunstschätze hat bauen lassen und der auch der Auftraggeber Berninis in dieser Epoche war. Als erstes entstand 1618/19 der »Aeneas«, wie er seinen betagten Vater Anchises aus dem brennenden Troja trägt, samt den Statuetten zweier Hausgötter, die der Greis sorgsam an seine Brust drückt. Die weitaufgerissenen Augen des Königs offenbaren sein Entsetzen ob der Katastrophe, die über das Königshaus und die ganze Stadt hereingebrochen ist, und uns gibt die Gruppe eine Ahnung vom Realismus des entstehenden Barocks.

Die Dramatik steigert sich noch im »Raub der Proserpina« von 1621/22. Dargestellt ist der Augenblick, da Pluto, der Beherrscher der Unterwelt, die Demeter-Tochter vom ahnungslosen Spiel auf der Wiese entführt. Die Verzweiflung auf dem Gesicht der Überraschten, die Finger des Räubers, die sich mit rücksichtsloser Gewalt in die zarte Haut des Mädchens eingraben, können realistischer nicht dargestellt werden.

Es folgt nochmals eine ähnliche Szene aus der antiken Mythologie, die »Verfolgung Daphnes durch Apollo« (1622–24), und Bernini wagt den Moment darzustellen, da der Gott soeben das fliehende Mädchen einholt und nach ihr greift. Mit letzter Kraft schreit die Unglückliche um Hilfe und wird daraufhin in einen Lorbeerbaum verwandelt. Das flatternde Haar, die Finger und Zehen werden zu Lorbeerzweigen und -blättern, die eben noch lebensvollen Schenkel überziehen sich mit harter, gefühlloser Baumrinde. Eigentlich ist diese Vorlage prädestiniert für die Möglichkeiten der Malerei, nicht für den harten Marmor; und so haben auch wirklich unzählige Maler, gerade des Barocks, sich daran versucht, Bildhauer aber nur wenige, darunter Bernini am erfolgreichsten.

Die Arbeiten an der überaus anspruchsvollen Apollo–und–Daphne–Gruppe zogen sich über drei Jahre hinweg, und zwischenhinein entstand Berninis bekanntestes Werk jener Zeit, der »David« (1623). Mit höchster Konzentration – Rüstung und Harfe hat er beiseitegelegt – holt der Jüngling aus, das tödliche Geschoß auf den Riesen zu schleudern. Der wildentschlossene Blick des Helden sei nach der Meinung der Anekdote derart entstanden, dass der Künstler während der Arbeit sein eigenes wutverzerrtes Gesicht in einem Spiegel betrachtet habe. Und gehalten habe den Spiegel Kardinal Maffeo Barberini.

Bernini, »Pluto raubt die Proserpina«

Viel wichtiger ist, den David Berninis mit dem gleichen Motiv Michelangelos zu vergleichen, um den Schritt zu ermessen von der Kunstauffassung der Renaissance zu derjenigen des Barocks, von der statischen Klassik zur realistischen Momentaufnahme, zum dramatischsten Augenblick eines Geschehens.

Inzwischen starb Paul V. Borghese am 28. Januar 1621, und nach einem kurzen Pontifikat Gregors XV. Ludovisi – von seinen zahlreichen Portraitplastiken ist wiederum eine Büste von der Hand Berninis die wertvollste – bestieg Maffeo Barberini am 6. August 1623 als Papst Urban VIII. den Stuhl Petri. Er kam am 5. April 1568 in Florenz zur Welt, wurde Jurist und kam nach Rom, wo er, durch einen Onkel gefördert, die kirchliche Laufbahn beschritt. Früh schon fiel er durch seine glänzenden Fähigkeiten auf. Als Nuntius in Paris wurde er Kardinal, erwarb sich die Zuneigung und Achtung des Hofes, eine Bestätigung des ausgezeichneten Rufes an der Kurie. So erreichte er in einem der kürzesten Konklave der Geschichte, im verhältnismäßig jugendlichen Alter die höchste Würde der Kirche.
Die Geschichtsforscher mögen mancherlei an seinen politischen Entscheidungen während der kritischen Phase des Dreißigjährigen Krieges auszusetzen haben. Hell begeistert waren sicher die Kunstschaffenden aller Richtungen von der Wahl des neuen Papstes. Er war ein großer Musikfreund und Kenner der Literatur, verfaßte selber lateinische Hymnen und Gedichte. Die Fortsetzung der Pläne Sixtus' V.,. Rom zur schönsten Stadt der Welt zu machen, war sein erklärtes Ziel, und er wurde darin von seinen Nepoten tatkräftig unterstützt. Privat allerdings lebte er überaus bescheiden und fromm. Frühmorgens betete er wie ein gewöhnlicher Priester sein Brevier, wohnte einer Messe bei oder zelebrierte sie selber. Er aß nur eine einzige größere Mahlzeit pro Tag und erfreute sich trotzdem, oder gerade deswegen, einer ausgezeichneten Gesundheit.

Urban VIII. war von der universalen Genialität Berninis derart überzeugt, dass er ihn bat, auch Architektur und Malerei zu studieren. Bernini soll um die 200 Bilder gemalt haben, doch kennen wir nur rund ein Dutzend, da er nicht signierte. Der Papst überhäufte ihn mit Aufgaben aus den verschiedensten Gebieten, ja Bernini wurde für lange Zeit zum Beherrscher der Kunst in Rom, so dass alle anderen Künstler direkt oder indirekt für ihn und seine Schule arbeiten mussten. Einer, der einen eigenen Weg suchte, war Borromini, und er ist daran zerbrochen.

Bernini, »Apollo und Daphne«

Das erste große Werk Berninis nach der Wahl Urbans VIII. ist der große Bronzebaldachin in St. Peter, an dem er von 1624 bis 1633 arbeitete. Man hat dem Tabernakel den Vorwurf gemacht, er passe als Barockbau schlecht in den Renaissanceraum. Aber er kann sich nur durch den Kontrast zu seiner Umgebung behaupten. Auch so noch wirkt er eher klein zwischen den Riesenmassen der Kuppelpfeiler, von denen jeder eine mittelgroße Dorfkirche in sich aufnehmen könnte.

Die Sockel des Baldachins tragen acht reichverzierte Bienenwappen des Bauherrn, und mit ihnen verbindet sich eine köstliche Anekdote: Die Nichte des Papstes erwartete ein Kind, aber die Ärzte prophezeiten eine äußerst schwierige Geburt, das Leben der jungen Frau sei in Gefahr. Der Papst versprach der Peterskirche den prächtigen Baldachin, und tatsächlich verlief die Geburt ohne Komplikationen. Bernini kannte den Grund des Auftrages und flocht die Begebenheit raffiniert in die Dekoration der Sockel ein. Die Wappen gleichen in ihrer Form einem Frauenkörper, darüber erscheint das Porträt der Mutter, manchmal mit ruhigen Zügen, manchmal schmerzverzerrt, bis man zum letzten Wappen gelangt - es zeigt statt des Porträts der Frau einen pausbackigen, lachenden Säugling.

Noch vor Vollendung des Baldachins von St. Peter entwarf Bernini die Dekoration der Kuppelpfeiler, je eine Nische mit Loggia an jedem Pfeiler mit Blick in Richtung Papstaltar. Von den vier Statuen stammt der hl. Longinus, die gelungenste von allen, von Bernini. Er hat auch viel Mühe investiert, zahllose Skizzen, zweiundzwanzig kleine Tonmodelle und eines in Originalgröße angefertigt, bevor er an die Ausführung ging.

Ein weiteres bedeutendes Werk Berninis in der Peterskirche ist das Grabmal für sei nen Gönner Urban VIII. Den Auftrag erhielt er schon 1627, vollendet wurde es erst 1647, drei Jahre nach dem Tod des Papstes. Natürlich bekam es einen bevorzugten Platz an der rechten Seitenwand der Apsis, gegenüber dem ähnlich aufgebauten Denkmal Paul II., Urban VIII., in Bronze gegossen, thront mit segnender Gebärde über dem Sarkophag, der von den allegorischen Figuren der Nächstenliebe und der Gerechtigkeit flankiert wird. Hinter dem Sarg präsentiert die Gestalt des Todes die Schrifttafel »Urban VIII. Barberinus, Pont. Max.« Eine ähnliche Sitzstatue, aber in Marmor, steht im großen Saal des Palazzo dei Conservatori auf dem Capitol, die Bernini ebenfalls 1647 vollendet hat.

Im Säulenwald von Berninis mächtigen Petersplatz-Kolonnaden

Mit dem Tode Urbans VIII. am 29. Juli 1644 verschlechterte sich die Stellung Berninis vorübergehend. Nachfolger auf dem Papstthron wurde Innozenz X. Pamphili, dem es ein Anliegen war, den großen Kunstwerken seines Vorgängers Gleichwertiges gegenüberzustellen. Es war in solchen Fällen üblich, nicht die bisher tätigen Künstler weiterzubeschäftigen, sondern neue Leute mit neuen Ideen. Diese Tendenz unterstützten natürlich all die vielen Künstler, die unter der Bevorzugung Berninis gelitten hatten.

Jetzt litt Bernini unter der Zurücksetzung, und als Frucht seines Grolls entstand das Marmorwerk »Chronos enthüllt die Wahrheit«. Eine Frau hält in ihrer Rechten das Licht der Sonne, die alles beleuchtet. Die Zukunft – Chronos ist der Gott der unerbittlich fortschreitenden Zeit – wird mich rehabilitieren, will der Künstler damit ausdrücken.

Im Übrigen bekam Bernini auch in diesen Jahren ehrende Aufträge. Er schuf in S. Maria della Vittoria die Capella Cornari (1647–52): Der Raum ist wie ein Theater gestaltet, mit vielfarbigem Marmor aufs prunkvollste ausgestaltet. Aus seitlichen Logen beugen sich vier Mitglieder der Familie Cornaro über die Brüstungen und schauen auf den Altar, über dem ein Hauptwerk Berninis steht, die »Verzückung der hl. Theresa«. Dargestellt ist die Mystikerin, wie sie völlig aufgelöst auf eine Wolkenbank hinsinkt, während ein Engel ihr den Pfeil der göttlichen Liebe ins Herz stößt. Der Künstler bezieht sich auf die Stelle im Tagebuch der spanischen Nonne, wo sie den Augenblick höchsten Entrücktseins beschreibt: *»Der Schmerz war so stark, dass ich klagend aufschrie, doch zugleich empfand ich eine so unendliche Süße, dass ich dem Schmerz ewige Dauer wünschte.«*

Heutigen Betrachtern mag die Szene allzu theatralisch, ja erotisch erscheinen. Für uns ist die Skulptur auch gar nicht geschaffen worden, sondern für die Menschen des Barocks, denen himmlische Liebe und irdischer Eros ein kleinerer Gegensatz waren als für unser Empfinden. Bernini selbst hat dieses Werk als eines seiner besten eingestuft.

Mit dem Pontifikat Alexanders VII. (1655–67) aus der sienesischen Bankiersfamilie Chigi war Bernini endgültig wieder der tonangebende Meister. Schon als Kardinal gab Fabio Chigi den Auftrag für die Ausschmückung der Familienkapelle in S. Maria del Popolo. Von den dortigen Marmorstatuen sind von Bernini der »Daniel in der Löwengrube« und der Prophet »Habakuk«, ebenso die Renovation der ganzen Kirche.

Noch einmal verschiebt sich Berninis Haupttätigkeit zur Peterskirche mit überaus repräsentativen Gestaltungen; zuerst die Cathedra Petri aus Bronze und Gold in der Apsis der Basilika: Vier Kirchenväter – Ambrosius und Augustinus für die lateinische Kirche, Athanasius und Chrysostomus für die orientalischen – halten den Thron Petri, symbolische Demonstration des Papsttums und der Kirche in der Nachfolge des Apostels. Darüber befindet sich ein ovales Fenster aus durchscheinendem, warmleuchtenden Alabaster mit der Taube des Heiligen Geistes, von welcher goldene Strahlen ausgehen – ein eindrucksvolles Bild, besonders gegen Abend, wenn der honigfarbene Alabaster im Gegenlicht der sinkenden Sonne erstrahlt.

Es folgt das größte, monumentalste Bauwerk, die Kolonnaden des Petersplatzes. Auch schon sind sie als das gelungenste, harmonischste Werk der Welt bezeichnet worden. Aber dieser überwältigende Eindruck ist nicht selbstverständlich, sondern nur durch das Genie des Architekten geworden. Die Fassade der Peterskirche ist alles andere als ideal in den Proportionen, viel zu breit im Vergleich zur Höhe; aber höher durfte sie nicht werden, denn schon jetzt verdeckt sie die Kuppel sehr für den Beschauer auf dem Platz. Mit mehreren Kunstgriffen hat Bernini das Problem gelöst: Der Platz unmittelbar vor der Freitreppe ist nur scheinbar rechteckig; in Wirklichkeit ist der Grundriß ein Trapez, und die Seitenlinien, gebildet durch Wände in der Höhe der Kolonnaden, laufen in Richtung Kirche leicht auseinander. Im weiteren steigen sie leicht aufwärts. Die Freitreppe ist ebenfalls trapezförmig. All diese Mittel, für den Betrachter nicht erkennbar, lassen die Fassade schmaler und höher erscheinen. Sicher hat Maderna, der Erbauer der Fassade, die fast unlösbare Aufgabe bestmöglich angegangen, und er hat bereits auch für die Gestaltung des Platzes vorgearbeitet. Der Obelisk, von Domenico Fontana an den jetzigen Standort gebracht, steht nämlich nicht in der Achse der Kirche: Maderna hat das korrigiert, indem er die Fassade leicht gedreht und auf den Obelisken ausgerichtet hat. So hat Bernini nicht auch noch mit der Asymmetrie zu kämpfen gehabt.

Das Oval des Kolonnadenplatzes besteht aus zwei Kreissegmenten und vier Säulenreihen hintereinander. Steht man auf dem Mittelpunkt der beiden Kreisausschnitte, sieht man nur die vordersten Säulenreihen, die anderen drei stehen genau dahinter. Von den Kolonnaden und den Verbindungskorridoren zur Kirche grüßen 140 Heiligenfiguren, und eine nach römischen Brauch nicht allzukleine Inschrift nennt Alexander VII. als Bauherrn.

Wie zur Zeit Urbans VIII. wird Bernini überschüttet mit Aufträgen, die nur aufgezählt werden können: die Scala Regia im Vatikan, dort auch die Umgestaltung von Damasushof und Sala Ducale, das Reiterstandbild Konstantins des Großen in der Vorhalle von St. Peter, die Fassade des Palazzo di Propaganda Fide, die Porta del Popolo, die Vergrößerung des Quirinalpalastes und des Schlosses von Castelgandolfo – auf die Arbeiten außerhalb Roms sind wir gar nie eingegangen – , die Vollendung des Palazzo Odescalchi und als eines der letzten Werke für den Chigi–Papst der originelle Elephantenobelisk vor S. Maria sopra Minerva. Dazu kommen unzählige Aufgaben von Privaten. Darunter sind begreiflicherweise viele Porträtplastiken, und eine davon muss nun immerhin erwähnt werden, die vielbewunderte Porträtbüste von Scipione Borghese, entstanden schon 1632, für Bernini seine beste. Während der Arbeit kam ein Fehler im Marmor zum Vorschein, und der Meister fertigte noch eine zweite – die fehlerhafte aber ist die eindrücklichere.

Es folgt die Zeit des Pariser Aufenthaltes. Nach jahrelangem Drängen Ludwigs XIV. gelingt es dem König, Bernini 1665 an seinen Hof zu ziehen. Auch von ihm macht er eine vielbestaunte Porträtbüste, entwirft eine nicht ausgeführte Fassade zum Louvre. Ein Reiterstandbild des Königs wird abgeändert auf M. Curtius. Paris gefiel dem Künstler nicht besonders; auch die schmeichelhaftesten Angebote des Königs hatten nicht Erfolg, zu sehr hing das Herz Berninis an seiner Heimat.

Wieder in Rom, restauriert und schmückt Bernini zusammen mit anderen Bildhauern im Auftrag von Clemens IX. die Engelsbrücke. Die zehn Engel aus Marmor tragen die Leidenswerkzeuge der Passion Christi in den Händen, in zeitlicher Abfolge derart angeordnet, dass der erste Engel auf der Stadtseite der Brücke die Geisel vorweist, der letzte bei der Engelsburg die Lanze, die man Jesus in die Seite stieß. Von Berninis eigener Hand stammen die Figuren mit dem Schweißtuch der Veronika und der Kreuztafel. Auf Anordnung des Papstes wurden sie zum Schutze in die Kirche S. Andrea delle Fratte verbracht und auf der Brücke durch Kopien ersetzt.

Bernini, Der »Engel mit dem Kreuzestitel« von der Engelsbrücke

Als zukunftsweisender barocker Kirchenbau darf S. Maria al Qirinale keinesfalls übergangen werden. Hatten die Renaissancearchitekten für Zentralbauten den Kreis als Grundriß benützt – auch Bramantes griechisches Kreuz für St. Peter beruht auf dem Kreis – so bevorzugte der Barock das Oval, und Bernini mit seinem Spätwerk sogar das querliegende. Er bereicherte es mit acht Nischen, dem Eingang gegenüber die größere Altarnische. Architektur und Ausschmückung lassen den Raum zu einem der schönsten des römischen Barocks werden. Begonnen schon vor der Pariserzeit wurde das Kleinod erst 1671 fertig, der Stolz seines Schöpfers. Gebaut wurde die Kirche für ein Jesuitenkolleg, das nicht mehr existiert; von 1870 bis 1946 war sie die Hofkirche des italienischen Königshauses.

Auch des robusten Berninis Schaffenskraft ging einmal zu Ende. Als letztes größeres Werk schuf er das Grabmal Alexanders VII. Nicht als Herrscher wie Urban VIII. stellt er den bescheidenen Papst dar, sondern kniend; ins Gebet versunken, die Tiara weggestellt. Umgeben ist er von vier Tugenden: der Caritas mit dem schlafenden Säugling, der Gerechtigkeit, die einst nackt war, später erst bekleidet wurde, der Weisheit und der Wahrheit. Aus einem verschlungenen Leichentuch, das sogar die darunterliegende Türe teilweise überdeckt, windet sich ein Totengerippe empor und reckt dem Papst das Stundenglas entgegen. Dieses Memento Mori ist nicht zufällig, hatte doch der Chigi–Papst ein fast inniges Verhältnis zum Tod; auf seinem Schreibtisch stand ein Totenschädel, den Bernini ihm in Marmor schaffen musste, und in einer Ecke des Arbeitszimmers stand gar ein Sarg.

Bernini steht im 80. Lebensjahr! Eine Erweiterung der Tribuna von S. Maria Maggiore für das Grabmal von Clemens IX. kommt nicht mehr zustande, wohl aber des großen Meisters eigene letzte Ruhestätte in der gleichen Kirche – ein mehr als bescheidenes Bodengrab. Bernini war tiefreligiös. Seine Lieblingskirche war Il Gesù, wo Ignatius von Loyola begraben liegt, dessen anspruchsvolle »Geistlichen Übungen« er immer mit sich führte und studierte. Er war überzeugt, sein Talent von Gott erhalten zu haben mit der Verpflichtung, es zu Gottes Ehre einzusetzen.

Römische Brunnen

Rom ist eine Stadt der Brunnen. An allen Ecken und Enden fließt das köstliche Naß; es rauscht in verschwenderischer Fülle auf den Plätzen, es rieselt und plätschert bescheiden in Tausenden von Höfen. Wasser ist für den Südländer nicht eine Selbstverständlichkeit wie in unseren nördlichen Gegenden. An Wasser herrscht im Süden meist Mangel, und was mangelt, ist kostbar. Wasser ist deshalb auch für den Römer Gegenstand der Verehrung, und die Brunnen sind einbezogen in das tägliche Leben. Sie sind der Mittelpunkt des Quartiers, an ihnen laben sich Menschen und Tiere, führen sie doch oft das frischere Quellwasser als die modernen Leitungen.

Wundern wir uns nicht allzusehr über das innige Verhältnis der römischen Bevölkerung zu ihren Brunnen. Denkbar wasserreich, ja verschwenderisch gingen schon die alten Römer mit dem naßen Element um. Neunzehn große Aquädukte führten täglich rund eine Milliarde Liter Wasser aus den umliegenden Höhen in die Stadt, speisten ein Dutzend große Thermen, gegen neunhundert Bäder und weit über tausend Brunnen.

Um die Brunnen der Renaissance und des Barocks ranken sich zahllose Geschichten und Anekdoten. Entstehungsdaten und Künstlernamen sind farblose Fakten, verglichen mit diesen, fast immer treffenden »Tatsachen«, die das römische Volk weiß, und von denen fast immer gilt.

»se non e vero, e ben trovato!«

– eine Feststellung die nicht von heute, sondern von Giordano Bruno stammt und die schon vierhundert Jahre alt ist.

So wollen wir auf unserem Rundgang zu einigen der populärsten römischen Brunnen nicht nur ihren künstlerischen Wert registrieren, sondern vor allem auch das Leben ihrer Umwohner in Vergangenheit und Gegenwart einbeziehen. Und wir werden neben den Giganten unter den Brunnen, die auf unzähligen Postkarten prangen, auch einige kleinere, nicht minder kostbare Wasserspender besuchen, die uns ebensosehr zu beglücken wissen.

Der Schildkrötenbrunnen

Zu den zahlreichen römischen Familien, die im Verlaufe des Mittelalters zu Macht und Reichtum gelangten, gehören auch die Mattei. Sie erbauten nicht nur einen Palast – wenige Schritte südlich der berühmten Jesuitenkirche Il Gesu –, sondern gleich einen ganzen Gebäudekomplex. Uns interessieren vor allem die beiden ältesten Paläste aus dem frühen 16. Jh., die sich zur kleinen Piazza Mattei hin wenden; doch wollen wir auch den sich anschließenden Palazzo Mattei di Giove freundlich beachten, ist er doch um 1600 vom berühmten Tessiner Architekten Carlo Maderno als letzter der fünf Palazzi erbaut worden. Nach dem Betreten des Gebäudes durch den Haupteingang an der Via Michelangelo Caetani biege man sofort nach rechts ab und erreicht so einen wirklich beachtenswerten Hof. Asdurbale Mattei, der den Palast in Auftrag gab, hat im Hof seine Antikensammlung untergebracht. Am auffälligsten sind die menschliche Masse übersteigenden Kaiserstatuen der julisch-claudischen Dynastie, aber auch von Domitian und Caracalla. Dazu gesellen sich unzählige Kaiserbüsten, antike Originale und moderne Kopien. Sie werden ergänzt durch Porträts von Herrschern der christlichen Ära, von Karl dem Großen bis Ferdinand II., dem Zeitgenossen und Schwager des Sammlers.

Nicht alle Glieder der Mattei waren gleichermaßen um das Wohl der Familie besorgt. So gab es einmal einen Herzog Mattei, der in einer einzigen Nacht Hab und Gut verspielte, und als sein zukünftiger Schwiegervater davon erfuhr, soll er dem Unglücklichen die Braut verweigert haben. Doch der Bestrafte gab sich nicht so leicht geschlagen. In einer einzigen Nacht kann ein Mattei zwar sein ganzes Vermögen verlieren, aber auch ein Wunderwerk hervorzaubern. So ließ er über Nacht vor seinem Palast den herrlichen Schildkrötenbrunnen bauen, von dem es heißt, er sei trotz seiner Kleinheit der schönste unter allen Brunnen Roms. Tags darauf lud der Herzog seine Braut und ihren Vater zu sich in den Palast, führte sie an ein Fenster und zeigte ihnen stolz den neuen Schmuck des Platzes. Das Kunstwerk soll den erbosten Schwiegervater derart beeindruckt haben, dass er ihm die Hand seiner Tochter nicht mehr verweigerte.

Die Fontana delle Tartarughe, wie die Italiener den Brunnen nennen, hat eine komplizierte Baugeschichte, die nicht in allen Einzelheiten abgeklärt ist. Als Schöpfer gilt allgemein Taddeo Landini.

Der Schildkrötenbrunnen, Garant einer Liebe

Auf jeder der sich aufwärts schwellenden Voluten der Muscheln liegt ein Delphin, und ihre drolligen Mäuler lassen einen feinen Strahl Wassers in elegantem Bogen in die Muschelschalen laufen, welche überfließend es weiterleiten in das größere, bodenebene Becken. Über den Delphinen tänzeln schwerelos vier schlanke Bronzeknaben, jeder keck sein Reittier beim Schwanze fassend. Hoch über der Köpfen der Jünglinge endlich schwebt die oberste Brunnenschale. Mit der freien Hand recken sich die vier Figuren zum Schalenrand hinauf und helfen ebensovielen Schildkröten das Wasserbecken zu erklimmen. Das Ganze ist derart entzückend, dass man die Idee nur einem Raffael zutrauen wollte. Davon sind die Kunstwissenschaftler in letzter Zeit abgekommen, dagegen wollen sie herausgefunden haben, dass die Schildkröten eine spätere Zutat seien.

Viel zum intimen Stimmungsbild trägt der kleine Platz bei, der ideale Rahmen für die architektonische Miniatur. Und während unser Blick über die Fassade des Mattei-Palastes schweift, erinnern wir uns des Schlusses des Renaisannce-Märchens: Der glückliche Bräutigam ließ das Fenster, das mitgeholfen hat, ihm seine Geliebte für immer zurückzugeben, zumauern, damit nie mehr eines Menschen Auge von dort auf den Brunnen blicke – und tatsächlich, das zugemauerte Fenster ist noch heute zu sehen, und so muss die Geschichte wohl wahr sein.

Die Fontana di Trevi

Wenn ich des Morgens früh von meiner Klause im Künstlerviertel bei der spanischen Treppe aufbreche, voll Unternehmungslust einem neuen römischen Tag entgegen – die Gegend ist das bevorzugte Absteigequartier der Romnarren, – da führt mich mein Weg oft in Richtung Piazza Venezia, dem Ausgangspunkt zahlreicher Wanderwege durch die Ewige Stadt. Und wenn man dabei statt der belebten Via del Corso die vielen verwinkelten Gäßchen am Fuße des Quirinals benützt, da kann es vorkommen, dass plötzlich ein Rauschen einem ans Ohr dringt, nicht das feine Plätschern eines kleinen Hofbrunnens, eindeutig das wilde Rauschen eines mächtigen, kühlen Wildbaches, aus dem fernen Hochgebirge mitten in die Großstadt verirrt. Über Felsen und durch ausgewaschene Schluchten stürzen und zwängen sich gewaltige Wassermassen hinunter in einen See, dessen Oberfläche von den Wasserfällen in ständiger Bewegung gehalten wird. Es ist die Fontana di Trevi, dem unter den Fremden wohl bekanntesten Brunnen.

Die Fontana di Trevi, Wasserfälle mitten in der Stadt

Die Fontana di Trevi wird von der ehrwürdigen Aqua Virgo gespeist, einer jener vier Wasserleitungen der Antike, die noch heute dazu beitragen, dass Rom die wasserreichste Großstadt der Welt ist. Sie kommt über den Pincio in die Stadt, speist im Vorübergehen den hübschen Schiffsbrunnen von Berninis Vater vor der spanischen Treppe, läßt einen Seitenarm durch die Via Condotti – die Leitungsstraße – hinüberführen zum mächtigen Vierströmebrunnen des großen Sohnes drüben auf der Piazza Navona und zu seinen Nachbarn, auch zu den beiden Badewannen auf der Piazza Farnese und unterhält noch ein Dutzend weiterer Brunnen. Ihre Tagesleistung beträgt immerhin etwa 160.000 m3. Zu den unbekannten Brunnen der Aqua Virgine gehört auch einer in der kleinen Via del Nazareno, der zwar nur aus einem alten Marmortrog besteht, trotzdem aber ebenso wichtig ist, wie mancher berühmte. Er löscht nämlich den Durst aller Droschkenpferde, die das Viertel durchklappern – *löschte ihn,* denn der moderne Verkehr glaubt es ihm verbieten zu müssen.

Den Beschluß für einen Neubau der Fontana di Trevi faßte der mächtige Barberini-Papst Urban VIII., der zur Finanzierung eine spezielle Weinsteuer erhob. Doch erst unter Klemens XII. wurde Nicolo Salvi, der Gewinner eines Wettbewerbs, mit dem Bau betraut. Vollendet wurde die Anlage gar erst unter Benedikt XIV., und so ist es dessen Name, der unter der Attika prangt.

Wenn man den engen Platz durch eine der vielen Straßen und Sträßchen, die auf ihn münden, betritt, glaubt man sich wirklich einem Bergsee zu nähern. Das zwanzig Meter breite Becken liegt beträchtlich unter dem Straßenpflaster. Riesige Felsmassen steigen vom Grunde des Sees empor und türmen sich auf vor der Fassade des Palazzo Poli, die sich wie ein dreitoriger Triumphbogen zum Beschauer hinwendet, statt der Tore drei Nischen präsentierend. In der mittleren, großen Rundnische steht gewaltig der Meerbeherrscher Neptun auf seinem von Seepferden gezogenen Triumphwagen. Tritonen führen die Zugtiere – eines bäumt sich wild gegen seinen Bewacher auf, das andere ergibt sich ins Schicksal –, über Riffe und Wellen. In den Seitennischen stehen die Personifikationen des Überflußes und der Heilkraft, darüber erzählen zwei Reliefs die Geschichte der Quelle und der Wasserleitung. Ein Hirtenmädchen hatte durstige Soldaten einst zu einer Quelle geführt, die ihr Kommandant später in die Stadt führte. Und Agrippa prüft die Pläne des Architekten.

Lange habe ich gebraucht, die Herkunft des Namens zu erforschen: Nebenan lag früher ein kleiner Platz, genannt Trivium, weil auf ihn drei Straßen mündeten, und so heißt auch die nahe Kirche S. Maria in Trivio. Und wie ist es mit dem alten Brauch, am letzten Tag eines Romaufenthaltes eine Münze über die Schulter rückwärts in den Brunnen zu werfen? Das ist ein Rest aus heidnischer Zeit, als man derart den Quellgöttern opferte. Ob auch die andere Sitte aus so alter Zeit stammt, dass Verliebte, um sich ihrer Liebe zu sichern, aus einem Glas vom Treviwasser trinken und dann das Glas in den Brunnen werfen, dass es an den Felsen zersplittert? Möglich, denn Verliebte gab es sicher auch schon zur Römerzeit.

Der Vierströmebrunnen

Die Verflechtung der Antike mit der Neuzeit begegnet uns in Rom auf Schritt und Tritt. Überall stehen neben- und übereinander die Bauten aus allen Epochen, und zahlreiche Straßenzüge folgen denjenigen des alten Rom. Das gilt auch für die Piazza Navona, die mit ihrem Umrissen genau den vordersten Sitzreihen des Stadions folgt, das Kaiser Domitian erbauen ließ und im Sommer des Jahres 86 einweihte. Die Legende erzählt, dass während der Christenverfolgungen auch ein junges Mädchen aufgegriffen und nackt hierher zur Enthauptung geschleppt wurde, und weil ein römisches Gesetz aus besserer Zeit es untersagte, eine Jungfrau hinzurichten, hätte sie vorher noch vergewaltigt werden sollen. Als man auf der Richtstätte ankam, waren dem Mädchen die Haare wunderbar bis fast zum Boden gewachsen und in solcher Fülle, dass es wie züchtig bekleidet einherschritt. Das verwirrte die Henker derart, dass sie den ersten Teil der Exekution völlig vergaßen und gleich zur Enthauptung schritten. Bald nach der Anerkennung der christlichen Religion errichtete man eine kleine Gedächtniskirche, Sant'Agnese in Agone – »auf dem Kampfplatz« –, womit die Keimzelle gelegt war zu einem der schönsten Plätze der Ewigen Stadt. Die heilige Agnese ist nicht in dieser Kirche beigesetzt. Ihre Eltern überführten den Leichnam in ein Cömeterium an der Via Nomentana, das seither ihren Namen trägt. Über ihrem Grabe baute Constantina, eine Tochter, oder Constantia, eine Schwester Kaiser Konstantins, eine Basilika. Sie wurde von Honorius I. (625-640) erneuert und ist seither nicht mehr stark verändert worden.

Geburtstag der modernen Platzgestaltung ist der 15. September 1644, da Gian Battista Pamfili als Innozenz X. den päpstlichen Thron bestieg. Als Nachfolger des mächtigen

Barberini-Papstes Urban VIII., dessen Pontifikat viele Kunstwerke in der ganzen Stadt rühmen, war ihm daran gelegen, ebenfalls Zeugnisse seiner Regierungszeit zu hinterlassen. Und noch mehr war dies der Wille seiner resoluten Schwägerin Olimpia, einer ehrgeizigen, geldgierigen und unerhört zielstrebigen Frau. In erster Ehe war sie mit Paolo Nini aus Viterbo verheiratet, der früh starb und ihr ein großes Vermögen hinterließ. Darauf erwählte sie sich einen zwar viel älteren Mann, Pamfilio Pamfili, der aber ihr Geld mit einem vornehmen Adelsnamen ergänzte. Man erzählt, dass sich die Matrone nichts aus großen Bällen und Festlichkeiten machte – dazu mag sie das Geld gereut haben – , dagegen liebte sie es, in kleinem Kreise Diplomaten, hohe geistliche Würdenträger und Gelehrte zu empfangen und Beziehungen anzuknüpfen. Sie gilt als Begründerin des ersten Salons der Stadt.

An der Piazza Navona besaßen die Pamfili einen kleinen Palast, und so entschloß man sich, den Platz zu einer Manifestation der Ära Innozenz X. zu gestalten. Noch im Jahre der Krönung kaufte man die Häuser zwischen dem Palast und S. Agnese; Girolamo Rainaldi, ein Schüler von Fontana, bekam den Auftrag für den vergrößerten Neubau. 1652 riß man auch die alte Kirche nieder und beauftragte Rainaldis Sohn, der sein Können unter anderem mit den beiden Schwesterkirchen an der Piazza del Popolo bewiesen hatte, mit der Neuschöpfung. Fassade und Kuppel aber stammten von Borromini, dem ebenbürtigen Schüler des großen Bernini. Lehrer und Schüler wurden vom Schicksal gezwungen, auf diesem Platz das Duell ihres Künstlerlebens auszufechten.

Krönung des Platzes sollte ein Monumentalbrunnen werden, der alles Bisherige übertrumpfen müßte, und dafür wurden verschiedene Baumeister zu einem Wettbewerb eingeladen, unter anderem auch Borromini – nicht aber Bernini, denn dieser war als Günstling Urbans VIII. persona non grata bei dessen Nachfolger. Bernini sann nach einer Möglichkeit, dem Papst doch noch einen Vorschlag einreichen zu können, und er wählte einen Weg, den vor ihm schon Unzählige in solchen Fällen beschritten: er führte über Donna Olimpia. Er ließ sein Modell des Brunnens in Silber gießen und schenkte es der besitzgierigen Schwägerin des Papstes. Diese stellte das Modell in einen Saal, den der Papst durchqueren musste, als er sie besuchen kam, und erreichte so, dass er den Künstler empfing und ihm schließlich den Auftrag übergab.

So verdanken wir dieser Dame eines der imposantesten Bauwerke Roms, die Verherrlichung der sowohl segensreichen als auch zerstörerischen Macht des Wassers. Im tief in den Platz eingelassenen Becken türmen sich Felsmassen empor, wild zerklüftet und durchbrochen, Quellen stürzen aus ihnen hervor, und auf vier Ecken sitzen die mächtigen Personifikationen vier großer Flüße, der Donau mit dem Papstwappen, des Nils, des Ganges und des Rio dela Plata. Sie stellen gleichzeitig die betreffenden vier Erdteile und die Universalität der Kirche dar. Hoch über der Felsenburg steht waghalsig ein riesiger Obelisk, von Domitian einst im Zirkus aufgestellt, später an die Via Appia entführt, wo er umfiel, in vier Teile zerbrach und jahrhundertelang liegenblieb. Auf der Spitze der Riesennadel steht eine Taube mit dem Ölzweig, Wappentier der Pamfili und Sinnbild des Heiligen Geistes, des Besiegers der Natur und der Heidenwelt, die tief unten durch Wasser und Felsen dargestellt werden.

Es gibt keinen Brunnen der Stadt, der so mit Anekdoten umwoben ist wie dieser – dafür sorgte schon die Rivalität von Bernini und Borromini. Der Nil beispielsweise verhüllt in auffälliger Weise sein Haupt. Warum wohl? Er fürchtet, dass jeden Augenblick die Fassade der Kirche mit ihren wirklich etwas eigenwilligen Türmen Borrominis einstürzen könnte! Oben auf der Ballustrade aber steht die Kirchenpatronin und hebt beruhigend die Hand: *»Ich paß schon auf!«*

Den schlanken Obelisken hoch über den Felsen des Brunnens mögen auch schon die Zeitgenossen Berninis skeptisch beobachtet haben; und als ein Gerücht umlief, der Zeiger aus Granit drohe zu fallen, glaubte man es schnell, und es sammelten sich die Massen auf dem Platz. Für den Baumeister war es klar, dass nur Borromini dahinterstecken konnte. Er verhöhnte seinen Rivalen, indem er dünne Fäden von der Spitze des Obelisken zu den Dächern der umliegenden Häuser spannte.

Völlig unfehlbar war Bernini anscheinend doch nicht. Noch vor der Inbetriebnahme des Brunnens kam Borromini dahinter, dass die Wasserleitungen zu knapp berechnet waren, so dass bei der Einweihung anstelle der erhofften üppigen Wasserfülle klägliche Rinnsale geflossen wären. Aber statt still auf das Schauspiel zu warten, konnte er es nicht verkneifen, unter Freunden die kommende Blamage zu prophezeien. So musste es unweigerlich auch Bernini zu Ohren kommen, und es ging nun darum, nähere Angaben über Borrominis Berechungen zu erhalten. Borromini hatte eine Haushälterin, der ein hübscher Jüngling aus Berninis Lager den Hof zu machen hatte, bis er die ersehnten

Unterlagen bekam. So fand man den Fehler in den Berechungen und korrigierte ihn. Der Papst war bei der Einweihung dermaßen entzückt, dass er sich mit Bernini endgültig aussöhnte, ja behauptete, der Künstler habe ihm sein Leben um zehn Jahre verlängert.

Donna Olimpia aber machte ihrem Ruf weiterhin alle Ehre. Längst hatte der Volksmund ihren Namen aufgeteilt in Olim pia, die »einstmals Fromme«. So wich sie während der letzten Tage des Papstes keinen Augenblick von seinem Lager, aus Furcht, man könnte sie benachteiligen. Das Vermögen des Papstes brachte sie restlos in ihren Besitz. Als man sie nach dem Tode des Papstes bat, an den Kosten der Bestattung beizutragen, soll sie sich entrüstet haben, man könne doch von einer armen Witwe dies nicht verlangen. Diener stifteten einfache Kerzenstöcke für die Aufbahrung in St. Peter, ein Priester der Basilika den Holzsarg und ein Monsignore, dem der Tote einst sein Amt weggenommen und ihn aus dem Palast verjagt hatte, bezahlte das Begräbnis. Später bequemte sich die Familie unter dem Druck der Bevölkerung zu einem einfachen Grabmal im Eingang der reichen Kirche Sant' Agnese in Agone.

Mit allen Mitteln versuchte Donna Olimpia, einem ihrer Familie gut gesinnten Kardinal auf den päpstlichen Thron zu verhelfen. Umsonst. Ein Chigi bestieg ihn als Alexander VII. und leitete einen Prozeß gegen sie ein. Eine Epidemie unterbrach die Untersuchungen und raffte auch Donna Olimpia hinweg. Sie starb einsam und verlassen – die Dienerschaft ließ die Totkranke im Stich und floh aus Angst vor Ansteckung.

Der Tritonenbrunnen

So wie die Piazza Navona die Erinnerung an Innozenz X. wachhält, ist die Piazza Barberini Symbol seines großen Vorgängers Urban VIII. Überall in der Stadt fliegen die Bienen seines Wappens und erinnern an seine Werke. Hier, am Abhang des Quirinalhügels, steht erhaben und weithin sichtbar das große Wahrzeichen seiner Familie, der Palazzo Barberini, blickt stolz hinweg über die Talmulde zwischen Pincio und Quirinal. Jetzt führen über das Gelände ehemaliger Weinberge die Straßen der Großstadt und treffen sich auf dem weiten Platz. Mitten auf der Piazza steht ein echt barockes Zaubergebilde von einem Brunnen, ein Werk Giovanni Berninis, nicht eines der monumentalen, aber eines der liebenswürdigsten Werke des Universalkünstlers.

Inmitten eines flachen Beckens recken vier muntere Delphine ihre Schwänze steil empor, nicht unähnlich den dressierten Flippern unserer Zeit und stemmen eine Muschelschale hoch, während ihre weit aufgerissenen Augen und Mäuler knapp über der Wasseroberfläche sich befinden und sich so vielleicht die Weite des Meeres vortäuschen. Unter der flachen Muschelschale finden sich die Papstembleme, das Bienenwappen des mächtigen Herrschers, und selbst die Tiara ist mit den fleißigen Insekten verziert. Auf der Muschel kniet ein Fabelwesen eigener Art, eine Zwittergestalt mit fischartigen Schenkeln und blühendem Jünglingskörper – ein Triton. Er hat den Kopf in den Nacken geworfen, bläst aus voller Brust in ein riesiges Schneckenhorn, das er mit beiden Händen über sich hält und läßt einen dünnen Wasserstrahl in den römischen Himmel steigen. Doch wie sehr er auch seine Lungen anstrengt, hoch über ihm kommt der glitzernde Wasserpfeil einmal zum Stehen, kippt um und übersprüht den kraftstrotzenden Körper des Jünglings mit dem nassen Element. Das weckt im Beschauer ein derart erfrischendes Gefühl, als stünde er selber unter den kühlen Wassern der Aqua Felice, von welcher der Brunnen gespeist wird, und läßt ihn die Hitze eines römischen Sommertages für geraume Zeit erträglicher finden.

Der Tritonenbrunnen,
Erinnerung an die Barberini

INI

VRBANVS VIII PONTIFEX MAXIMVS
FONTI AD PVBLICVM VRBIS ORNAMENTVM
EXSTRVCTO
SINGVLORVM VSIBVS SEORSIM COMMODITATE HAC
CONSVLVIT
ANNO MDCXLIV PONT XXI

Der Bienenbrunnen

Am Rande des Platzes, dort wo die berühmt-berüchtigte Via Veneto von der Porta Pinciana in elegantem Bogen heruntersteigt und auf die Piazza mündet, dort hat Bernini im letzten Lebensjahr seines Auftraggebers einen weiteren, kleineren Brunnen geschaffen, so wie Maler im Vorübergehen eine Skizze anfertigen: Drei in einer Muschel sitzende Bienen lassen feine Wasserstrahlen aufsteigen. Und hier laben sich die Passanten immer und immer wieder; Anwohner verachten es nicht, hier ihr Trinkwasser zu holen, Quellwasser aus den Albaner Bergen, hergeführt in Leitungen des Afrikakaisers Septimius Severus – von dem der mächtige Triumphbogen auf dem Forum noch heute Zeugnis gibt – , erneuert vom fünften Sixtus, der auch die nahe Via Sistina schuf und deren Verlängerung, die Via delle quattro Fontane, an welcher das reichgeschmückte Tor liegt, das uns einlädt zum Besuch des Barberini-Palastes.

Nach dem zweiten Weltkrieg fiel der Palazzo Barberini an den italienischen Staat und man vereinigte in einigen seiner Säle verschiedene Sammlungen aus Staatsbesitz zur Galleria Nazionale di Palazzo Barberini. In einem dieser Räume treffen sich der Mäzen und sein Günstling: Gobbelin-Entwürfe zeigen Szenen aus dem Leben Urbans VIII., und daneben findet sich ein Porträt Lorenzo Berninis – eine der unzähligen Gelegenheiten, sich in die römische Vergangenheit zu versenken.

Hinter dem kleinen Bienenbrunnen liegt die Kapuzinerkirche S. Maria della Concezione, eine Gründung des Kardinals Antonio Barberini, eines Bruders Urbans VIII. Er gab auch den Auftrag zu Guido Renis Altarbild *Erzengel Michael besiegt den Teufel*, um das sich eine pikante Anekdote rankt. Der Erzengel ist derart schön, dass man ihn mit Apollo von Belvedere verglichen hat; ebenso einig war man sich über die nicht zu übertreffende Häßlichkeit des Satans. Ein einziger Beschauer war mit dem Bild nicht zufrieden: Kardinal Giovanni Battista Pamfili, der spätere Papst Innozenz X. Er musste mit Bestürzung im wutverzerrten Gesicht des zu Boden gesunkenen Teufels seine eigenen Züge erkennen – die Rache des Künstlers für eine Beleidigung, die der Kirchenfürst ihm einst zugefügt hatte. Und bis auf den heutigen Tag kann jedermann die Übereinstimmung der Gesichter prüfen, wenn er das Altarbild mit dem wohl berühmtesten Portrait der Malerei vergleicht, mit Velaquez' *Innozenz X.* im Palazzo Doria-Pamfili.

Der Bienenbrunnen, Trinkwasserspender der Umgebung

AQVAM IN AGRO BRACCIANENSI
SALVBERRIMIS E FONTIBVS COLLECTAM
NOVISQVE ADDITIS

Aqua Paola und Aqua Felice

Zu den Wasserleitungen des antiken Rom, die noch heute in Gebrauch stehen, gehört die Aqua Trajana oder Sabatina. Die Wasserleitung kommt von den Rocca Romana beim Lacus Sabatinus her, davon der zweite Name, und versorgte das Trastevere-Quartier. Auf dem letzten Teilstück folgt sie der Via Aurelia, und südlich dieser Linie dehnt sich kilometerweit der Park der Villa Doria-Pamphili, die größte unter den Grünanlagen Roms, angelegt von Camillo Pamfili, dem Neffen des Papstes Innozenz X.

Heutiges Ziel der Wasserleitung ist die Fontana Paola. Das Bauwerk des Borghese-Papstes Paul V. ist eine Art Triumphbogen, nicht unähnlich denjenigen der Kaiser Konstantin und Septimius Severus. Das Nerva-Forum hat seine Schätze hergeben müssen, Marmor, Granit, schöne Säulen und Kapitelle. Heute mögen es 80.000 m^3 sein, die täglich aus drei großen und zwei kleinen seitlichen Toren hervorbrausen. Die mittleren Ströme fallen zuerst in hohe Schalen, um dann in breiten Wasserfällen sich in das große ebenerdige Becken zu ergießen. Keinen anderen Gedanken lassen sie in uns aufkommen als denjenigen des lebendigen, segenspendenden und kostbaren Elements, dem zu huldigen Kaiser und Päpste nicht müde wurden. Über den wasserspendenden Toren preist eine Attika das Lob des päpstlichen Stifters und zeigt sein engelbewachtes Wappen: den krallenbewehrten Drachen und den stolzen Adler. Neben Carlo Maderna hat Giovanni Fontana aus Melide daran gearbeitet.

Der früheste Brunnen dieser Art, mit einer großen Schauwand, entstand unter Sixtus V. an der Piazza di San Bernardo, erbaut von Domenico Fontana. Den Namen hat der Brunnen vom Geburtsnamen des Papstes, Felice Peretti. Kompakter als der jüngere, aber mit den gleichen Elementen aufgebaut, ist die Aqua Felice ebenfalls der Endpunkt einer antiken Wasserleitung, der vierten und letzten der Bauwerke dieser Art, die ihre Tätigkeit noch heute verrichten. Erbaut wurde sie unter Alexander Severus, dem letzten seiner Dynastie, der zusammen mit seiner Mutter im fernen Mainz ermordet wurde, weil er bei Germaneneinfällen mit dem Feind zu verhandeln bereit war.

Die Aqua Paola,
der Triumphbogen der Borghese

In der Mitte der drei Rundbogen steht mit herrischer Gebärde Moses und schlägt Wasser aus den Felsen, ein mißglückter Versuch, mit viel Stein und übertriebener Theatralik Wirkungen im Sinne Michelangelos zu erreichen. Prosper Bresciano hieß der Künstler, dessen Werk prompt dem beissenden Spott der Römer anheimfiel, und der sich ob seines Mißerfolges derart grämte, dass er freiwillig aus dem Leben schied. Zu seiner Verteidigung muss man erwähnen, dass er in seiner zu kleinen Werkstatt gezwungen war, die Figur in waagrechter Lage zu meißeln und sie unter völlig falschem Blickwinkel sah.

Gegenüber steht die Kirche S. Susanna mit einer außergewöhnlich schönen, durch Säulen und Pilaster harmonisch gegliederten Fassade. Es ist das erste selbständige Werk Carlo Madernas, vom Jahre 1603, Vorbild für viele Fassaden des 17. Jh. Sie steht auf den Grundmauern einer der ältesten Kirchen aus der Zeit kurz nach der Anerkennung des Christentums. Am gleichen Platze liegt die Kirche S. Maria della Vittoria mit einer ebenfalls schönen Barockfassade, die wir Scipione Borghese zu verdanken haben. Die Kirche erinnert an den Sieg des kaiserlichen Heeres 1620 am Weißen Berg bei Prag und birgt eines der Meisterwerke Berninis, die »Verzückung der heiligen Theresa«.

Die Fontänen des Petersplatzes,
Kühlung für müde Pilger

Die Fontänen des Petersplatzes

Zu den Kunstwerken, die fast alle Besucher trotz der unzähligen Photos, die sie vorher gesehen haben, in höchstes Staunen versetzen, gehört der Petersplatz. Das ist nicht selbstverständlich. Der für seine Reise gut vorbereitete Fremde hat, wenn er endlich vor dem jahrelang ersehnten Objekt seiner Sehnsucht steht, jeweils ein großes Problem zu bewältigen, nämlich dies: Wie wird der Gegenstand meiner Bewunderung, Aug' in Aug' einander gegenüber, sich bewähren oder vielmehr, wie werde ich mich vor ihm bewähren? Man hat zahlreiche Bücher über eine Stadt gelesen, unzählige Bilder eines Platzes gesehen, raffinierte Photographien – mit Proportionen verändernden Weitwinkelobjekten – , Retuscheure haben sorgfältig Glanzlichter gesetzt..., und die Phantasie baut weiter ins Grenzenlose. Wenn ich ans Ziel meiner Träume komme, sind meine Erwartungen längst vorausgeeilt und harren meiner, spitzbübisch lächelnd – die Träume haben Götterwerke geschaffen, und die Augen werden Menschenwerke finden. Das ist die Schwierigkeit. Und in Rom, der wohl meistphotographierten und meistbeschriebenen Stadt der Welt, ist die Gefahr am allergrößten, dass der erste Kontakt mit den verschiedenen Kunstwerken meist auch eine kleine Enttäuschung miteinschließt. Nicht der Petersplatz

So wie die Akropolis Höhepunkt der antiken Architektur, ist der Petersplatz zum Symbol der christlichen Ära geworden und darüber hinaus Sinnbild der Kirche. Wie mit Riesenarmen streckt der Petersdom die Kolonnaden aus, als wollte er die ganze Welt umfassen. Einem schützenden Hafen ist er auch schon verglichen worden, die Säulenreihen den Molen vergleichbar, die jeden Sturm abhalten; die flachen Stufen vor der Kirche sind die Lände, wo die Wellen plätschernd sich verlaufen. Vor allem ist der Platz Vorbereitung auf das Erlebnis des Domes. Wenn wir den ersten Teil, das Viereck der Piazza Pius XII., betreten, sind wir noch über dreihundert Meter von der Peterskirche entfernt und fühlen uns doch schon aufgenommen in ihre Welt. Und mit jedem Schritt zu ihr hin werden wir mehr und mehr abgeschirmt vom Alltag, bis die Stufen zum Schluß sinnbildlich und wirklich uns hinaufführen ins Heiligtum.

Von den beiden Brunnen des Petersplatzes ist der rechts stehende sechzig Jahre älter. Carlo Maderna hat ihn erbaut, und durch den Wasservorhang sehen wir das Wappen des Borghese-Papstes Paul V., den Drachen und den Adler, die auch vom Mittelgiebel der Peterskirche heruntergrüßen.

Der jüngere Gefährte des Borghese-Brunnens trägt das Wappen mit den sechs Sternen Clemens' X., der den Altieri-Palast bei der Kirche Il Gesu erbaute und der den Bruder Klaus seligsprach. Obschon weniger alt, will der zweite Brunnen den ganz Genauen unter den Betrachtern stärker vom Zahn der Zeit zernagt erscheinen als sein Gegenüber. Das komme daher, heißt es, weil er weiter von den schützenden Palästen des Vatikans entfernt stehe, den Nordwinden stärker ausgeliefert sei als sein Doppelgänger.

Das Wasser kommt von der Aqua Paola, speist auch verschiedene Brunnen in den vatikanischen Gärten und hat trotzdem die Kraft, seine silbern leuchtenden Strahlen hoch in die Sonne zu schleudern. Regenbogenfarben leuchten sie auf, wenn ein frischer Wind sie erfaßt und als kühlenden Schauer über den Platz wehen läßt. Sonst aber entfaltet sich der aufsteigende Strahl wie eine riesige Lilie, fällt zurück in die oberste Schale und weiter von Becken zu Becken, deren Konturen aufs subtilste aufeinander Bezug nehmen, ein vollendet ausgewogenes Kunstwerk. Dies Aufeinander-Bezug-Nehmen ist das Geheimnis des großen Künstlers: Es sind nämlich gar nicht drei Schalen; die oberste steht Kopf und ist also eher ein Deckel, man sieht es an seiner Wölbung, die der nächsten nur mittels dieses Kunstgriffes so harmonisch entgegenstreben kann. Für die unzähligen Bewunderer des Petersplatzes sind die beiden Fontänen das Lebendigste und Köstlichste – ob man nun des Baumeisters Kunstgriff durchschaut oder nicht – und stehlen sogar dem riesigen Obelisken in ihrer Mitte die Schau. Also wollen wir das herrliche Gedicht C. F. Meyers nicht unterschlagen, auch wenn es nicht diese Brunnen zum Vorbild hat, der Dichter wahrscheinlich an einen Brunnen in der Villa Borghese gedacht hat:

Der römische Brunnen

Aufsteigt der Strahl und fallend gießt
Er voll der Marmorschale Rund,
Die, sich verschleiernd, überfließt
In einer zweiten Schale Grund;
Die zweite gibt, sie wird zu reich,
Der Dritten wallend ihre Flut,
Und jede nimmt und gibt zugleich
Und strömt und ruht.

Besucher aus dem Norden

Birgitta von Schweden

Dass die hl. Katharina von Siena viel dazu beigetragen hat, die Päpste aus dem sog. »Babylonischen Exil in Avignon« zurückzuführen nach Rom, ist allgemein bekannt. Viel weniger wird davon gesprochen und geschrieben, dass noch eine andere Frau jener Zeit, die hl. Birgitta von Schweden, sich große Verdienste um die Rückkehr der Päpste zum Grabe Petri erworben hat. Das Leben und Wirken der schwedischen Grafentochter ist aber ebenso erinnerungswürdig wie dasjenige der Färberstochter aus Siena.

Anfangs des 14. Jh. residierte in Finstad, Provinz Upland, unweit der schwedischen Ostseeküste als Landvogt Birger Perderson, aus dem alten Geschlecht der heiligen Könige Erik und Knud von Dänemark. Dieses Amt bedeutete oberster Verwalter einer Provinz; sein Inhaber gehörte zu den Königswählern, als die Monarchie noch nicht erblich war. Birger hatte sieben Kinder; das jüngste, geboren Ende 1302, nannte man Birgitta, d.h. »Birgers Tochter«. Schon an ihre Geburt knüpfen sich allerlei Legenden, die später in die Kanonisationsbulle aufgenommen wurden. So soll das Kind bis ins dritte Lebensjahr stumm geblieben sein, dann aber plötzlich klar und verständnisvoll gesprochen haben, ohne den natürlichen Entwicklungsprozeß übers Lallen und das langsame Wörterbilden durchzumachen.

Als Fürstentochter königlichen Geblüts wurde Birgitta in Wissenschaft und Kunst unterrichtet und auf künftige Aufgaben an der Seite eines ebenbürtigen Gemahls vorbereitet. Ebenso großen Wert legten die gottesfürchtigen Eltern aber auch auf die religiöse Bildung. Besonders die durch ihre Nächstenliebe bekannte Mutter Ingeborg betete mit den Kindern morgens und abends, führte sie zur täglichen Meßfeier in die Burgkapelle. Laut den alten Quellen hatte Birgitta mit sieben Jahren ihre erste Vision: Die Mutter Gottes zeigte ihr eine goldene Krone mit der Frage: *»Willst du diese Krone haben?«* Das erschrockene Kind antwortete nur mit einem schüchternen Nicken, soll aber daraufhin den Druck gefühlt haben, mit dem ihr der Reif aufs Haupt gepresst wurde.

Im Mittelpunkt ihres mystischen Erlebens stand immer wieder die Passion Christi. So sah sie in der Fastenzeit des Jahres 1314 Christus am Kreuz, der ihr auf die Frage, wer ihm dies angetan habe, antwortete: *»Die mich beleidigen und meine Liebe vergessen.«* Das Leiden und Sterben des Herrn war hinfort die immerwährende Begleitung der Heiligen, die Quelle des strengen Ernstes, den ihre Umgebung an ihr bemerkte.

Fünfzehnjährig wurde Birgitta, dem Brauch gemäß, mit dem Ritter Ulf Gudmarson verheiratet, obschon sie eigentlich das Klosterleben als Ziel hatte. Aber dem elterlichen Wunsch sich zu fügen, war damals selbstverständlich. Auf der Burg Ulfasa gestaltete sich das Leben wie Birgitta es als Kind daheim erlebt hatte: dem Beruf ihres Mannes, mit dreißig Jahren schon Landvogt, stellte sie vor allem eine segensreiche karitative Tätigkeit an die Seite, baute Armen- und Krankenhäuser. Daneben hatten auch Gastfreundschaft und geselliges Leben mit Ritterspielen und Fest ihren standesgemäßen Platz. Der Ehe entsprossen acht Kinder, darunter als drittes Kind der Sohn Birger, der seine Mutter nach Jerusalem begleiten wird, und als zweitjüngstes Katharina, die ihr in Rom beistehen und einst selber zur Ehre der Altäre erhoben werden wird.

1335 berief König Magnus II. Birgitta als Hofmeisterin für seine junge Frau, die Prinzessin Blanka von Namur. Ungern nahm Birgitta die ehrenvolle Berufung an und zog mit ihrem Mann und den kleineren Kindern ins Schloß nach Stockholm. Anfänglich war ihr Einfluß auf die kindliche Königin recht erfolgreich, und sie war auch Taufpatin des ersten Kindes des Königspaares. Als aber der Hof immer ausschweifender und kostspieliger wurde und durch harte Steuern sich finanzierte, quittierte Birgitta ihren Dienst.

Ulf und Birgitta unternahmen 1338 eine Wallfahrt nach Santiago de Compostella. Auf der Rückreise wäre Ulf in Frankreich beinahe einer schweren Krankheit erlegen; der Tod erreichte ihn doch noch im Februar 1344. Noch einmal kehrte Birgitta an den Hof

IN HONOREM S BIRGITT D
ROMA
RA-277289

zurück - im Büßergewand prophezeite sie auf Grund von Visionen kommende Strafen. Vergeblich. Bald darauf brach die Pest aus.

Ab Frühjahr 1346 arbeitet Birgitta am Aufbau eines eigenen Ordens. Den Auftrag dazu habe sie, samt den Regeln, in einer Vision empfangen. Jetzt öffnet ihr der König sein Ohr. Sie bekommt von ihm unter anderem das Königsgut Wadstena; es entsteht noch im gleichen Jahr das erste von Skandinaviern gegründete Kloster, und die schwedischen Bischöfe bestätigen die Gründung.

Mitten im Aufbau des Klosters empfängt Birgitta einen neuen Auftrag: *»Gehe nach Rom und bleibe dort, bis du den Papst und den Kaiser gesehen und ihnen von meiner Seite die Worte gesagt hast, die ich sagen will.«* Es ist der erste Hinweis auf ihr künftiges Eingreifen in die Papstgeschichte. Birgitta, ganz erfüllt von ihren Plänen der Ordens- und Klostergründung, mag den Grund ihrer Romreise eher in dieser Intension vermutet haben. Übrigens war sie Zeit ihres Lebens von Zweifeln geplagt, ob ihre Visionen wirklich göttlichen Ursprungs seien und ob sie als schwache Frau in der Lage sei, die ihr offenbarten Aufträge auszuführen.

Was Birgitta in Rom antraf, war alles anders als erfreulich. Das Volk lebte in Armut, während einige wenige ein ausschweifendes Leben führten. Es herrschte rohe Gewalt, Pilger wurden ausgeraubt, die Kirchen und die profanen Gebäude zerfielen. In den Offenbarungen der hl. Birgitta beklagt sich die Mutter Jesu: *»O Rom, so schlecht vergiltst du mir der Wohltaten Menge! (...) Deine Mauern sind zertrümmert, darob bleiben deine Tore unbewacht; deine Gefäße werden verkauft, darob veröden die Altäre.«*

Eine der Ursachen für den katastrophalen Zustand Roms war die Abwesenheit des Papstes. 1305 kam Bertrand de Goth, Erzbischof von Bordeaux, als Papst Clemens V. an die Macht und berief die Kardinäle zur Krönung - zur allgemeinen Überraschung - nach Lyon, statt nach Rom. 1309 verlegte er die Residenz nach Avignon und geriet, wie seine Nachfolger, völlig unter französischen Einfluß.

Aktiv trat Birgitta während des Pontifikats Clemens' VI. (1342-52) in die Geschehnisse um das Papsttum ein und schrieb ihm von den Visionen eines drohenden Strafgerichts.

Santa Birgitta, Kloster und Sterbeort der Heiligen

Unter diesem Papst erreichten Nepotismus und Verschwendungssucht am päpstlichen Hof einen Höhepunkt. Sein Nachfolger Innozenz VI. (1352-62) wurde von Birgitta hoffnungsvoll begrüßt; er sei aus besserem Erze als seine Vorgänger. Rigoros bekämpfte er das Pfründenwesen und leitete Reformen ein. In seinem Auftrag bereitete der spanische Kardinal Ägidius Albornoz Italien für die Rückkehr des Papstes vor, indem er teils durch Verhandlungen, aber auch mit Waffengewalt die rebellierenden Städte des Kirchenstaates zur Papsttreue zurückführte - derart erfolgreich, dass der berühmteste Kenner des Mittelalters Gregorovius ihn als den genialsten Staatsmann bezeichnete, der je im Kollegium der Kardinäle gesessen habe.

1362 folgte der Benediktinerabt von St. Victor in Marseille als Papst Urban V., ein großer Restaurator der Kirche. Auch er wurde von Birgitta nachdrücklich aufgefordert, nach Rom zurückzukehren, unterstützt durch die hl. Katharina von Siena, auch durch den Dichter Petrarca, der ihm die trostlosen Zustände in der Ewigen Stadt schilderte und klagte: *»Soll die Königin der Städte stets eine Witwe bleiben? (...) Mit welchen Empfindungen schlummerst du an den Ufern des Rhodan, unter den vergoldeten Decken der Gemächer, während der Lateran zu Boden gestürzt liegt, die Mutter aller Kirchen ohne Dach ist?«*

Der Dichter Boccaccio, als florentinischer Gesandter, bot dem Papst eine Ehrengarde für die Rückkehr an, und selbst Kaiser Karl IV. kam 1365 persönlich nach Avignon und drängte den Papst zum Handeln.

1367 machte der Pontifex sich endlich auf den Weg, trotz des Widerstands französischer Kardinäle, und traf am 16. Oktober in seiner Stadt ein, umjubelt vom Volk. 1369 kam das Kaiserpaar nach Rom; man demonstrierte die Harmonie von Kaiser- und Papsttum und begann den Wiederaufbau der Stadt. Und doch kehrte der Papst 1370 nach Avignon zurück, wo er bald darauf starb. Birgitta hatte es ihm vorausgesagt.

Sein Nachfolger Gregor XI. (1370-78) ist der bisher letzte französische Papst. Auch er wurde von Birgitta bearbeitet, zum Stuhle Petri zurückzukehren. Am 23. Juli 1373 verstarb sie aber, ohne ihr Begehren erfüllt zu sehen. Jetzt griff Katharina von Siena, das

Die hl. Birgitta im Kreis ihrer Nonnen und Mönche
Druck aus dem Jahre 1500

fünfundzwanzigjährige Mädchen, resolut ins Geschehen ein, begab sich nach Avignon und verließ die Stadt nicht eher, als bis der Papst endgültig nach Rom heimkehrte. Am 17. Januar 1377 traf er in Rom ein.
Der Leichnam Birgittas wurde durch die Tochter Katharina Ende 1377 nach Wadstena überführt und in der noch nicht fertig ausgebauten Klosterkirche beigesetzt. Der Heiligsprechungsprozeß dauerte fünf Jahre. Am 6. Oktober 1391 wurde Birgitta durch Bonifatius IV. ins Buch der Heiligen eingetragen.

Innert weniger Jahre entstanden Klöster in Italien, Deutschland, Litauen, England, Dänemark, Polen, Norwegen und Holland, später in Spanien und Mexiko. Seit kurzem gibt es eine Niederlassung in den USA und mehrere in Indien. Auch das durch die Reformation verloren gegangene Kloster in Wadstena wurde 1935 wieder eröffnet. In Rom hüten auch heute noch, 600 Jahre nach dem Tode der Heiligen, die Birgittaschwestern ihr Sterbehaus. Neben dem Konvent an der Piazza Farnese, einem der schönsten Plätze der Stadt, führen sie ein Gästehaus, für Eingeweihte ein kostbares Kleinod im Herzen der Ewigen Stadt.

Christine – die Königin ohne Land

Am 19. Dezember 1655, um 19 Uhr, bewegte sich ein prunkvoller Zug bei Fackelschein und vielen Ehrenbezeugungen, umjubelt von einer riesigen Menschenmenge, durch die extra für diesen Anlaß restaurierte Porta del Popolo in die Stadt Rom. Es war die Ankunft der schwedischen Königin Christine. *»Auf solche Weise also zieht man in Rom incognito ein«*, staunte sie.

Der offizielle Einzug fand nämlich erst am folgenden Tage statt und übertraf den vorherigen bei weitem. Die Königin ritt auf einem Schimmel, flankiert von zwei Kardinälen. Trompetenschall und Geschützdonner taten das Ereignis der ganzen Stadt kund. Ein päpstliches Breve regelte das Zeremoniell: Die Kardinäle und der hohe Adel fuhren dem Gast in sechsspännigen Karossen entgegen; die Damen der römischen Gesellschaft traten in eigens angefertigter Garderobe auf, und jede hatte ein Gefolge von sechsunddreißig Kavalieren und Ehrendamen. Das Schaugepränge glich den Triumphzügen römischer Kaiser und bewegte sich durch die reichgeschmückten Straßen zum Petersdom, an dessen Pforte Papst Alexander VII. die Königin empfing. Ihm zu Ehren wird sie ihrem Namen künftig den Zusatz Alexandra anfügen.

Was da geschah, war nicht alltäglich. Christine von Schweden hatte auf die Krone ihres Landes verzichtet um katholisch zu werden - skandalös war die Konversion vor allem, weil sie die Tochter Gustav Adolfs war, des siegreichen Kämpfers für die Sache des Protestantismus, der in der Schlacht bei Lützen das Leben hingab für seinen Glauben. Demzufolge gelangen die Biographen der Tochter zu den widersprüchlichsten Urteilen, je nachdem aus welchem Lager sie kommen.

Wir aber beschäftigen uns nicht mit den damaligen religiösen Kämpfen, sondern mit dem abenteuerlichen Leben einer temperamentvollen und zielbewußten Frau aus dem steifen Norden im Rom des Hochbarocks mit seiner Dynamik und überbordenden Lebensfreude. Nirgendwo sonst hätte Christine eine ihrem impulsiven Charakter mehr entgegenkommende Umgebung finden können.

Alexander VII., der seinerzeit gegen den westfälischen Frieden protestiert hatte und der auch im Namen der schwedischen Königin unterzeichnet worden war, empfing Christine äußerst herzlich; allzusehr waren sie einander verwandt in ihrer Liebe zu Kunst, Literatur und Wissenschaft. Der Chigi-Papst hatte selber in jungen Jahren ein Bändchen Gedichte veröffentlicht.

Die ersten Wochen wohnte die Königin im Vatikan, worauf ihr der Herzog von Parma den Palazzo Farnese zur Verfügung stellte, der Welt schönsten Renaissancepalast. Bald begannen prunkvolle Feste, Empfänge, Musikveranstaltungen, Singspiele und Opern einander abzulösen; keine der aufeinander eifersüchtigen Adelsfamilien konnte darauf verzichten, den hohen Gast bei sich zu begrüßen. Am berühmtesten wurde die Aufführung vom 31. Januar 1656 im Barberini-Theater mit musikalischen und theatralischen Huldigungen: Der erste Akt war ein Loblied auf die »großherzige Königin«, der zweite pries die heilige Birgitta, die Ordensgründerin aus Schweden, die einst ebenfalls an der Piazza Farnese lebte, wo ihr Kloster heute noch existiert. Christine besuchte die Erstaufführung mit großem Gefolge und saß inmitten von achtzehn Kardinälen und anderen Prälaten. Sie war derart begeistert, dass sie die Aufführung noch zweimal inkognito besuchte.

Bald zeigten sich aber auch die ersten Schwierigkeiten verschiedenster Art, deren Kette bis zu ihrem Tod nicht mehr abriß: Sie fällt unliebsam auf, wenn sie während der Messe mit ihrem Nachbarn plaudert. Der Papst sendet ihr einen kostbaren Rosenkranz, um ihr anzudeuten, wie er sich eine fromme Frau vorstelle, aber damit kommt er schlecht an: *»Ich mag keine Betschwester sein!«* - Auch ist ein anderer Ausspruch erhalten, dass sie hoffentlich nie so tugendhaft werde, um einer Heiligen zu gleichen und nie so infam, sich als Heilige auszugeben. Ihre Hofhaltung überstieg die finanziellen Mittel bei weitem, und sie wird immer in Geldnot sein. Dazu umgab sie sich mit Menschen, die sie mehr ausnützten, als sie zu unterstützen und zu beraten. Auch das Personal war nicht zuverlässig, verkaufte Möbel und kostbare Gobelins, zerschlug anderes zu Brennholz.

Christine, Königin von Schweden, kurz vor der Abdankung
Gemälde von 1652

Eine Freundschaft, die Christine zeitlebens nie bereuen musste, war diejenige mit Kardinal Decio Azzolino. Er war bewandert in Kunst und Wissenschaft, gewandt in Schrift und Rede, Diplomat und führendes Mitglied der Kurie. Er brachte ihre mißlichen Finanzen in Ordnung, beriet sie in jeglichen Angelegenheiten; und Christine, es ist fast ein Wunder, hörte auf ihn. Die Legende behauptet zu wissen, wie diese Zuneigung entstand: Bei strömendem Regen fuhr die Königin einst zur Messe in die Kirche S. Luigi dei Francesi, doch eine große Pfütze verwehrte ihr den Weg von der Kutsche zum Kirchenportal. Da trat geistesgegenwärtig ein junger Kardinal vor sie und legte ihr elegant einen weiten Mantel zu Füssen – Decio Azzolino.

1656 und 1657 reiste Christine nach Paris. Von Neapel her bedrohte die Pest die Ewige Stadt; außerdem wollte sie in Paris Geld auftreiben. Dort versuchte sie, Mazarin für einen großen Plan zu gewinnen: Den französisch-spanischen Krieg ausnützend sollte er ihr helfen, den Spaniern Neapel und Sizilien zu entreißen und sie zur Königin über jene Gebiete ausrufen zu lassen. Das gelang ebensowenig wie einige Jahre später ein anderer Versuch, die Krone Polens zu gewinnen.

Zweimal kehrte Christine nach Schweden zurück, zuerst im Sommer 1660, weil am 13. Februar ihr Nachfolger Karl X. verstarb und nur ein vierjähriges Söhnchen hinterließ. Sie hoffte, sich auf irgend eine Weise an der Regierung beteiligen zu können; auch wollte sie die ausbleibende Rente reklamieren. Das zweite Mal zog sie in ihre Heimat, als sich die politische Lage zu Ungunsten Schwedens entwickelte. Die Bevölkerung jubelte ihr zu, eingedenk ihrer glücklichen Regierungszeit, um so mißtrauischer reagierte die Regentschaft und widersetzte sich vor allem aus religiösen Gründen jeder Verhandlung. Immerhin bestätigte man, dass Christines Geldforderungen zu Recht bestünden und erfüllte sie auch später mehr oder weniger. Auf der Rückreise hielt sich Christine längere Zeit in Hamburg auf, als die Nachricht eintraf von der Papstwahl Clemens IX. Rospigliosi. Er war ein Kunstfreund wie sein Vorgänger, was Christine mit einem großen Volksfest feierte. Während sechs Stunden floß zum Vergnügen der Menge Wein aus einem Brunnen. Das leuchtende Porträt des Neugewählten an der Palastmauer musste die Papstgegner aber allzusehr geärgert haben. In der Nacht wurden die Fenster eingeschlagen, und als man gar die Türen aufbrach und eindringen wollte, schossen die Wachtleute und es gab Tote. Wieder einmal hatte die Königin mit ihrer Unbesonnenheit einen Skandal provoziert, den ihre Gegner begierig ausnützten.

Der Palzzo Corsini, Residenz der Königin Christine in Rom

Als Christine im Mai 1658 aus Frankreich zurückkehrte, nahm sie für kurze Zeit Wohnsitz im Palazzo Rospigliosi auf dem Quirinal. Ihre endgültige Residenz wurde der Palazzo Riario, heute Palazzo Corsini, in Trastevere, auch dies durch Vermittlung Kardinal Azzolinos. Zuerst wohnte sie im Casino auf der Höhe des Gianicolo, wo heute das Denkmal Garibaldis steht - bis dort hinauf breitete sich damals der Park aus - , bis der Palast nach ihren Vorstellungen eingerichtet war.

Ab 1663 bewohnte sie bis zu ihrem Lebensende den Palast. Hier hatte sie die notwendigen Räume für ihre Gemäldesammlungen, die sie aus Schweden mitgebracht und in Rom großzügig ergänzt hatte, für ihre Skulpturen, Bücher und Handschriften, für die besonders sehenswerte Münzen- und Gemmensammlung. Ihr Palast gehörte nicht zu den größten, aber zu den reichsten und war vielleicht der am geschmackvollsten eingerichtete. Jetzt erst begann Christine sich so richtig zu entfalten. Als der Papst das Teatro Torro di Nona schließen ließ, weil man dort ihm nicht genehme Komödien aufführte, eröffnete sie in ihrem Haus ein eigenes Theater, berief erstklassige Autoren und Schauspieler. Sie beschäftigte sich in ihren Labors mit Alchimie, wofür sie große Summen opferte, denn man versuchte, Blei in Gold zu verwandeln. Mancher Scharlatan nutzte sie aus, aber auch viele ernsthafte Wissenschaftler fanden dankbar ihre Unterstützung. Es gab kaum ein Gebiet, für das sie sich nicht interessierte, für alle Kunstepochen von der Antike bis zu den Zeitgenossen, für die Archäologie, für Geschichte und Philosophie. Und dies alles betrieb sie nicht etwa dilettantisch, sondern ernsthaft und mit Sachkenntnis, beherrschte auch mehrere Sprachen.

Im Palazzo Riario hielt Christine Hof, als wäre sie immer noch Königin - verzichtete bis zu ihrem Tode nicht auf diesen Titel und legte bei Empfängen großen Wert auf Etikette und Zeremoniell. Für Gesandte und Rom besuchende Fürsten war es notwendig, sich an drei Orten vorzustellen: zuerst beim Landesherrn, dem Papst, dann beim Doyen des Kardinalskollegiums, anschließend bei Königin Christine. Beim Zeremoniell unterschied sie genau zwischen den Rängen, ob es sich um einen Prinzen, einen Adeligen oder einen Kardinal handelte. Die Jesuiten verdarben es schon ganz am Anfang ihrer Romzeit mit ihr, weil sie irgend einen Formfehler begingen, als sie sie besuchte.

Der Abhang des Gianicolo,
Versammlungsort der Academie Arcadia

Frauen hatten es im allgemeinen schwer, ihre Gunst zu erwerben. Wenn es sich nicht gerade um eine Prinzessin handelte, die vorsprach, musste sie auf einem niederen Schemel sitzen, damit sie so richtig von oben herab gemustert werden konnte. Ein Mann hatte es etwas leichter, *»aber nicht weil er ein Mann, sondern weil er keine Frau war«*. Was Christine von der Ehe hielt, illustriert ein Zitat aus ihrem Notizbuch: *»Die Liebe und der Ehestand sind fast unvereinbar. Die Menschen heiraten einander, ehe sie sich kennen und hassen einander, sobald sie sich kennen. Man würde gar zu glücklich sein, wenn man verheiratet und verliebt zugleich sein könnte.«* Dabei muss man bedenken, dass man damals oft verheiratet wurde, ohne sich gesehen zu haben.

Bewundert wurden Christines Leistungen im Reiten und Schießen. Solche und ähnliche Fähigkeiten gehen auf ihre Erziehung zurück, die auf Anordnung des Vaters völlig männlich war. Als man einmal auf der Engelsburg ihre artilleristischen Künste bezweifelte, richtete sie kurzerhand eine Kanone gegen das Bronzeportal der Villa Medici auf dem Pincio und schoß über die Stadt hinweg eine Delle in die Türe, wovon man sich noch heute vergewissern kann. Bei der Kugel auf dem Brunnen vor der Villa soll es sich um jenes Geschoß handeln.

Die umfangreiche Korrespondenz, die sie während ihres Aufenthaltes in Hamburg mit Kardinal Azzolino führte, offenbart, dass sie auch zartere Saiten hatte, empfindsam und feinfühlend sein konnte. Manch roher Auftritt war vielleicht die Abwehrreaktion einer verletzten Seele. Christines Briefe wurden 1898 aufgefunden, während die meisten Azzolinos bis heute nicht zum Vorschein gekommen sind. So ist es weiterhin ein Rätsel, wie nah die beiden sich gekommen sind. Christine schreibt immer von ihrer Liebe, er hingegen von seiner Freundschaft zu ihr; viele Briefstellen und Billetts von beiden Seiten lassen vermuten, dass es bei diesem ungleichen Verhältnis geblieben ist. Aus manchen späteren Briefen der Königin spricht völlige Ergebenheit, während die seinen zwar taktvoll, aber bestimmt im Ton sind, vor allem aus Ratschlägen zu den oft verworrenen Situationen bestehen, in die sich die Freundin manövriert hatte.

Noch einer anderen Freundschaft Christines ist zu gedenken, derjenigen mit Bernini. Sie verfolgte die Tätigkeit des großen Meisters schon von Schweden. Ihn bewunderte und förderte sie bis zu seinem Tod, besuchte ihn oft in der Werkstatt und empfand es als Ehre, seinen schmutzigen Arbeitskittel berühren zu dürfen. Sie besaß manche seiner Werke, unter anderem eine Büste, die er von ihr schuf. Diese zeigt, wie auch die vielen

Bilder, die man von ihr besitzt, eine Frau mit strengen, fast männlichen Gesichtszügen, ein energisches Kinn. Zarte Anmut sucht man vergebens, dagegen fehlt keineswegs die königliche Würde, mangeln nicht Zeichen von Entschlußkraft.

Schon im Jahre 1666 gründete Christine eine gelehrte Gesellschaft, zu welcher alle Wissenschaftler Zutritt hatten, ihre Bibliothek und die Sammlungen benützen konnten. 1674 entstand die Clementinische Akademie, in welcher Literatur, Musik und Wissenschaften gleicherweise gepflegt wurden. *»Da Ihre Majestät jedem Freund der Gelehrsamkeit und der Wissenschaften edle Übungen und Ermunterung verschaffen möchte, hat sie in Ihrem Palast eine Akademie von auserlesenen Männern eingerichtet, die nur in Rücksicht auf ihre Tugend und Begabung erwählt werden«,* heißt es in den Satzungen.

Bevorzugter Aufenthaltsort der illustren Gesellschaft war der weite Park auf der Rückseite des Palastes, voll südländisch trotzender Vegetation, mit dem bereits erwähnten Casino auf der Gianicolohöhe. Noch heute kennen Eingeweihte etwas abseits der modernen Via Garibaldi ein verstecktes, barock geschwungenes Tor mit der verwitterten Inschrift *»Bosco Paradisio«*, dahinter erspäht man murmelnde Wasserläufe, leere Statuensockel, Überreste theaterrunder Steinbänke im Schatten ästeverschränkter Baumriesen. Hier trafen sich die Schäfer und Schäferinnen der Accademie Arcadia, einer nicht minder anspruchsvollen Vereinigung in der Nachfolge von Christines Bruderschaft. Goethe, selbst ein Mitglied, schwärmt begeistert von den literarischen und anderen Genüssen.

Christine selber war auch schriftstellerisch tätig. Neben einer Autobiographie verfaßte sie in französischer Sprache Abhandlungen über sie besonders beeindruckende Persönlichkeiten, wie Alexander den Großen oder Cäsar. Sie war überzeugt: *»Es gibt kein größeres Vergnügen, als große Menschen und ihre persönlichen Leistungen zu betrachten.«* Am wertvollsten sind die vielen tausend Maximen und Aphorismen zu den verschiedensten Themen, die heute in zahlreichen Archiven Europas verstreut sind und noch immer der Auswertung harren.

Unter den positiven Eigenschaften der ehemaligen Königin von Schweden bewundert man am meisten das stolze Selbstvertrauen, das sie während Jahrzehnten an den Tag legte, ihre Überlegenheit gegenüber ihrer ganzen buntschillernden Umgebung. In ihrer

Alexander-Biographie erklärt sie, wie sie sich selber als eine derartige Persönlichkeit versteht.

In ihren letzten Jahren allerdings gibt sie den stoischen Gleichmut, ihre Überlegenheit über menschliche Schwächen immer mehr auf. Es sei nicht wahr, dass man eine solche Erhabenheit über die Schwierigkeiten des Lebens erreichen könne, wie die Stoiker behaupten, so dass man das Leid nicht mehr empfände. Den menschlichen Leidenschaften, die sie einst stolz dem Willen unterordnete, gesteht sie nun größere Macht zu.

Anfang 1689 fühlte sich Christine krank und verlangte nach Ärzten. Ende Februar erholte sie sich wieder und begann sich um ihre Vermögensverhältnisse und das Testament zu bekümmern. Am 1. März setzte sie Kardinal Azzolino zum Universalerben ein *»wegen seiner unvergleichlichen Eigenschaften, seiner persönlichen Verdienste und derer, die er sich im Laufe vieler Jahre um Uns erworben hat.«* Damit übernahm der Kardinal allerdings auch eine Menge Schulden. Christine bat Innozenz XI., den vierten Pontifex ihrer Romzeit, der am wenigsten Verständnis für Sonderheiten aufbrachte, schriftlich um Verzeihung für alle ihre Ungehörigkeiten. Dieser, selber krank, war sehr gerührt und ließ ihr durch einen Kardinal versichern, dass er ihr nichts nachtrage und alles Vorgekommene verzeihe.

Am Morgen des 19. Aprils 1689 verstarb Christine Alexandra, Königin der Schweden, Goten und Wenden - so bezeichnete sie sich noch im Testament - im Alter von 63 Jahren. Kardinal Azzolino wachte bei ihr. Sieben Wochen später war auch er tot. Der Sarkophag der Königin steht unbeachtet von der Menge der Touristen im Mittelschiff der Krypta unter der Peterskirche. Alle aber sehen im rechten Seitenschiff des Doms das prächtige Denkmal, das Carlo Fontana ihr geschaffen hat.

Angelica Kauffmann und ihr Römerkreis

Angelica Kauffmanns Vater, ein Maler aus dem voralbergischen Schwarzenberg, arbeitete am Hofe des Bischofs von Chur, heiratete dort eine Churerin, die ihm am 30. Oktober 1741 die Tochter Maria Anna Angelica Catharina gebar. So teilen sich die beiden Orte im Ruf, Heimat der berühmten Malerin zu sein.

Mit 16 Jahren arbeitete Angelica mit ihrem Vater in Schwarzenberg, Meersburg und Totting, wo bereits auch ihre weitere Begabung als Klavierspielerin und Sängerin zutage trat. 1762 führte die erste größere Italienrundreise zu Studienzwecken über Parma, Bologna, Florenz - die Einundzwanzigjährige musste ein Selbstbildnis für die Uffizien malen! - nach Rom.

Dieser erste Romaufenthalt von Anfang 1763 bis 1. Juni 1765, mit einem Abstecher nach Neapel, brachte Angelica die Verbindung mit Battoni und Mengs, die ihren Malstil und ihre Kunstauffassung festigten. Mengs war der führende Meister des römisch-deutschen Klassizismus, war ebenso Kunsttheoretiker wie Maler. Auch die Bekanntschaft mit J. J. Winckelmann, dem Begründer der modernen Archäologie und Kunstwissenschaft, stammt aus jener Zeit. Winckelmann, dem die Bildhauerei über alles ging, so dass er die Malerei fast nicht mehr beachtete, nur die Umrißzeichnungen, als der Plastik verwandt, gelten ließ - er sitzt der Malerin für ein Bildnis. Es ist eines der frühen Beispiele, wie Angelica mit ihrem gewinnenden Wesen selbst auf Persönlichkeiten einwirkte, die anderen als unbeeinflußbar galten.

Hatte Angelica bisher vor allem Porträts und Kirchenbilder gemalt sowie Kopien nach alten Meistern als Übung, so lenkte der von der Antike begeisterte Winckelmann ihre Aufmerksamkeit auf Szenen aus der Geschichte der Griechen und Römer, auf das Historienbild gehobenen Inhalts. Damals wohnte die Malerin bereits unter den deutsch-römischen Künstlern in der Via Condotti, hatte aber auch Kontakt zur englischen Kolonie.

Zur Weiterbildung besuchte man - immer war der Vater der fürsorgliche Begleiter - 1765 Bologna und Venedig, machte in der Lagunenstadt die Bekanntschaft von Lady Wentworth, der Gemahlin des englischen Gesandten, und diese wird die Englandreise gefördert haben.

Die fünfzehn Jahre Londonaufenthalt sicherten für immer Angelicas internationalen Ruf, ihren gesellschaftlichen und materiellen Erfolg. In unzähligen vornehmen Häusern, nicht nur der Hauptstadt, »musste« ein Portrait von ihrer Hand hängen; 1768 war sie Gründungsmitglied der Royal Accademy of Arts. Zu den bisherigen Motiven kamen nun viele mythologische Darstellungen sowie Bilder zu den zeitgenössischen Dichtungen. Sie verkehrte mit Gleim, Gellert, Gessner und Klopstock, dessen »Messias« sie illustrierte.

Die einzige Trübung des glanzvollen Lebens brachte die Heirat mit einem schwedischen »Grafen Horn«, einem Hochstapler und Heiratsschwindler, dem sie gutgläubig vertraute, währenddessen sie vorher glänzende Partien abgelehnt hatte. Zwar wurde die Ehe nach wenigen Monaten geschieden, hinterließ jedoch in der empfindlichen Seele der Betrogenen lebenslange Spuren.

Der alternde Vater bewog Angelica 1781 zur Heirat mit dem in London arbeitenden Historien- und Vedutenmaler Antonio Zucchi aus Venedig. Die drei verließen unmittelbar darauf London und reisten über Schwarzenberg nach Venedig, wo Angelica den nachmaligen Zar Paul I. porträtierte und wo sie in die Accademia aufgenommen wurde. Auch hier gesellte sich zum Triumph ein Unglück: Es starb der treubesorgte Vater, der als erster an die große Zukunft des kleinen Mädchens glaubte und dessen Förderung zu seiner Lebensaufgabe gemacht hatte.

1782 traf das Künstlerpaar in Rom, seinem endgültigen Wohnort ein und wählte zu seinem Heim das ehemalige Mengsche Haus an der Via Sistina, ganz oben bei der Kirche S. Trinità dei Monti. Währenddessen die Räume restauriert wurden, porträtierte Angelica in Neapel die königliche Familie. Zwei Jahre später wird sie sich nochmals dort aufhalten und die Prinzessinnen unterrichten. Das Amt als Hofmalerin schlug sie jedoch aus: *»Meine Umstände erlauben mir meine freyheit zu erhalten!«* Man glaubt's ihr, denn schon 1783 wird amtlich festgehalten, dass in ihrem Haushalt ein italienischer und ein französischer Diener sowie zwei Dienstmädchen wohnen; zwei Jahre später kommt noch ein Kutscher hinzu.

Angelica Kauffmann
Selbstbildnis, um 1780/81
Bündner Kunstmuseum, Chur

Mitgebaut am gesellschaftlichen Erfolg Angelicas haben zweifellos die vielen berühmten Wahlrömer deutscher Zunge, die damals die geistige Hauptstadt der Welt bevölkerten. Seit Jahrzehnten in Rom wohnhaft und in der Lage, jede Hilfe zu leisten, waren vor allem Rat Reiffenstein, der ihr im Palazzo Zuccari direkt gegenüber wohnte, und Hackert, dessen Wohnung auch nicht weit, an der Piazza di Spagna lag. Beide zählten bald zu den bevorzugten Hausfreunden. Diese Namen zeigen auch, welcher Art der Umgang Angelicas war: geistreiche Unterhaltungen in kleiner, aber ausgesuchter Gesellschaft, höchstens ausgeweitet auf förderungswürdige Künstler, die der Dame des Hauses empfohlen wurden oder die sie selber entdeckte.

Joh. Fr. Reiffenstein, seit Sommer 1764 endgültig in Rom und ab 1767 im Parterre des Palazzo Zuccari wohnend, war zwar Maler und Altertumsforscher, berühmt gemacht aber hat ihn seine Hilfsbereitschaft Künstlern und Rombesuchern gegenüber, wobei ihm seine Geschäftsgewandtheit und seine Beziehungen zu den europäischen Höfen zustatten kamen. Unübertroffen war er als Fremdenführer vornehmer Gäste in Rom wie auch in der weiteren Umgebung. Er begleitete bei ihren Romaufenthalten 1775 Lessing und den Prinzen Leopold von Braunschweig, 1776 den Herzog von Sachsen-Teschen und die Erzherzogin Marie Christine, 1777 den Landgrafen von Hessen-Kassel und Herzog Ernst II. von Sachsen-Gotha, 1782 den Großfürsten Paul von Rußland. Von seinen Verbindungen zu diesen Kreisen hat er auch die meist mittellosen Künstler profitieren lassen. Als der Abbate Carlo Fea 1786 als eine seiner ersten größeren Unternehmungen die Werke Winckelmanns übersetzte, fand er in Reiffenstein einen großen Helfer, dermaßen, dass man ihm vorwarf, die Leistung sei eher diejenige des Deutschen als seine eigene. Reiffenstein sprach an vielen Gräbern im Protestantischen Friedhof letzte Abschiedsworte, bis er selber am 6. Oktober 1793 starb und der preußische Gesandte Uhden seine Grabrede halten musste.

Jakob Philipp Hackert, der Landschaftsmaler, kam 1768 nach Rom und wohnte 1772-86 an der Piazza di Spagna, also am Fuß der berühmten Treppe, während Angelica über ihr thronte. Hackert war ein geachteter Vedutenmaler, ein fleißiger Arbeiter und Streber, der auch zu den großen Adelsfamilien Roms Beziehungen suchte und fand. Er arbeitete unter anderem für Marcantonio Borghese in seiner neuen Villa auf dem Pincio (1782).

Die jungen Künstler lud er regelmäßig in sein Haus in Frascati ein, wo er sie im Zeichnen unterrichtete. Später wird Reiffenstein ihn ablösen, auch Goethe wird am Unterricht teilnehmen und notieren: *»Am Abend versammelte sich alles im Kreise und legte die Blätter vor, welche den Tag über gezeichnet und skizziert worden.(...) Hofrat Reiffenstein weiß diese Sitzungen durch seine Einsicht und Autorität zu ordnen und zu leiten.«* Hackert zog 1786 nach Neapel, wo er seine größten Erfolge feierte. Goethe und Tischbein besuchten ihn dort, trafen auch Lord Hamilton, den englischen Gesandten und Kunstfreund, einst Schüler von Antonio Zucchi.

Unmittelbar neben Angelicas Haus lag die Kunstakademie Alexander Trippels, eines Bildhauers aus Schaffhausen, die einen ausgezeichneten Ruf genoß. In dieser Schule, die ganz auf Mengs und Winckelmann fußte, bildeten sich viele der Besten jener Zeit: Namen, die auch heute noch Geltung haben, Tischbein beispielsweise und Schadow. Trippels Verhältnis zur noch erfolgreicheren Nachbarin war nicht frei von Eifersüchteleien. *»Die Angelica, die schnappt alles weg und hat so viel zu thun, dass sie es kaum bestreiten kann und malt immer noch so manieriert wie vorher«*, wirft er ihr vor, und er war in diesem Urteil nicht allein. Angelica unterwarf sich eben nie ausschließlich dem Klassizismus Mengs und Winckelmanns, blieb bei ihren weichen Rokokofarben und -gestalten.

Trippel, geboren 1744, lebte von 1754 bis 1763 mit seinem Vater in London, dann bis 1771 in Kopenhagen, wo er sich bei Wiedewelt ausbildete, bis 1775 in Paris, dann in seiner Geburtsstadt, in Basel und Bern. Am 1. September 1776 brach er mit einer Unterstützung seines Onkels zu Fuß nach Rom auf, wo er am 2. Oktober eintraf. Als die Mittel ausgingen, kehrte er im Sommer 1778 in die Schweiz zurück, im Herbst mit einem neuen Zustupf aber wieder in die Ewige Stadt, wo er trotz anfänglicher erneuter Not ausharrte. Ab Mitte der achtziger Jahre begann sein Erfolg, bis er schließlich als der beste Bildhauer neben Canova galt.

Zum allerengsten Freundeskreis Angelicas gehörte der Maler Johann Heinrich Wilhelm Tischbein, der 1780/ 81 erstmals in Rom war, dann vorübergehend in Zürich arbeitete, bis ihm durch Fürsprache Goethes - den seine Illustrationen zum »Götz von Berlichingen« beeindruckt hatten - beim Herzog von Sachsen-Gotha der zweite Romaufenthalt von 1783-87 ermöglicht wurde. Als Goethe 1786 nach Rom kam, wohnte Tischbein mit anderen Künstlern am Corso 18-20. Als er von der Ankunft seines Freundes erfuhr, holte er ihn sofort aus dem Albergo dell' Orso zu sich in die eigene Wohnung.

Groß ist die Zahl der Abhandlungen, die sich mit dem Verhältnis Angelica Kauffmanns zu Goethe befassen. Damals war die Malerin 45 Jahre alt, ihr Gatte 60 - ein Altersunterschied, der nicht unüblich war - und Goethe zählte 37. Nichts läßt vermuten, die Ehe der Zucchi sei nicht harmonisch verlaufen. Zwar war der Venezianer kein bedeutender Maler, aber ein Mann von umfassender Bildung, der Frau ein liebevoller Gatte und unentbehrlicher Verwalter.

Das schließt nicht aus, dass die Freundschaft des Dichters und der Malerin eine recht innige war, die Zuneigung zweier Künstlerseelen. Am 22. Januar und am 14. Februar 1787 las Goethe vor Angelica, Reiffenstein und Zucchi - er war praktisch bei allen Unternehmungen dabei - aus der soeben vollendeten »Iphigenie« vor, und er notiert: *»Die zarte Seele Angelica hat das Stück mit unglaublicher Innigkeit aufgenommen; und sie versprach mir eine Zeichnung daraus auszustellen, die ich zum Andenken besitzen sollte.«* Später hat sie noch eine zweite Zeichnung angefertigt, eine Szene aus dem »Egmont«, die Lips stechen wird. Mit Angelica hat Goethe verschiedene Einwände besprochen, die man dem »Egmont« in Deutschland vorwarf.

Die gegenseitige Sympathie vertieft sich nach der Rückkehr Goethes aus Sizilien. Es wurde üblich, dass er sonntags bei den Zucchis zum Mittagessen eingeladen war, vorher und nachher besuchte man Museen. *»Mit Angelica ist es gar angenehm, Gemälde zu betrachten, da ihr Auge sehr gebildet und ihre mechanische Kunstkenntnis so groß ist.«*

Beim zweiten Romaufenthalt Goethes, im Juni 1787, entstand sein Porträt, das der Malerin aber nicht so recht gelingen wollte und auch dem Dichter nicht zusagte: *»Es verdrießt sie sehr, dass es nicht gleichen und werden will. Es ist immer ein hübscher Bursche, aber keine Spur von mir.«* Angelica machte für Goethe auch Farbversuche. So wünschte er sich unter anderem ein Landschaftsbild, bei dem Blau nicht verwendet werden durfte - Vorarbeiten für seine geplante »Farbenlehre«.

Zu den vielen, die im Hause Zucchi-Kauffmann verkehrten, kamen zahlreiche Rombesucher aus dem Ausland, welche die berühmte Künstlerin zu sehen begehrten oder sich

Angelica Kauffmann
Drei Sängerinnen, 1795, Ausschnitt, Bündner Kunstmuseum, Chur

gar von ihr malen lassen wollten. Allein schon die Liste der erlauchtesten Gäste ist lang: 1783 erhielt Angelica Besuch und Aufträge von Kaiser Josef II. von Österreich und von Kurfürst Karl Theodor von Bayern. Den Neapelaufenthalt von 1784/85 unterbrach sie und malte in Rom die Familie des Herzogs von Kurland. Am 19. September traf Herder in Rom ein, besuchte als erstes die ehemalige Wohnung Goethes und wurde dann sofort vom Maler Bury, der schon zu Goethes Zeit im gleichen Haus lebte, zu Angelica Kauffmann geführt. *»Angelica ist meine einzige Trösterin in Rom, die zarte Engelsfrau, (...) vielleicht die kultivierteste Frau in Europa.«* Seine Trösterin nennt er sie deshalb, weil er, der Respekt gewohnte Schriftsteller, sich unter dem bunten Künstlervolk nicht so wohl fühlte wie etwa Goethe oder gar Kronprinz Ludwig.

Die Herder besser zusagende Gesellschaft traf am 4. Oktober ein: die Herzogin Anna Amalia von Sachsen-Weimar mit Gefolge. Was Goethe raffiniert zu vermeiden wußte, Fremdenführer zu spielen - er traf zwar Vorbereitungen für die Ankunft der hohen Gäste, sandte ihnen sogar den Sohn seines Wirtehepaares als Begleiter entgegen, reiste aber rechtzeitig nach Deutschland ab - das übernahm Herder mit Freude. Er diente als aufmerksamer Ratgeber und Führer. Am Vormittag besuchte man in der Regel römische Sehenswürdigkeiten mit Rat Reiffenstein als überlegenem Kenner; nachmittags folgten bei gutem Wetter Ausflüge in die Umgebung. Zur abendlichen Teegesellschaft stellten sich dann die der Herzogin von Goethe empfohlenen Künstler ein, vorzüglich Angelica Kauffmann. Zwischen den beiden Frauen entwickelte sich schnell eine innige Freundschaft; entweder war die Malerin bei der Fürstin in der Locanda Margherita in der Via Sebastianella zu Gast, nahe der Spanischen Treppe, oder man traf sich bei Angelika, wo im November der Herzogin Bild entstand. Dort oben muss der Herzogin natürlich auch die herrlich gelegene Villa Malta aufgefallen sein, unmittelbar hinter dem Hause Angelicas, mit Blick über die Stadt. Kurz entschlossen mietete man sie auf das kommende Frühjahr; unterdessen wollte sie mit Herder und Reiffenstein Neapel besuchen. Das Schlößchen wurde, wie später noch öfters, zum Treffpunkt von Künstlern und Gelehrten, Herder durfte gar in ihm wohnen. Tischbein war häufiger Gast, erzählte von Goethes Aufenthalt in Rom, zeigte im Park die vom Dichter gepflanzte Palme, im anschließenden Garten Angelicas die Pinie, die der Freund ihr geschenkt hatte.

Angelica Kauffmann
Die Kinder von Lord Plymouth als Amor und Psyche, 1795
Bündner Kunstmuseum, Chur

Zum engsten Kreis auf der Pinciohöhe gehörte auch der Maler und Schriftsteller Joh. H. Meyer aus Stäfa. Goethe lernte ihn eines Tages in der vatikanischen Bibliothek kennen. Als er sinnend vor einem Bild stand, *»trat ein kleiner, bescheidener (...) Mann hervor und belehrte mich, Heinrich Meyer, ein Schweizer.«* Er war seit 1784 in Rom, ein Schüler von Joh. Caspar Füssli, dem Vater von Heinrich Füssli. Meyer gab Goethe im Winter 1787/88 Unterricht im Zeichnen der menschlichen Gestalt. Auch Heinrich Füssli war in Rom von 1762-63 und verkehrte mit Angelica und Winckelmann.

Nach dem Wegzug Goethes am 23. April 1788 versammelte sich bei Angelica die ganze verwaiste Freundesrunde des Dichters. An bisher nicht Genannten wäre anzuführen der Archäologe/Schriftsteller Aloys Hirt, ein von Goethe an Herder und die Herzogin empfohlener Fremdenführer. Diesen Dienst erwies er ebenfalls der Fürstin Luise von Anhalt-Dessau, in deren Gefolge er Ende Mai 1796 abreiste. Zu nennen ist der Baumeister von Verschaffelt, dessen Vater schon jahrzehntelang in Rom als Bildhauer tätig war. Wichtig ist auch der Maler Friedrich Rehberg; er wohnte 1781-83 im Palazzo Zuccari, 1788-91 am Corso bei Bury und Schütz, anfänglich auch noch mit Goethe.

In die letzten Lebensjahre Angelicas fällt der erste Rombesuch von Kronprinz Ludwig von Bayern. Ursprünglich war er ein besonderer Freund der Bildhauerei, besuchte als ersten nach der Ankunft folgerichtig Thorwaldsen. Dann aber lernte er Angelica kennen, deren Bilder er seit langem schätzte. Der gewinnenden Persönlichkeit der Künstlerin gelang es, ihn derart für die Malerei zu begeistern, dass er ab sofort auch dieser Kunstgattung seine volle Aufmerksamkeit schenkte, Gemälde alter Meister für die heimatlichen Galerien kaufte und der Malerin für ein Porträt saß. Er wird noch viele Male nach Rom kommen, unzählige Feste mit seinen Künstlerfreunden feiern, sie nach Möglichkeit fördern und manches Bild ihnen abkaufen, mehr der Unterstützung als des Wertes wegen. 1817 wird er die Villa Malta mieten, zehn Jahre später sie kaufen. Er hatte einen geschäftstüchtigen und fachkundigen Berater und Agenten auf seiner Jagd nach Gemälden und Statuen, Johann Martin Wagner, selber Maler und Bildhauer, dem er unter anderem den Erwerb der Aegineten zu verdanken hatte, heute noch der Stolz der Münchner Glyptothek. Nur zu Beginn der Tätigkeit für seinen Herrn unterlief Wagner eine Fehleinschätzung. Der Biograph des späteren Königs bedauert: *»Am Anfang allerdings rät er von der Erwerbung des künstlerischen Nachlasses der Malerin Angelica Kauffmann ab, und es entgeht Ludwig damit ein wahrer Schatz.«*

Dabei handelt es sich wohl kaum um die Bilder von Angelicas eigener Hand, die man bei ihrem Hinscheiden vorfand, sondern um die kleine Privatsammlung, von ihr *»zu einem hohen Preis angeschafften gemählte«*. Im Testament sind die Bilder einzeln aufgeführt: Zwei Tizians, ein Paris Bordone und einige weitere Venezianer, zwei Veduten von Canaletto, der Ansichten dieser Art erst eigentlich zum Ruf als Kunstwerke verholfen hat, je ein Bild von Parmigianino und Correggio, den Hauptmeistern aus Parma, einen van Dyck auch und einen Hl. Hieronimus, den die Besitzerin Leonardo da Vinci zuschriebt. Die Sammlung hatte sie ausdrücklich zum Verkauf bestimmt *»und welche wie ich hoffe von meinen Erben, und Testamentsvollziehern werden anständig verkauft werden, (...) eine Summa und beträchtliches Kapital zu bilden, wovon ich wünschte, dass die Interessen zu Unterstützung der von meinen Vettern und Basen herstammenden armen Familien angewendet würde, und welche durch den Tod ihrer Väter und Müttern nicht mehr meine Erben sind, sie seyen in, oder außer Vatterland.«*
Ihre eigenen Bilder hinterließ Angelica einem Vetter Johann Peter Kaufmann, geboren 1764 im vorarlbergischen Reuthe. Er war ausgebildeter Holzbildhauer, arbeitete in Paris, dann in Mailand und anderen italienischen Städten. 1797 kam er auf Wunsch Angelicas, die sich nach dem Tode ihres Mannes einsam fühlte, nach Rom - nach anderer Quelle mit einem bayerischen Stipendium, was sich gegenseitig nicht auszuschließen braucht. Seine erste Wohnung hatte er in Via Porta Pincia, eine Straße, wo im Verlaufe der Zeit viele deutschsprachige Romfahrer ihre Unterkunft fanden.

Johann Peter Kaufmann bildete sich bei Canova und Thorwaldsen zum Steinbildhauer aus; und als Mitarbeiter des Dänen war er beteiligt, als man in der Werkstatt in Via Babuino 181 für Kronprinz Ludwig von Bayern die frühgriechischen Gibelfiguren vom Aphaiatempel von Aegina ergänzte. Es war dies eine sehr willkürliche Restauration, wie es damals eben üblich war, und erst in neuester Zeit hat man diese Ergänzungen wieder entfernt. Peter Kaufmann schuf auch Büsten seiner Cousine und italienischer Dichter fürs Pantheon. Die Pantheonbüsten kamen alle 1830 aufs Capitol. An den anspruchsvollen Unterhaltungen der Abendgesellschaften hat er sich vielleicht weniger beteiligt; seiner Cousine war er aber bis zu ihrem Tode ein ergebener Freund und Beistand, und so wird er im Testament bevorzugt behandelt. Dort ist zu lesen: *»als eine Erkenntlichkeit seiner Mühe und getreue Versorgung meiner häuslichen Geschäfte überlasse ihm alle mein teutsche und italienischen Bücher, alle eingeschnittenen Kupferstiche nebst der von mir gemachten gemählten, und alle in Bücher gebundene Kupferstiche.«* Außer den eigenen Bildern hinterließ sie ihm auch ein Porträt, das der berühmte Reynolds in London von ihr malte.

Das mehrfach erwähnte Testament Angelicas wartet mit einer pikanten Überraschung auf: Die Erblasserin schreibt in diesem Dokument ihren Namen unerwartet mit nur einem f, und dies auch, wenn sie ihren Vater oder andere Angehörige erwähnt. Ihr heute noch in der Schweiz lebender Verwandter und stolzer Besitzer des Testaments erklärt dies so, dass sich Angelica mit der Änderung der Schreibweise auf ff von den »gewöhnlichen« Leuten dieses Namens absetzen wollte und nur für das amtliche Dokument zur korrekten Schreibart zurückfand. Ein klein wenig Stolz durfte die gefeierte Künstlerin sicher für sich beanspruchen.

Die Revolution und die Besetzung Roms überfielen Angelica auf der Höhe ihres Wirkens. Zwar wurde sie nicht belästigt, die gesellschaftlichen Grundlagen ihrer Erfolge gingen jedoch verloren. Ihr Stil der Poesie, des Charmes, der Lieblichkeit war nicht mehr in Mode. Die strengeren Auffassungen, Schlichtheit und Realismus, konnte sie sich nicht mehr aneignen.

Schon längere Zeit krank, starb Angelica Kauffmann am 5. November 1807. Canova organisierte eine große Leichenfeier. Mitglieder der Accademia di S. Luca trugen den Sarg nach S. Andrea delle Fratte, wo sie ihre Ruhe an der Seite ihres Mannes fand, unweit ihrer Wirkungsstätte.

Die Nazarener

Am 15. Mai 1810 kamen vier hoffnungsvolle Kunststudenten aus Wien in Rom an: Johann Friedrich Overbeck, aus Lübeck gebürtig; Franz Pforr, ein Frankfurter; Ludwig Vogel und Konrad Hottinger, zwei Zürcher. An der Wiener Kunstakademie war es damals üblich, nicht nach der Natur zu arbeiten, sondern als Übung alte Meister zu kopieren und nach Gipsabgüssen antiker Statuen zu zeichnen. Das widersprach den Vorstellungen der vier Rebellen und sie gründeten mit ihren Mitschülern Josef Sutter aus Linz und Josef Wintergast aus Wallergastein am 20. Juli 1809 die »Lukasbrüderschaft«, eine Art abgesonderter Malergilde. Die obenerwähnten Vier exponierten sich dabei besonders stark und zogen es vor, die Schule zu verlassen. Ihre erste Unterkunft in Rom war die Villa Malta am Pinciohang, während Jahrhunderten das Heim von Künstlern und Forschern aus nördlicherern Gauen.

Im Kloster S. Isidoro

Nach drei Monaten wurden die Lukasbrüder zufällig auf das nahegelegene Kloster S. Isidoro aufmerksam – Napoleon hatte es aufgehoben und die irischen Mönche verjagt –, so dass die Künstler sich in den leerstehenden Räumen einnisten konnten. Es begann ein asketisches Mönchsleben, nicht allein des fehlenden Geldes wegen, sondern auch völlig den Vorstellungen der jungen Männer entsprechend. Die lange Haartracht scheint eines ihrer Merkmale gewesen zu sein. Jeder Bruder arbeitete tagsüber in seiner Zelle, sie trafen einander in der Regel nur abends zum bescheidenen Mal, zum gemeinsamen Aktzeichnen.

Damals wird unter den bereits in Rom anwesenden Deutschrömern – so nannten sich die vielen Künstler deutscher Sprache und verwandter Idiome – für die sonderbaren Neulinge die Bezeichnung »Nazarener« aufgekommen sein, ihrer belächelten Lebensführung wegen und wegen der religiösen Motive, die sie bevorzugten.

Die Gruppe blieb klein. Mit Sicherheit kennt man nur zwei Zuzügler, Giovanni Colombo aus Brixen und den schon erwähnten Josef Wintergast; dagegen reiste Konrad Hottinger bereits am 19. September 1811 wieder ab. Ausserhalb ihrer Klostermauern hat-

ten die Künstler jedoch manchen Sympathisanten. Der für die Zukunft wichtigste ist Peter Cornelius (1783- 1867) aus Düsseldorf, der am 14. Oktober 1811 in Rom ankam, zusammen mit Chr. Xeller aus Biberach. Sie wohnten an der nahen Via Porta Pinciana. Bereits anfangs des gleichen Jahres waren der Maler Wilhelm Schadow und sein Bruder Rudolf, der Bildhauer, aus Berlin eingetroffen und nahmen Quartier in der weitbekannten Künstlerherberge der Witwe Buti an der Via Sistina, wo ziemlich alles verkehrte, was von jenseits der Alpen kam, nicht zuletzt der schönen Töchter wegen.

Als Franz Pforr am 16. Juni 1812 in Albano starb, wo er Heilung von seinem Lungenleiden vergeblich gesucht hatte, gab man die Klostergemeinschaft auf und bezog Wohnungen im Palazzo Guarnieri an der Via Pinciana 37, wo in der Folge noch mancher Künstler Unterschlupf fand, gegenüber dem Heim von Cornelius und Xeller.

Die Casa Bartholdy

Nach Jahren der Entbehrung winkte den Lukasbrüdern im Mai 1816 ein erster grösserer Auftrag. An der Piazza della Trinità dei Monti bewohnte der preussische Generalkonsul Bartholdy den Palazzo Zuccari und beauftragte Overbeck und Cornelius, die in nächster Nähe wohnten, ein Zimmer mit Arabesken zu schmücken. Es gelang den beiden, ihren Auftraggeber zu überzeugen, wieviel prächtiger grossformatige Bilder wirkten und schlugen Szenen aus der Biblischen Geschichte, von Joseph und seinen Brüdern vor. Ein kühnes Unterfangen, hatte doch noch keiner Erfahrung in der Frescotechnik. Aber man erlernte sie.

Overbeck malte den »Verkauf Josephs nach Ägypten« und »Die sieben mageren Jahre«. Seine Bilder verraten die Studien, die er vor Raffaels Fresken im Vatikan betrieben hatte. Cornelius schuf die »Deutung der Träume« und »Die Brüder erkennen Joseph«. Er hatte vor allem Signorelli als Vorbild gehabt. Zu Overbeck und Cornelius gesellten sich im Verlaufe der Arbeit Wilhelm Schadow und der ebenfalls aus Berlin stammende Philipp Veit, der von November 1815 bis Sommer 1830 in Rom lebte.

Die Casa Bartholdy oberhalb der Spanischen Treppe, wo die Nazarener ihren ersten Erfolg errangen

Letzterer schuf ganz im Stile Cornelius' sanft und leidenschaftslos »Die sieben fetten Jahre« und fügte sich so problemlos ins Gesamtwerk ein. Schadows Beitrag ist »Der blutige Rock« und »Joseph im Gefängnis« – es sollten seine besten Werke bleiben. Wenn auch nicht unmittelbar finanziell, so doch für die Zukunft hatte sich das Werk bestimmt gelohnt. Jedermann in der Stadt sprach von den Fresken in der Casa Bartholdy; Schlangen von Schaulustigen bildeten sich vor dem Haus des Konsuls.

Das Casino Massimo

Aufmerksam wurde auch der Marchese Carlo Massimo, trat mit Cornelius in Verhandlungen und gab ihm und Overbeck im Februar 1817 den Auftrag, das Casino seiner Villa beim Lateran auszumalen. Die Aufgabe war, drei Zimmer, ein mittleres grosses und zwei flankierende kleinere zu schmücken. Ein vierter Raum hätte Bilder nach Petrarca erhalten sollen, doch dieser Plan wurde bald fallengelassen, wie überhaupt das ganze Werk von Komplikationen begleitet wurde, sich über zehn Jahre hinzog und im Verlaufe der Zeit ein halbes Dutzend Künstler beschäftigte.

Einer der beiden Seitenräume war Cornelius zugeteilt worden für Dantes »Göttliche Komödie«, doch schon in der Vorbereitungsphase wurde er von Kronprinz Ludwig von Bayern nach München berufen. Dort hatte er die Glyptothek mit Fresken geschmückt, die im 2. Weltkrieg leider zugrunde gingen. Philipp Veit schuf das Deckengemälde »Das Paradies«; die Seitenwände stammen vom Tiroler Josef Anton Koch, der 1795 nach Rom kam und 44 Jahre bis zu seinem Tod blieb – ein profunder Kenner von Dantes Werk, der große Teile auswendig zitierte. Er malte »Das Fegefeuer« und »Die Hölle«.

Overbecks Wirkungsfeld war der zweite Seitenraum. Sein Thema, Tassos »Befreites Jerusalem«, zeigt unter anderem Szenen aus dem Kampf der Kreuzritter um die Heilige Stadt. Einige kleinere Bilder stammen vom neu nach Rom gekommenen jungen Böhmen Joseph Führich, der von Januar 1827 bis Juli 1829 blieb. Das mittlere, größte Zimmer wurde Julius Schnorr von Carolsfeld (1794-1872) zugesprochen, ebenfalls ein Nachzügler; er kam im Januar 1818 aus Leipzig, malte Szenen aus dem »Rasenden Roland« von Aristot auf drei großen Wänden. Er arbeitete von 1822 bis 1827 und reiste darauf unmittelbar nach Hause zurück. Dort schuf er sein Hauptwerk, eine Bilderbibel, bestehend aus 240 Hozschnitten.

Der fürstliche Mäzen

Die Ausschmückung des Casino Massimo war die letzte Kollektivarbeit der Nazarener, nicht aber das Ende ihres Schaffens in der Ewigen Stadt. Die nationale Erhebung Deutschlands förderte auch unter den Deutschrömern das Selbstbewußtsein, besonders als 1818 Kronprinz Ludwig von Bayern erstmals Rom besuchte, während dreier Monate mit dem Künstlervolk zusammenlebte, es nach Möglichkeit unterstützte. Zeugnis hierfür ist das bekannte Bild von Franz Catel, das den Gönner in der Spanischen Trattoria an der Ripa Grande zeigt, inmitten seiner Freunde beim fröhlichen Gelage. Auch als König kam Ludwig immer wieder nach Rom, kaufte die Villa Malta am 14. April 1827.

Unvergesslich blieb das Abschiedsfest, das die Künstlerschar ihrem verehrten Mäzen am 29. April 1818 in der Villa Schultheiss auf den Monti Pariolo aufzog. Künstlerischer Leiter des Unternehmens war Cornelius, die Architekten bauten Atrappen, die Maler schufen Kulissen und allegorische Gemälde, Rückert war der verantwortliche Poet, aber auch der »Teufelsmüller« und selbst Gesandtschaftssekretär Kestner trugen vor. Alles war mit Girlanden verziert und Böllerschüsse begrüßten die Gäste. Deren kamen um die 120, darunter die Diplomaten aus deutschen und zugewandten Staaten. Unter den Damen sah man Frau von Humboldt, Dorothea Schlegel und Henriette Hertz. Die meist einheimischen Künstlerfrauen ersetzten den fehlenden berühmten Namen durch den römischen Charme.

Künstlerfeste

Im Anschluss an den Wiener Kongress nahm der Fremdenverkehr enorm zu, ein Heer vornehmer und zahlungskräftiger Besucher aus Deutschland überschwemmte Rom; davon profitierten auch die Künstler. In diese Zeit verhältnismässigen Wohlstandes fallen auch die ersten Künstlerfeste. Das vielleicht erste wurde im Februar 1818, am Geburtstag der beinahe angebeteten Caroline von Humboldt gefeiert, der Gemahlin des preussischen Gesandten. Kleinere und größere Feste wurden seit jeher abgehalten, sei es draussen beim Grabmal der Caecilia Metella an der Via Appia, auf dem Monte Mario oder oben in Tivoli.

SPAGN
DIVERS

Es war Brauch, einen von Rom scheidenden Kameraden bis zum Ponte Molle zu begleiten, natürlich auch Ankommenden bis dorthin entgegenzuziehen; und deshalb ist nach dieser Brücke die Ponte-Molle-Gesellschaft benannt worden, die erste Künstlervereinigung deutscher Sprache. Ihr Hauptquartier war lange Zeit die finstere Höhle des Chiavica an der Piazza Barberini, wo der Maler Nerly aus Erfurt den Ton angab und Generalissimus genannt wurde. Jeder Neuankommende wurde dort festlich empfangen, mit ironischem Ernst, umständlichem Zeremoniell und vielen Rezitationen satirischer Gedichte. Schliesslich erhielt er als Höhepunkt den Bajocco-Orden, in Anlehnung an die kleinste, fast wertlose Kupfermünze.

Nerly war auch der Organisator der alljährlichen Frühlingsfeste, die ab 1820 draussen bei den Grotten von Cervaro stattfanden, Sie begannen mit einer »Truppenschau« vor der Porta Maggiore; voran das Fußvolk mit martialisch drohenden Waffen, wenn auch nur aus Holz. Es folgten die Zugochsen mit ihren Wagen voll Lebensmittel und Weinfässchen, zum Schluss die Kavallerie hoch zu Ross, beziehungsweise zu Esel. Der hannoveranische Gesandte nannte das ganze *»eine Masse geistreicher Torheiten mit friedlicher Ausgelassenheit«*. Ganz so friedlich wird es nicht immer zugegangen sein, sonst hätte nicht mehrmals die Polizei die Heimkehrenden beim Betreten der Stadt in Empfang genommen.

Die Ausstellungen

Dass neben ausgelassenem Treiben auch ernsthaft gearbeitet wurde, davon zeugen unter anderem die Kunstausstellungen. Die erste fand statt, als 1819 das österreichische Kaiserpaar Rom besuchte. Im Palast der preussischen Gesandtschaft wurden Werke von 43 Künstlern ausgestellt, wobei unter den Malern die Nazarener dominierten. Zur zweiten Ausstellung kam es 1828, als Kronprinz Friedrich Wilhelm von Preussen kam; Hauptvertreter der Nazarener waren Overbeck, die Brüder Veit – außer dem bereits erwähnten Philipp wohnte seit 1811 sein Bruder Johann in Rom und blieb, mit einer Unterbrechung bis zu seinem Tod 1854 – und Schnorr von Carolsfeld.

Franz Catel, König Ludwig I. von Bayern
im Kreise seiner Künstlerfreunde in der spanischen Trattoria, 1824
Neue Bibliothek München

ANTICO CAFFÉ GRECO
86
TEA ROOM

Den Ausstellungen wäre eine gute Entwicklung verheissen worden, wenn nicht die politischen Wirren eingesetzt hätten. Ende 1848 zog Garibaldi in Rom ein; die meisten Ausländer flohen, die fruchtbare Zeit der Nazarener war vorbei. Einzig Overbeck und der immer wieder für kürzere Zeit zurückkehrende Cornelius schufen noch auf verlorenem Posten.

Das Caffé Greco,
erste Anlaufstelle für jeden ankommenden deutschsprachigen Künstler

Der protestantische Friedhof

Als Wilhelm von Humboldt, der preußische Gesandte in Rom, zu Anfang des 19. Jahrhunderts seine zwei Söhne verlor, wies ihm Papst Pius VII. ein Gelände bei der Cestius-Pyramide als letzte Ruhestätte der Kinder zu. Auch früher schon sind dort Nichtkatholiken beerdigt worden, doch lag das Areal völlig offen im Gelände, Herden weideten darüber; und die Grabstätten blieben wohl, da Angehörige oft fehlten, unbetreut. Es bedurfte des Unglücks, das den berühmten Gelehrten und Staatsmann traf, um aus dem offenen Feld einen würdigen Friedhof der Protestanten werden zu lassen.

Dicht an die Aurelianische Stadtmauer und an die Pyramide gelehnt, ist der Friedhof der Fremden mit seinen herrlichen Zypressen und Pinien zur denkbar schönsten irdischen Endstation vieler Wahlrömer geworden. Manche sind in die Ewige Stadt gekommen, hier die Erfüllung ihrer Sehnsucht zu suchen, und haben dabei den Tod gefunden; andere hatten die Krankheit schon mitgebracht und unter der südlichen Sonne die Heilung vergeblich erhofft; und manche haben erst nach reichen Jahren der Romtrunkenheit ihr Leben hier in Frieden beendet.

Da stehen auf Säulentrümmern, Stelen und Sarkophagen viele große Namen, denen und ihrer Zeit sich stundenlang nachträumen läßt im Schatten eines Strauches, wenn man nur genügend Zeit sich gönnt, besonders im älteren Teil der Anlage, wo die Male einzeln stehen, weit verstreut auf dem wohlgepflegten Rasen. Da erinnern zwei Säulen an die beiden Humboldt-Kinder. Der Vater hatte sich inständig darum beworben, an den Ort gesandt zu werden, *»in dem sich das ganze Altertum in eins zusammenzieht«*. Die Erfüllung seines Wunsches brachte ihm den Beginn seines Erfolges, aber auch schmerzlichen Verlust. Seine Wohnung, anfänglich in der Villa Malta, später im Palazzo Tomati, beide ob der Spanischen Treppe, wurde schnell zum gesellschaftlichen Mittelpunkt der deutschen Künstlerkolonie und stand auch allen anderen weit offen. Endlos ist die Liste derer, die dort ein- und ausgingen, besonders auch dank der unermüdlichen Fürsorge der Hausherrin Karoline. Ihre Vorurteilslosigkeit ließ sie auch mit den oft aus einfachsten Kreisen stammenden römischen Frauen der Künstler verkehren. Die italienische Zimmervermieterin im Hinterhause des Palazzo Tomati, bei der unter anderem der berühmte Thorwaldsen wohnte, zählte sie zu ihren Freundinnen.

Die Cestiuspyramide, eingemauert in die Aurelianische Mauer,
Wegweiser zum Friedhof der Nichtkatholiken

Noch ein anderer preußischer Gesandter musste zwei Kinder in diese Erde geben: von Bunsen, der 1816 als Reisebegleiter eines Engländers nach Rom kam, heiratete, in den diplomatischen Dienst trat und bis 1838 hier wirkte. Auch der englische Dichter Shelley hat seinen Sohn unter diesen Rasen gebettet, wenige Jahre bevor sein eigenes heißes Herz hier seine Ruhestätte finden sollte.

Jakob Asmus Carstens' Grabmal steht hier, des Zeichners und Malers, der 1792 mit einem Stipendium der Berliner Akademie ankam und leidenschaftlich seine Ansichten über Kunst verteidigte und den saloppen Betrieb in Rom angriff. Wenn im Caffè Greco der Lärm und die Wortgefechte allzu unerträglich wurden, mag er sich oft in seine Bude an der Via Babuino zurückgezogen haben, im Künstlerviertel bei der Spanischen Treppe, wo auch jetzt noch Galerie an Galerie sich reiht und wo eingeweihten »Nordländern« es auch jetzt noch am wohlsten ist, selbst in einer primitiven Klause.

Nahe den Humboldt'schen Kindern liegt einer, der seinen Namen nicht für Jahrhunderte auf den Grabstein gemeißelt haben wollte, der von sich selber behauptete, er habe *»nur in Wasser geschrieben«*. Und doch war John Keats einer der größten Vertreter der englischen Romantik, wiewohl sein kurzes, leidvolles Leben nicht ausreichte, ihm den vollen Erfolg zu schenken. Neunjährig verlor er den Vater, mit fünfzehn die Mutter. Die Freundschaft mit Shelley bewog ihn, das Arztstudium der Dichtung zu opfern. Seine Werke sind in wenigen Jahren entstanden, die Tuberkulose ließ ihm wenig Zeit. Schwer krank reiste er in Begleitung des Malers Severn nach Süden, im milden Klima vergeblich die Rettung suchend. Vom November 1820 bis zu seinem Tod am 23. Februar 1821 wohnten die Zwei, Zimmer an Zimmer im Eckhaus zu Füßen der Spanischen Treppe. Die letzten zehn Wochen harrte Severn Tag und Nacht am Lager des Todkranken aus, bis der Tod ihm die Wache abnahm. Englische und amerikanische Verehrer haben die Wohnung zu einer kleinen Gedenkstätte gestaltet für Keats, Severn und Shelley.

Auch Shelley starb in Rom, ein Jahr nach Keats, und wurde auf dem Protestantischen Friedhof begraben. Severn lebte noch 58 Jahre in der Ewigen Stadt, pflegte treu das Grab des Freundes und erhielt sein eigenes drei Schritte daneben. Den schmalen Raum dazwischen nimmt ein Kindergrab ein: Hier begrub Severn sein kleines Söhnchen.

Grabmal des kleinen Wilhelm Humboldt;
zwei Kinder musste Wilhelm v. Humboldt der römischen Erde anvertrauen

CIRCVLARIS . AREA
TERMINIS . CINCTA . P . CLXXX
CVIVS MEDITVLLIO . TVMVLVS
IVNIORIS . AB
LOCVS . SEPVLTVRAE . PVBLICE
GVLIELMO AB . HVMBOLDT
REGIS . BORVSSORVM
SVMMVM . PONTIFICEM
POSTERISQVE . EIVS

Shelleys Grab liegt ganz oben an der Aurelianischen Mauer, im neueren Teil des Friedhofs, wo Grab an Grab sich drängt in langen Reihen. Auch diesem Dichter war nur ein kurzes Leben gegönnt, das er ganz in den Dienst der Freiheit stellte. Noch in England schrieb er einmal die Worte: *»Ich möchte in eines jener Boote steigen und Schiffbruch leiden; es wäre ein Tod, wünschenswerter als jeder andere.«* Am 8. Juli 1822 ertrank der begeisterte Segler im Golf von Spezia in einem Sturm. Die Wogen schwemmten den Leichnam ans Ufer, sein Freund Byron errichtete ihm einen Scheiterhaufen, verbrannte ihn wie die alten Griechen ihre Helden. Und das Herz begrub man in Rom. Es gibt wohl kaum einen zweiten Atheisten, der mit einem so überströmenden Herzen die ganze Welt liebend umfangen wollte wie Shelley. *»Cor cordium«* steht auf seinem Grab.

Ohne es zu suchen, bin ich auf das Grab des Heilbronner Romantikers Wilhelm Waiblinger gestoßen. Er hat als erster die Größe Hölderlins erkannt und ihn zum Helden seines Erstlingromans »Phaedon« gemacht. Eine der schönsten Novellen Hermann Hesses, »Im Presselschen Gartenhaus«, schildert das Freundespaar Waiblinger-Mörike als Studenten im Theologischen Stift Tübingen und seine Beziehungen zum kranken Hölderlin. Waiblingers theologische Studien mißlangen ebenso wie frühere juristische. Schon seine Mutter entsetzte sich über den unsteten Knaben: *»Welch ein unruhiger Mensch bist du doch, und was soll einst aus dir werden?«* Sein Bildungshunger ließ ihn schon als Kind Homer und deutsche Klassiker studieren. Er erzwang sich den Eintritt ins Tübinger Stift, in welcher Zeit zahlreiche Gedichte und Prosawerke entstanden.

Auf Ferienwanderungen 1824 und 1825 machte Waiblinger erstmals Bekanntschaft mit Italien, das ihm zum Schicksal werden sollte. Denn als er ein Jahr später von der Schule ausgestoßen wurde, floh er ins Land seiner Sehnsucht, nach Rom, wo freiere Sitten, andere Gesetze galten als im bürgerlichen Zuhause. Aber zu seinen idealistischen Vorstellungen, zur schwärmerischen Verehrung von Griechentum und Renaissance gesellte sich schnell bittere Not. Dennoch - nichts konnte ihn zur Rückkehr bewegen, lieber ließ er sich seines defekten Anzuges wegen von der Künstlerkolonie verspotten. Genelli, Historienmaler aus Berlin, der zeitweise selber am Hungertuch nagte, zeichnete ihn als Bettlerpoet.

Wilhelm Waiblinger,der Dichter aus Heilbronn,
hat sich auch in grösster Not nicht von seinem Rom trennen können

WILH. FR. WAIBLINCER
ZU HEILBRONN D. 21 NOV. 1804
ZU ROM D. 17 IANUAR 1830
ANDENKEN DES DICHTERS
VON SEINEN FREUNDEN
IM SCHVABENLANDE

Langsam nur kam der schwäbische Dichter zu Erfolg. Graf Platen, der mit Unterbrechungen während der genau gleichen Zeit in Rom lebte wie Waiblinger, setzte sich für ihn ein. Verschiedene Zeitungen Deutschlands druckten die zugesandten Aufsätze, der Berliner Verleger Reimer die größeren Werke. Die notwendigsten materiellen Bedürfnisse waren befriedigt, nicht aber der ruhelose Geist. Auf unzähligen Wanderungen durchstreift der Jüngling Italien, erklimmt Gebirge in größter Sonnenglut wie im strömenden Regen. Von einer Krankheit kaum genesen, rast er nach Sizilien, kehrt wieder krank im Oktober 1829 nach Rom zurück und findet am 17. Januar 1830 auf dem Protestantischen Friedhof für immer die Ruhe.

Dicht neben Waiblingers Grab, ein zweites, eingerahmt von zwei mächtigen Zypressen: »Goethe Filius patri antevertens obiit« - Goethe, der Sohn, dem Vater vorangehend. Man fühlt es aus den wenigen Worten, wie schwer es zu leben war, neben diesem übermenschlichen Vater; die großen, engstehenden Bäume, fast das Grabmal erdrückend, scheinen für ihn zu stehen. Goethes Sohn liegt hier ohne eigenen Namen, als hätte er kein eigenes Leben gelebt. Fast fünfzig Jahre vor Augusts Tod betrat der Vater auf der Piazza del Popolo erstmals römischen Boden, und am 1. November 1786 verriet der aus der Heimat Geflüchtete in einem Brief seinen Aufenthaltsort: *»Kaum wagte ich mir selbst zu sagen, wohin ich ging, selbst unterwegs fürchtete ich noch, und erst unter der Porta del Popolo war ich gewiß, Rom zu haben.«* Es folgten begeisterte Berichte, und am zehnten Tage seines Romaufenthaltes heißt es im Tagebuch: *»Heute war ich bei der Pyramide des Cestius und abends auf dem Palatin...«* Seine siebte Römische Elegie, die so stürmisch anhebt mit *»o wie fühl ich in Rom mich so froh!«* läßt der Dichter mit dem Gedenken an Pyramide und Friedhof enden:

»Dulde mich, Jupiter, hier, und Hermes führe mich später,
Cestius' Mal vorbei, leise zum Orkus hinab.«

Der Vater Goethe flüchtete nach Rom, um sich aus Bindungen zu befreien, die seiner Entwicklung im Wege standen, der Sohn aus Verzweiflung. Noch vor dem Tode Augusts im Jahre 1830 gab Goethe einem nach Rom fahrenden Archäologen einen Brief mit auf den Weg mit den prophetischen Worten: *»Mein Sohn ist also, sowohl über als unter der Erde, wohl empfohlen«* Die Todesnachricht überbrachte ihm August Kestner, der Sohn von Lotte Buff, der Lotte aus dem Werther.

Goethes Sohn August ruht dort, wo der Vater sich ein Grab gewünscht hat

GOETHE FILIVS
PATRI
ANTEVERTENS
OBIIT
ANNOR XL
MDCCCXXX

Dreiundzwanzig Jahre später wird der Überbringer der Unheilsbotschaft auf dem gleichen Gottesacker begraben, nur wenige Schritte von August Goethe entfernt - fast ein zweiter Sohn des Olympiers. Auch er war einer der vielen, denen Rom zum Lebensinhalt wurde. Nach einem ersten Aufenthalt 1809 kam er nach acht Jahren zurück als Diplomat, Kunst- und Künstlerfreund, und blieb bis zu seinem Tod im Jahre 1853.

Der Entdeckungen ist kein Ende. Nahe bei Goethes Sohn findet man die Gräber des Malers Hans von Marées und des Architekten Gottfried Sempers. Hier ruht auch Malvida von Meysenburg, die Freundin Nietzsches, Wagners und Romain Rollands.

Selbst auf einem Friedhof ist ein Lächeln erlaubt, steht man vor dem Grab eines Karl Phillipp Fohr, einer der Hauptfiguren bei den phantastischen, von Humor und Lebensfreude überschäumenden Künstlerfesten und Trinkgelagen der Ponte-Molle-Gesellschaft, berühmt-berüchtigt bei Einheimischen wie Fremden; und der Hamburger selber verkehrte daneben in den höchsten römischen Kreisen.

Wie könnte man bei Reiffenstein achtlos vorübergehen, dem Maler, Altertumsforscher und Kunstfreund, der anfänglich an der Via Condotti wohnte, später im Palazzo Zuccari. War das ein vielgerühmtes Zentrum der Kunst, das Heim des Junggesellen Reiffenstein, Freund Winckelmanns und Mengs! Nur ein einziger Salon der Stadt konnte mit der Casa Zuccari konkurrieren; er lag direkt gegenüber, an der Via Sistina: Angelica Kauffmann wohnte dort.

Bei keinem Besuch dieses stimmungsvollen Ortes habe ich mehr als einige wenige Besucher angetroffen, Deutsche und Engländer meistens. Ich kann es nicht bedauern. Für mich sind es jedesmal kostbare Stunden der Erholung und Besinnung nach anstrengenden Romtagen, wie sie nur wenige andere Orte der Ewigen Stadt gewähren, der Palatin etwa oder die Anlagen der Villa Borghese.

Römische Villen

Alle Großstädte beklagen das Schwinden der Grünflächen, das Absterben der noch verbliebenen Bäume. Rom ergeht es nicht anders. Und doch – es gibt wenig Städte, in denen der prozentuale Anteil der Parks und Gartenanlagen an der Gesamtfläche noch so erfreulich groß ist. 3000 ha messen allein die öffentlichen Parks, 1400 Alleebäume säumen die Strassen; dazu kommen die Gärten in Privatbesitz.

Zum Glück, denn die Ewige Stadt hat ihre Lungen eher nötiger als die meisten anderen Städte. Ihr Verkehr ist ein einziges Chaos. Es zirkulieren rund zwei Millionen Autos für offiziell drei Millionen Einwohner; in Wirklichkeit sollen rund 5,5 Millionen die Stadt bevölkern.

Mehrspurig wälzen sich die Autokolonnen durch die Strassen, und selbst die engste Strassenschlucht der Altstadt dient ohne Gehsteig wenigstens als Einbahnstrasse. Parkverbottafeln gibt es viele, sie werden aber selten eingehalten – man kann es gar nicht. Mit aufheulenden Motoren überholen die Motorräder Autobusse und Reisecars; die Mopeds der Jugendlichen geben sich alle Mühe, die fehlenden PS wenigstens durch Phon-Leistungen zu ersetzen. Die Lebensgefahr für die Fußgänger ist jedoch nicht so groß wie man befürchten könnte, denn die Römer beherrschen ihre Macchina auf zauberhafte Weise, und selbst das lauteste Autoradio kann ihre Aufmerksamkeit kaum mindern. Vielleicht wäre Rom schon längst in seinen Auspuffgasen erstickt, hätte ihm ein gütiges Geschick nicht einen grossen Teil seiner Grünflächen erhalten, herrlich weitläufige Villen und Parkanlagen, wie sie schon vor zweitausend Jahren geschaffen wurden.

Die Villa Borghese

Einer der schönsten und größten Parks der Stadt ist die Villa Borghese, noch immer, obwohl die Bausucht auch ihr manches Randgebiet abgezwackt hat. Der Kardinal Scipione Caffarelli, der Neffe von Papst Paul V., hatte die Weinberge der Familie anfangs des 17. Jh. in einen Park umgewandelt, mit weiten Jagdgebieten, Wiesenlandschaften und Seen.
Am Nordrand der Villa entstand gleichzeitig das Casino, das die Kunstsammlung Scipione Borgheses aufnahm, die reichste Privatsammlung der Welt, die er sich unter Einsatz seines grossen Vermögens aufbaute. Als beispielsweise die Mönche von S. Maria della Vittoria auf ihrem Boden den berühmten Hermaphroditen fanden, errichtete er ihnen, um das Kunstwerk zu bekommen, die neue Kirchenfassade.

Im Jahre 1902 kaufte der italienische Staat die ganze Villa samt Casino und Kunstsammlung und überliess alles der Stadt Rom. Das Museum enthält, neben antiken Skulpturen, die berühmten Frühwerke Berninis. Die Bildergalerie umfasst vor allem Werke der Renaissance und des Barocks, Meisterwerke von Botticelli, von Perugino und von seinem Schüler Raffael, Tizians »Himmlische und irdische Liebe«, Bilder von Correggio, Veronese, Caravaggio, Domenichino und Rubens.

Gleich im ersten Saal des Erdgeschosses fällt dem Besucher ein Meisterwek Antonio Canovas auf, das sich auf das Urteil des Paris bezieht. Eris, die Göttin der Zwietracht, hatte bei einem Hochzeitsfest der Götter einen goldenen Apfel mit der Aufschrift »Der Schönsten« in die Runde geworfen, wohl wissend, dass dies mit Sicherheit zum Familienkrach im Olymp führen würde. Zum Wettkampf traten drei Göttinnen an: Hera, Athena und Aphrodite, die bei den Römern Venus heißt. Paris, der jugendliche Sohn des Priamos, wurde zum Richter erkoren. Alle drei Göttinnen versuchten mit Bestechung zum Ziel zu kommen: Hera versprach dem Schiedsrichter Macht, Athena offerierte Ruhm in der Schlacht, Venus aber die schönste Frau der Welt. Für das Geschenk der Venus – wer könnte es ihm verargen? – entschied sich Paris; er war ein Idealist, nicht auf materielle Güter erpicht. Und Venus hielt ihr Versprechen, sie half dem Königssohn aus Troja beim Raub der Helena, der Königin von Sparta. Daraus entstand der Trojanische Kreig.

Im Casino der Villa Borghese Canovas »Venus Victrix«, die sieghafte Venus – Modell war die Fürstin Paola Borghese, die Schwester Napoleons

Canova zeigt uns die Venus Victrix, die sieghafte Göttin der Schönheit, wie sie sich nach ihrem Sieg auf ein Ruhebett gelegt hat, in der Hand noch den goldenen Apfel. Solche Darstellungen aus der Mythologie gibt es unzählige; diese aber ist etwas ganz besonderes: Modell dazu war Paoline Bonaparte, die Schwester Napoleons und Gemahlin von Fürst Camillo Borghese. Und Canova war ein großer Künstler, der einen makellosen Körper aufs Schönste zu kopieren wußte.

Die adeligen Damen Roms zeigten sich entrüstet, die Herren waren tief beeindruckt. Mit vorwurfsvollem Ton: *»Wie konnten Sie auch so völlig nackt Modell sitzen?«* – und die Antwort lautete schlicht: *»Weil der Raum gut geheizt war.«* Paolina brachte eben aus Paris nicht ganz die gleichen Moralvorstellungen mit wie sie in Rom herrschten, kehrte später auch gerne nach Paris zurück. Aber noch einige Jahre später kam sie zusammen mit weiteren Familiengliedern wieder nach Rom – als Flüchtling vor der Französischen Revolution, und Papst Pius VII. nahm sie alle gütig auf.

Für das römische Volk ist die Villa Borghese vor allem ein günstig gelegener Erholungspark. Mütter führen ihre Kinder aus, Männer ihre Hunde. Familien lassen sich zu einem üppigen Mahl nieder, von dem sie so schnell nicht wieder aufstehen, ausser zu einem Fußballspiel.

Die Villa Albani

Unweit der Galleria Borghese liegt die Villa Albani, noch heute allgemein unter diesem Namen bekannt, besonders unter den Kunstfreunden, obschon sie seit 1866 der Familie Torlonia gehört, auch weil es mehrere Torlonia-Paläste und -Villen gibt. Erbaut hat die Villa Kardinal Alessandro Albani 1758-79 zusammen mit seinem Freund und Ratgeber Johann Joachim Winckelmann, dem Begründer der modernen Archäologie, für seine reiche Antikensammlung – nach Mass sozusagen, indem sie schon bei der Planung des Casinos und der Gartenanlage genau berücksichtigten, wo sie die grösseren platz- und luftheischenden Kunstwerke aufstellen wollten.

Angelica Kauffmann,
Joh. Joachim Winckelmann, 1764
Kunsthaus Zürich

Winckelmann kam 1755 nach Rom, machte 1758 eine Studienreise nach Neapel und zu den Ausgrabungen von Pompeji und Herculaneum, wurde darauf Bibliothekar und Aufseher über die Sammlungen von Kardinal Albani. 1763 ist Winckelmann Oberaufseher über die Antiken von Rom und der Umgebung, ein Jahr darauf erscheint sein Hauptwerk »Geschichte der Kunst des Altertums«. 1768 folgt eine Einladung nach Deutschland, er kehrt in München um, weil er glaubt, ohne Rom nicht leben zu können, und wird in Triest ermordet.

Heute ist nur noch ein Teil der großen Albani-Sammlung vorhanden. Gegen dreihundert Kunstwerke entführte Napoleon nach Paris, wo sie später, um die Kosten des Rücktransportes einzusparen, verkauft wurden. Manches Werk der Münchner Glyptothek stammt von dort. 42 Skulpturen kaufte Guiseppe Torlonia und diese kamen so nach Rom zurück.

Einmal hat auch das Casino der Villa Albani politische Geschichte geschrieben: Hier wurde nach dem Einmarsch der italienischen Truppen ins päpstliche Rom – bei der nahen Porta Pia zeigt man den Ort, wo sie eine Bresche in die Aurelianische Mauer schlugen – die Urkunde über die Kapitulation Roms und des Kirchenstaates unterzeichnet. Widerstand bis zur Beschädigung der Mauer mussten die Verteidiger leisten, damit das gewaltsame Eindringen des Feindes rechtlich festgestellt werden konnte.

Die Villa Doria Pamphili

Im Westen der Stadt, dort wo die antike Aurelia die Mauer Kaiser Aurelians durchbricht durch die Porta Pancrazio, beginnt der größte römische Park, die Villa Doria Pamphili. Acht Kilometer Umfang hat sie, ist schon fast kein Park mehr, eher eine ganze Landschaft mit Hügeln und Tälern, mit Pinienwäldern und Wiesen, mit Zedern und Eichen, mit Brunnen und Teichen, in denen sich Statuen spiegeln.

Doria-Pamphili, die grösste Villa Roms,
besitzt auch ein kostbares Casino,
geschmückt mit antiken Originalen

Entworfen wurde die Anlage 1644 durch Alessandro Algardi für den Fürsten Camillo Pamphili, Sohn der berühmt-berüchtigten Olimpia Maidalchini, die den Papst Innozenz X. übergebührlich beeinflusst hat. Vom Sohn sind keine besonderen Leistungen bekannt, ausser dass er zu seinem geerbten grossen Vermögen durch die Ehe mit der Aldobrandini-Tochter ein zweites dazu erworben hat.

Zentrum der Villa Doria Pamphili ist ein Palast, für dessen Gestaltung sich Algardi von Palladio hat beeinflussen lassen. Sie ist Vorbild geworden für die Barock-Architekten. Der Palast steht auf einem hohen zweistufigen Sockel, der erste davon großflächig mit einer prächtigen Gartenanlage geschmückt, der zweite mit Freitreppen ausgestattet. Die Fassade des vierstöckigen Baues beherbergt in zahlreichen Nischen antike Statuen und Porträtbüsten, prangt mit Girlanden und in die Wand versenkten Reliefs.

Der moderne Verkehr hat die einmalige Parkanlage leider sehr verwundet; er hat eine Autobahn, die Via Olympica, mitten durch die Landschaft gelegt, sie erbarmungslos entzweigeschnitten. Andererseits ist die Villa Doria Pamphili weit genug vom Lärm der Stadt entfernt, dass sie ein Fluchtort für Ruhesuchende geblieben ist.

Die Villa Sciarra-Wurts

Neben den berühmten Parkanlagen der Stadt gibt es zahlreiche kleinere Villen, die obschon öffentlich zugänglich, kaum bekannt sind. Ein unbeachtetes, wirkliches Kleinod ist die Villa Sciarra am nördlichen Hang des Gianicolo, nur den Bewohnern der näheren Umgebung ein Begriff, Treffpunkt der Mütter mit ihren Kindern. Und doch kann sich der Park mit seinem Bestand an prächtigen Eichen, Pinien und efeuumrankten Palmen, den Brunnen, Statuen und Gartenvasen mit den renommiertesten Anlagen messen.

Schon in der Antike war die Gegend mit Gärten überzogen, Cicero erwähnt in seinen Briefen verschiedene Villen, und orientalische Götter hatten hier ihre Tempel.

Sciarra-Wurts,
eine der vielen kleinen Villen, aber eine der schönsten

Wir befinden uns alle auf etruskischem Gebiet, der Tiber war Grenzfluss, und auf dem rechten Ufer und seinem Hinterland wurden zwischen Römern und Etruskern Kriege ausgetragen. Die Sage erzählt aus der Zeit der jungen Republik die Heldentat des Jünglings Gaius Mucius, der sich entschloss ins Lager des Feindes zu schleichen und den verhassten Etruskerkönig Porsenna zu ermorden. Leider tötete er irrtümlicherweise statt des Herrschers einen Schreiber, bekannte sich aber stolz zu der eigentlichen Absicht, sah ohne Furcht dem Todesurteil entgegen, drohte aber dem König, dass noch unzählige junge Pratriziersöhne Roms begierlich darauf warten, den Anschlag mit mehr Erfolg ausführen zu dürfen. Als Beweis für den Mut eines Römers hielt er die rechte Hand in ein Opferfeuer und liess sie, ohne einen Miene zu verziehen, langsam verkohlen. Entsetzt ob soviel tödlicher Feindschaft zog Porsenna mit seinem Heer ab. Gaius Mucius bekam den Zunamen Scaevola, der Linkshänder.

Caesar hatte im Trans Tevere Besitztümer, die er testamentarisch dem Volke vermachte, wie sich nach seiner Ermordung herausstellte. In einer dieser Villen – wenn auch nicht genau am Ort der Villa Sciarra, so doch in der nächsten Umgebung – wohnte von 46 bis 44 v. Chr. die junge ägyptische Königin Cleopatra, die Geliebte des grossen Politikers, mit ihrem Söhnchen Caesarion. Übrigens war sie keineswegs so schön wie die Monumentalfilme sie haben wollen. Plutarch meint, *»ihr Zauber beruhte mehr auf ihrem Geist und ihrer ganzen Persönlichkeit«,* womit sie den grossen Feldherrn sicherlich beeindruckte. Über ihre äussere Erscheinung geben im übrigen die realistischen Münzbilder besser Auskunft als die Stars der Filmindustrie.

Manche Historiker bezweifeln, dass der kleine Caesarion wirklich ein Sohn Caesars sei; aber Romverliebte wählen in solchen Zweifelsfällen immer die romantischere Version, wie sie auch die Heldentaten der alten Römer und die Mythen der Götter mit einer Ernsthaftigkeit vortragen, als ob einige dieser hehren Gestalten hinter der nächsten Strassenbiegung in persona hervortreten. Sie wissen sich verbunden mit den Dichtern und Komponisten, welche ihre Figuren gerne in der Ewigen Stadt auftreten lassen, so Puccini für seine »Tosca« in Sant' Andrea della Valle, im Palazzo Farnese und auf der Engelsburg.

Als es noch Ehrensache war, Beleidigungen mit einem Duell wieder in Ordnung zu bringen, war die Villa Sciarra einer der bevorzugtesten Orte für solche Begegnungen. Zuletzt gehörte die Villa Sciarra dem amerikanischen Diplomaten Wurts. Nach seinem

Tod im Jahre 1933 schenkte die Witwe sie dem italienischen Staat, der sie zum Sitz des Instituto di Studi Germanici machte und die Gärten nach zweitausend Jahren ein zweites Mal dem Publikum öffnete.

Der archäologische Park – ein Zukunftstraum

»Solange das Colysaeus steht, wird auch Rom stehen« verspricht uns der Mönch Beda Venerabilis in seiner Prophezeiung, und man tröstet sich, dass dies wohl eine Ewigkeit halten wird. Nun erschrecken uns die Ingenieure mit der Feststellung, dass die unaufhörlich rollenden Schlangen von Autos, Bussen und Lastwagen selbst diesen Koloss von 100.000 m^3 Travertin langsam aber sicher aus den Fugen rütteln. Nicht umsonst hatten die Erbauer des Amphitheaters seinerzeit die einzelnen Blöcke mittels Metallklammern miteinander verbunden, auch wenn sie Angriffe der modernen Zivilsation nicht ahnten. Spätere Generationen haben die Klammern als überflüssig wieder herausgerissen und anderswo verwendet. Zurückgeblieben sind die vielen Löcher, die also nicht von Schüssen herrühren, wie oft erzählt wird.

Noch schädlicher, wenigstens für den Marmor, sind die Auspuffgase und die zum Teil schlecht unterhaltenen Ölheizungen. Die freigesetzten Schwefel- und Stickstoffverbindungen verwandeln das Kalziumcarbonat des Marmors in Gips, der schichtweise vom nächsten Regen abgewaschen wird. Die Köpfe der Figuren an Denkmälern, noch vor wenigen Jahrzehnten normale Gesichter zeigend, sind zu fast undefinierbaren Kugeln geworden. Es ist ein beschwörender Vorwurf der Restauratoren, das zwanzigste Jahrhundert hätte mehr zerstört als die vorangehenden zweitausend Jahre – was tut das einundzwanzigste?

Seit 1985 träumen die Archäologen, die Romfreunde aller Schattierungen, von der Befreiung der zentralen Ausgrabungsgebiete vom Verkehr. Erste kleine Schritte sind bereits gemacht worden. Eines der grössten Hindernisse ist Mussolinis Prachtstrasse, die Via dei Fori, die er für seine Militärparaden glaubte anlegen zu müssen. Sie führt vom Kolosseum zur Piazza Venezia, quer durch die Kaiserforen, die vorher sorgfältig zu untersuchen den Archäologen die Zeit nicht bewilligt wurde. Heute wälzt sich auf dieser Hauptverkehrsstrasse mehrspurig der Verkehr in beiden Richtungen und bevor er nicht einen anderen Weg gefunden hat, bleibt der Plan blockiert.

Träumen aber ist erlaubt. Das Forum Romanum und die Kaiserforen wären ein einziges grosses Ausgrabungsfeld, unterbrochen durch kleine Rasenflächen; Schaukästen und Tafeln belehrten die Besucher. Wie schon heute wäre der Zugang offen auf den Palatin, natürlich auch zum Kolosseum und zum Konstantinsbogen, von dem die Via S. Gregorio zum Circus Maximus führt.

Christliche Altertümer stören die antiken keinesfalls; Ss. Giovanni e Paolo und San Gregorio laden zum Besuch ein und präsentieren ebenfalls Erinnerungen an die Antike. Vom Circus Maximus verläuft der Archäologische Park weiter zu den Caracallathermen, und wie die alten Römer in solchen Anlagen einen umfassenden Service mit Vortrags- und Entspannungsräumen, mit Bibliotheken und Restaurants vorfanden, würde uns wenigstens die letztgenannte Einrichtung erwarten und stärken für die Fortsetzung der Wanderung. Denn der Weg ist noch weit. Er führt uns – grosse moderne Hindernisse stellen sich dem Projekt auf diesem Abschnitt nicht in den Weg – zum Drususbogen und zur Porta S. Sebastiana, wir heißen sie natürlich Porta Appia. Die Aurelianische Mauer ist hier stark restauriert und begehbar. Wir kommen zu den ehrwürdigen Katakomben S. Callisto, Domitilla und Sebastiano, zum Circus des Maxentius und zum impostanten Grabmal der Cecilia Metella, alles völlig verkehrsfrei, eben ein Park. Dann beginnt der schönste Abschnitt der Via Appia mit Pinien und Zypressen, mit unzähligen Grabmälern. Wir wüssten, wie der Archäologische Traum aussehen wird.

Die Via Appia, erbaut vom Zensor Appius Claudius Caecus, darf sich Regina Viarum, die Königin aller Strassen nennen.

Bibliographie

Die Literatur über Rom ist riesig groß. Nachstehend eine kleine Auswahl der verwendeten Quellen, möglichst chronologisch und nach Themen geordnet.

Antike

Livius, *Geschichte Roms* (bis Drusus, mit Lücken).
Sueton, *Leben der Caesaren* (von Caesar bis Domtian). Zürich 1955.
Th. Mommsen, *Leben der Caesaren.* Wien 1933.
Th. Mommsen, *Römische Geschichte* (bis Caesar). Wien 1932.
L. Curtius/A. Nawrath, *Das antike Rom.* Wien 1944.
J. Burckhardt, *Das antike Rom.* Bern 1940.
L. Friedländer, *Sittengeschichte Roms,* Wien 1944.
G. Ferrero, *Größe und Niedergang Roms.* Stuttgart 1904.
F. Coarelli, *Rom – ein archäologischer Führer.* Freiburg/Breisgau 1975.
W. Helbig, *Führer durch die öffentlichen Sammlungen klassischer Altertümer in Rom.* Tübingen 1963-1972.
K. Fittschen/P. Zanker, *Katalog der Römischen Porträts in den Capitolinischen und anderen kommunalen Sammlungen der Stadt Rom.* Mainz 1983-1985.
Frontinus, *Wasser für Rom.* Zürich 1979.
E. Simon, *Ara Pacis Augustae.* Tübingen 1967.
W. Durant, *Caesar und Christus.* Bern 1949.
L. Bruhns. *Die Kunst der Stadt Rom von dem Anfängen bis zur Romantik.*Wien 1951.

Christliche Zeit

E.Kirschbaum S.J., *Die Gräber der Apostelfürsten.* Frankfurt/Main 1959.
M. Guarducci, Hier ist Petrus. Regensburg 1967.
O. Marucci, Handbuch der christlichen Archäologie. Einsiedeln 1912.
Schüller-Pivoli, *2000 Jahre Sankt Peter – Die Weltkirche von den Anfängen bis zur Gegenwart.* Olten 1950.
F.X. Seppelt/G.Schwaiger, *Geschichte der Päpste.* München 1964.
L. v. Ranke, *Die Römischen Päpste in den letzten vier Jahrhunderten.* Wien o.J.
W. Buchowiecki/B.Kuhn-Forte, *Handbuch der Kirchen Roms.* Wien 1967-1997.
A.de Waal, *Der Campo Santo der Deutschen zu Rom.* Freiburg/Breisgau 1996.
E.M. Jung-Inglessis, *Romfahrten durch zwei Jahrtausende.* Rom 1976.
F. Gregorovius, *Geschichte der Stadt Rom im Mittelalter.* München 1978.

J. Burckhardt, *Das Päpstliche Rom.* Bern 1941.
P.M. Krieg, *Die Schweizergarde in Rom.* Luzern 1960.
S. Stolpe, *Königin Christine von Schweden.* Frankfurt/Main 1962.
O. Sandner, *Angelika Kauffmann und ihre Zeitgenossen.* Bregenz 1968.
J.W.Goethe, *Italienische Reise.* München 1978.
J. Gönes, *Goethe in Italien.* Mainz 1986.
F. Noack, *Deutsches Leben in Rom* 1700-1900.
G. Bott/H. Spielamm, *Künstlerleben in Rom.* Nürberg 1991.
Stendhal (H. Beyle), *Römische Spaziergänge.* Jena 1910.

Lexika

E. Nash, *Bildlexikon zur Topographie des Antiken Rom.* Tübingen 1961.
*Lexikon der Alten Welt (*Artemis). Zürich 1965.
G. Hafner, *Prominente der Antike - 337 Portraits in Wort und Bild.* Düsseldorf 1981.
H. Hunger, *Lexikon der griechischen und römischen Mythologie.* Wien 1959.
R.Darmstäder. *Künstlerlexikon. Maler-Bildhauer-Architekten.* Bern 1961.
F. Boetticher, *Malerwerke des 19. Jahrhunderts.* Dresden 1891-1901.

Reiseführer

*Der große Polyglott, Rom.*München 1970.
A. Henze, *Rom und Latium - Kunstdenkmäler und Museen.* Stuttgart 1981.
E.B. Kusch u.a., *Rom.* Köln 1992
H. Hülsen/J. Rast, *Rom.* Olten 1959.

Unter den zahlreichen Büchern, die mehr in unterhaltender Form das Ewige Rom näherbringen, ist das Lebenswerk von Reinhard Raffalt hervorzuheben. Der Wahlrömer bietet unzählige historische Details, humorvolle Anekdoten und Bilder aus dem römischen Alltag. Selbst ein unterhaltender Italienischkurs fehlt nicht: *Concerto Romano - Fantasia Romana- Sinfonia Vaticana- Cantata Romana- Divertimento Romana- Romanische Welt - Eine Reise nach Neapel e parlare italiano.* München 1955-1980.

Nicht aufgeführt sind die vielen Biographien über Kaiser, Päpste und Künstler, auch nicht die Kunst- und Photobücher; sie würden den Rahmen dieser knappen Bibliographie sprengen.